JN006082

金融商品として考える

不動産投資

中山田 明
NAKAYAMADA AKIRA

幻冬舎 MC

金融商品として考える

不動産投資

Real Estate Investment as a Financial Product

はじめに

「本業が忙しく、時間や手間をかけずに資産を増やしたい」
「なるべくリスクを抑えながら安定したリターンを得たい」
「リタイア後に備えた私的年金を今から用意したい」

投資を始める目的は人それぞれ違い、株式や投資信託、債券、外貨預金、FXなど投資対象となる金融商品にもさまざまなものがあります。

さらに今、30年近く続いてきた世界的な金利低下のトレンドが底打ちし、インフレ時代に突入しようとしています。この状況でどのような資産運用がいちばん自分に合っているのかを見定めるのは簡単なことではありません。

そうしたなかで、不動産投資は長期的な資産形成を考えている人に最も適しています。

そもそも不動産の賃料や価格は物価に連動して上昇する可能性が高く、インフレ時代の資産防衛に有効です。また不動産は、長期にわたって安定した賃料というキャッシュフローが期待できる資産です。さらに、不動産を担保に銀行から投資資金の大部分を借り入れることができるため、少ない自己資金で大きな資産が作れます。加えて、借り入れるローンに団体信用生命保険という特別な保険が付帯していることが多く、契約者が死亡したり特定の疾病になったりしたときなどさまざまな場合に保障され、生活防衛もできます。

まさに不動産投資は〝攻め〟と〝守り〟が同時にできる非常に優れた投資手段なのです。

一方で、不動産に対しては「市場に売りに出ている価格が適正なのかどうかが分からない」「将来の修繕コストなどが見えづらい」「いざ売ろうと思ったときすぐ売れるのか不安」といった声を聞きます。また近年は「かぼちゃの馬車」の一件に見られるような詐欺まがいの物件販売や、「フラット35」を投資用不動産の購入に悪用するケースが表面化し、「不動産投資は怪しい」「不動産投資は怖い」といった印象をもつ人も少なくありません。そのため、株式や債券などの金融商品と比較したとき、二の足を踏む人が多いのが実状です。

その価格が果たして適正なのか、将来どのようなリスクがあるのか――。二つとして同じものがない不動産において、それを見極めるのは容易ではありません。しかし、個別性の高さや情報の少なさをリサーチや分析で補うことができれば、将来一定のキャッシュフローを生み出す不動産は株や債券のように安全な金融商品として考えることができ、資産形成の有力な手段になるのです。

私は大学を卒業して大手商社に入社し、2年後に住宅ローン証券化商品（Mortgage-backed Securities、以下ＭＢＳ）で当時米国最大の引受会社であったキダー・ピーボディ証券会社へ転職しました。そこで米国のＭＢＳを日本の機関投資家へ販売する仕事を始め、その後、複数の証券会社において日本の住宅ローンを証券化する、つまり証券化商品を組成する仕事を手掛けました。

さらに新生銀行（現ＳＢＩ新生銀行）にて生命保険会社や地方銀行、住宅ローン専門会社から住宅ローンを買い取って証券化するビジネスを9年ほど経験し、２０１４年にオンラインでローン媒介を行う今の会社を創業しました。２０２２年には不動産仲介会社をグループに迎え、現在は「不動産の専門知識×ファイナンスの専門知識×ＡＩによるデータ分析」を駆使した独自の不動産投資サービスを展開しています。

本書では不動産投資のメリットに加え、適正利回りと賃料から不動産の理論価格を計算するスコアリングモデルなどについて解説し、不動産を金融商品として考えるというこれまでにない視点による不動産投資戦略をまとめたものです。超金融緩和が終わろうとし、インフレがまさに日々の生活に影響を与えはじめている今、今まで不透明だった不動産マーケットを可視化し、一人でも多くの読者が不動産投資を通じて長期的に安定した資産形成ができることを願っています。

目次

第2章

株や債券のように価格の透明性を高めることで不動産投資は金融商品として考えられる

第3章
AIによる価格分析で透明性をもたらす 金融商品として考える 不動産投資のリスクとリターン

第4章
物件タイプ、マンションブランド、立地……「AI分析×目利き」で選ぶ最適物件

第5章

適正な借入額、借入期間、金利タイプ……スムーズに不動産投資を始めるための融資の知識

第6章
金融商品として考える不動産投資戦略5つの実践例

中長期的視点で
確実に資産を増やす
不動産投資のメリット

第1章

1．これから訪れるインフレ時代の家計防衛

先行きの読めない時代へ

いまだに続くコロナ禍や終わりの見えないウクライナ紛争など、世界はＶＵＣＡ（ブーカ）の時代に突入した感があります。

ＶＵＣＡとはVolatility（変動性）、Uncertainty（不確実性）、Complexity（複雑性）、Ambiguity（曖昧性）の頭文字を取ったもので、もともと軍事分野で使われ始めた言葉です。それが次第に社会やビジネスなどの領域においても用いられるようになり、先行きの読めない状況が広がっていることを指す言葉となりました。さまざまな分野でこれまでの常識が通用しなくなっており、投資や資産運用もその例外ではありません。

例えば、株式投資でいえばこれまでＧＡＦＡをはじめアメリカのＩＴ大手の株を買っておけば大きなリターンが得られました。しかし、今ではＩＴ大手の株価は大きく下がっています。

あるいは、一時は多数の「億り人」を生み出した暗号資産（仮想通貨）ですが、２０２２年11月にアメリカの暗号資産交換業大手であるＦＴＸトレーディングが破綻し、市場そのものが大きく縮小し始めています。

投資や資産運用においてもこれまでの常識が通用しなくなったということを認識し、過去の発想ややり方をいったん脇に置き、まずは冷静に今後の経済のありようを見つめ直すべきだと思います。

２０２２年12月の「黒田ショック」とは？

日本経済に目を移せば、２０２１年から２０２２年にかけて急速に円安が進みました。２０２１年はじめにドル／円の為替相場は１ドル＝１０４円ほどだったのですが、あれよあれよという間に上昇しました（円がドルに対して安くなりました）。そして、２０２２年10月20日には１ドル＝１５０円を突破し、翌21日には一時１５２円に迫るところまでいきました。ただ、その後は一転して円高に戻るなどジェットコースターのような動きをしています。

さらに２０２２年12月20日、日本の金融政策の司令塔である日本銀行（日銀）が長期金利の変動許容幅をこれまでの0・25％程度から0・5％程度へ広げることを決定し、実質的な利上げに踏み切りました。直前まで日銀の黒田総裁は超金融緩和の修正を否定しており、10年近く続いてきた金融政策の突然の方針転換は「黒田ショック」とも呼ばれています。2023年春には日銀総裁の交代も予定されており、今後どうなるのか不安視する声もあるようです。

ここで10年近く続いてきた超金融緩和策の経緯を簡単に振り返っておきます。

日本は1990年のバブル崩壊後、民間金融機関に巨額の不良債権が発生し、デフレに突入しました。1990年代後半、小泉政権のもとで金融機関への公的資本注入を行うなど不良債権処理には一定の目途が立ちましたが、景気回復にはほど遠い状況がその後も続きました。

2008年のリーマンショックおよび2011年の東日本大震災による超円高を経て、2012年12月に成立した第二次安倍内閣が打ち出したのが「アベノミクス」です。

「アベノミクス」とは、大胆な金融政策、機動的な財政出動、民間投資を喚起する成長戦略の「3本の矢」を柱とする経済政策のことです。このうち大胆な金融政策としては、新たに日銀総裁に就任した黒田東彦氏のもと2％の物価目標を2年程度で実現するため国債などの買い入れを大幅に増やし、市場に大量の資金を供給しました。「黒田バズーカ」とも「異次元」とも呼ばれた大規模な金融緩和策です。

当初は確かに円高の是正と株価の上昇が進み、物価も上昇に転じました。しかし、その後、物価の動きは再び停滞します。そこで2016年1月には日銀史上初めてとなる「マイナス金利政策」の導入を決定し、さらに同年9月には短期金利をマイナスにしたうえで長期金利もゼロ%程度に抑える「長短金利操作＝イールドカーブコントロール」という政策を導入しました。

イールドカーブとは債券の利回り（金利）と償還期間との関係を示したグラフで、通常は償還期間が長くなるほど利回りが高くなる右肩上がりの形状（順イールドと呼ばれます）になります。短期金利は中央銀行が短期金融市場に供給する資金量で操作できますが（このため「政策金利」と呼ばれます）、長期金利は10年物国債の債券市場における取引で金利が決まります（このため「市場金利」と呼ばれます）。そこで日銀は、短期金利をマイナスに抑え込むとともに、長期金利についても債券市場で一定の利回りで無制限に買い入れを行う「国債買入オペ」を実施しているのです。

ちなみに、日銀が現在保有する国債の残高は約536兆円（2022年9月末時点）で、国債発行残高の5割程度に達します。もし、市場金利が1%上昇すると30兆円ほどの評価損が出るようですが、国債は満期までもっていれば元本が返済されるので、すぐ問題になるわけではありません。

いずれにしろ、こうした〝なりふり構わない〟政策を続けながらも物価上昇率はなかなか2%に届かず、いつしか「異次元」だった金融緩和が常態化するようになりました。

ところが2022年に入ると、コロナ禍の収束による経済活動の再開やウクライナ紛争に伴うエネルギー価格の高騰でアメリカやヨーロッパ各国の物価が大きく上昇し、アメリカのFRBをはじめ各国の中央銀行は急ピッチで利上げを始めました。

金融緩和を続ける日本との金利差が開き、その結果として大幅な円安が生じ、また日本でも物価が上昇基調に転じたのです。

今回の「黒田ショック」はこうした状況の変化を踏まえ、「国債買入オペ」における金利の幅を上下に広げるものですが、実質的には長期金利の上昇を許容するものと受け取られ、長期金利は上昇しつつあります。

長期金利の上昇がもたらすもの

「黒田ショック」の影響については、専門家の間でもさまざまな分析や解説がみられますが、金融政策そのものについては、短期的にはそれほど大きな変化はなさそうです。

今回、日銀が打ち出したのはあくまでも長期金利の変動許容幅を広げることであり、確かに長期金利は上昇したものの「長短金利操作＝イールドカーブコントロール」という枠組み自体は維持しており、特に日銀が直接コントロールできる短期金利については従来どおりマイナス金利のままです。そのため、短期金利に連動する変動型の住宅ローンについてはすぐ金利が上がるわけではありません（長期金利に連動する固定型の住宅ローンは多少、金利が上昇すると思われます）。

問題は中長期的な影響です。これについてはそれこそVUCAではありませんが、今のところ不透明です。２０２３年４月に日銀総裁が交代することもあり、イールドカーブコントロールをやめて一層の金利上昇を招くのではないか、長期金利の上昇が続くと日本国債の格付けが下がり日本企業のドル調達が難しくなるのではないか、日本国債の格付けが下がると、再度円安が進むのではないか、といった見方もあります。

良い金利上昇と悪い金利上昇

金利上昇には「良い金利上昇」と「悪い金利上昇」があるといわれます。

「良い金利上昇」とは、景気が上向くことで民間の設備投資などが活発になり、資金需要が増えることで起こる金利上昇です。個人の所得も増え、税収や経済規模（ＧＤＰ）の拡大にもつながり、経済の好循環が生まれます。

一方「悪い金利上昇」は、景気は良くないのに財政赤字が拡大して国債の市場価格が下落（利回りは上昇）したり、物価が高騰（インフレ率が急上昇）してそれを抑えるために中央銀行が短期金利を引き上げるなど金融引き締め策をとることで起こる金利上昇で、「スタグフレーション」とも呼ばれます。

また、3年間に100％(年間26％)以上物価が高騰するケースを「ハイパーインフレ」と呼びます。ハイパーインフレは歴史上、繰り返し発生しておりハイパーインフレを抑えるには金利を引き上げざるを得ず、場合によっては通貨単位の切り下げ(デノミ)が行われることもあります。

ただ、「良い金利上昇」と「悪い金利上昇」は明確に区別できるものではなく、今後、日本ではどちらの金利上昇になるのかは断言できません。

日本は大丈夫なのか？

日銀の超金融緩和策の転換によって、日本でも今後「悪い金利上昇」やその先にハイパーインフレの可能性があるのではないかといった見方が出てきています。

確かに日本政府の借金の状況をみると、2022年度末には1029兆円に上ると見込まれています。

また、財政の持続可能性をみるうえでは、政府債務の返済原資となる税収を生み出すGDPに対して総額でどのぐらいの借金をしているかが重要です。その点、日本の債務残高はGDPの2倍を超えており、主要先進国のなかで最も高い水準にあります。

歴史を振り返れば、過大な借金（政府債務）を背負った国では例外なくインフレ（場合によってはハイパーインフレ）が起こり、その結果として借金が解消されています。日本だけが例外であるとは考えにくいのです。

しかし、日本ではこれまでのところそうした状況にはなっていません。

その理由のひとつとして挙げられているのが、債務（国債）の引き受け先の多くが日本国内の個人や法人だということです。日銀の統計によれば、日本人（個人）が保有する金融資産は現在2000兆円を超えており、また民間企業が保有している金融資産も1300兆円を超えます。

両方を合わせれば3300兆円にもなり、理論上は1000兆円の政府債務があっても十分カバーできる計算です。国単位の経済としてみると、お金が国の中でぐるぐる回っている分に

日本の普通国債残高の推移

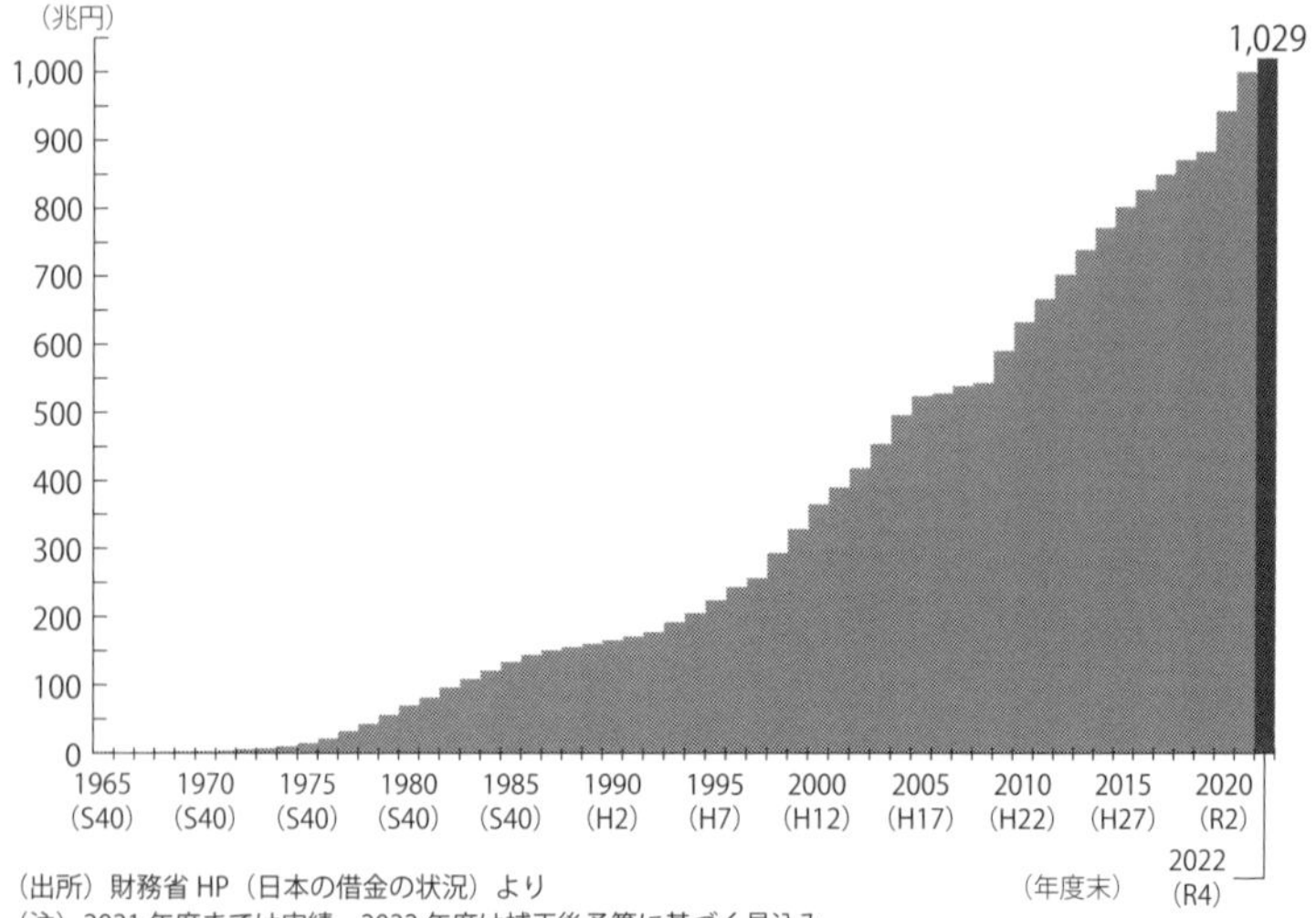

(出所) 財務省 HP(日本の借金の状況)より
(注) 2021 年度までは実績、2022 年度は補正後予算に基づく見込み

主な国の債務残高(対 GDP 比)

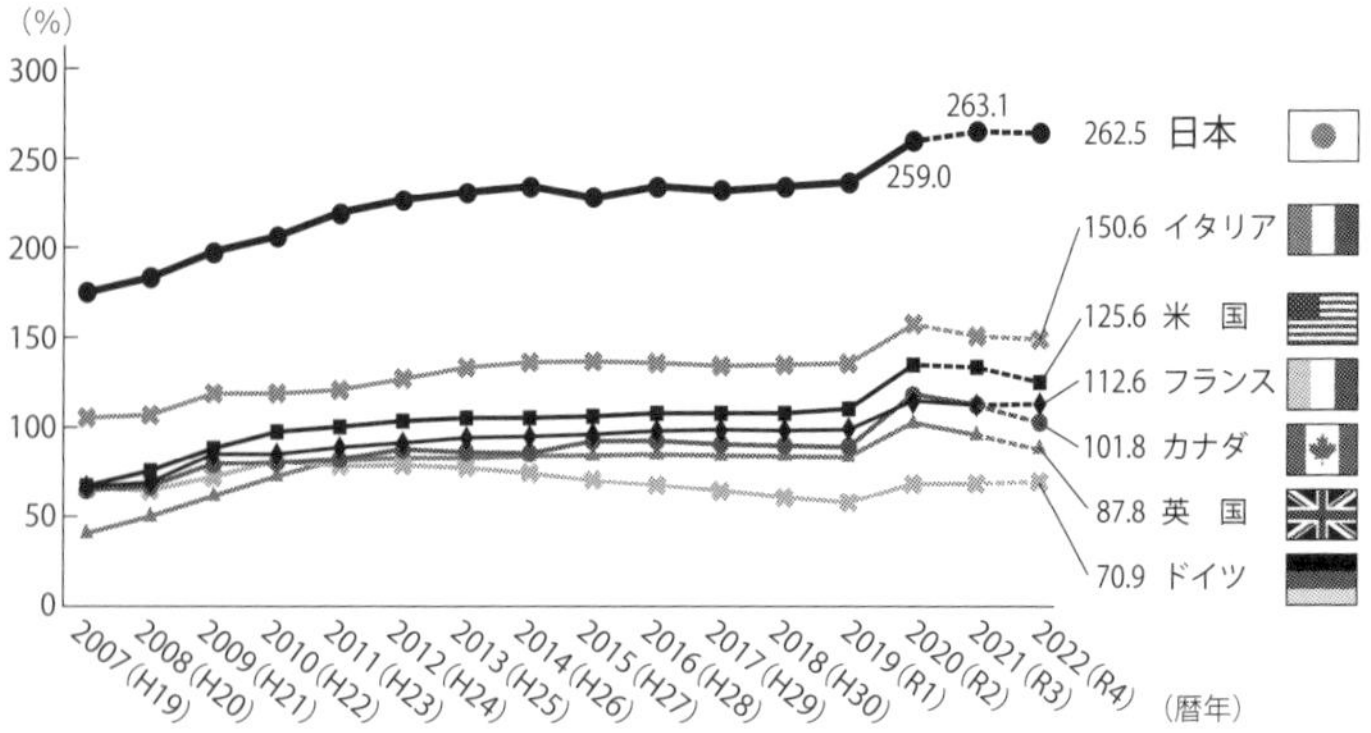

(出所) IMF " World Economic Outlook" (2022 年 4 月)
(注 1) 数値は一般政府(中央政府、地方政府、社会保障基金を合わせたもの)
(注 2) 日本、米国及びイタリアは 2021 年及び 2022 年が推計値。それ以外の国は、2022 年が推計値。

は問題ありません。

ただ、これが海外の投資家に頼るようになると為替が暴落し、第一次世界大戦後のドイツや第二次世界大戦後の日本のようなハイパーインフレになる可能性が出てきます。

しかし、現在の日本はまだそこまでにはなっていませんし、日本でハイパーインフレが起こる可能性は、当面低いと思います。

「失われた30年」の次にくるもの

ではこれからもインフレが起こらないかといえば、そうではありません。今後の日本経済を考える場合、もうひとつのポイントになるのが急速に進む人口減少と高齢化です。

バブル崩壊後、「失われた30年」などといわれ、日本はGDPがほとんど伸びず、サラリーマンの給料も上がっていません。その大きな要因となっているのが人口の減少と高齢化なのです。

人口についていえば、総人口は2008年をピークに減少に転じ、20〜64歳の働き手の人口は1998年以降減り続けています。直近の2021年は64万4000人の減少となり、減少幅は比較可能な1950年以降最大となりました（総務省統計局）。

日本の総人口の増減数・増減率の推移

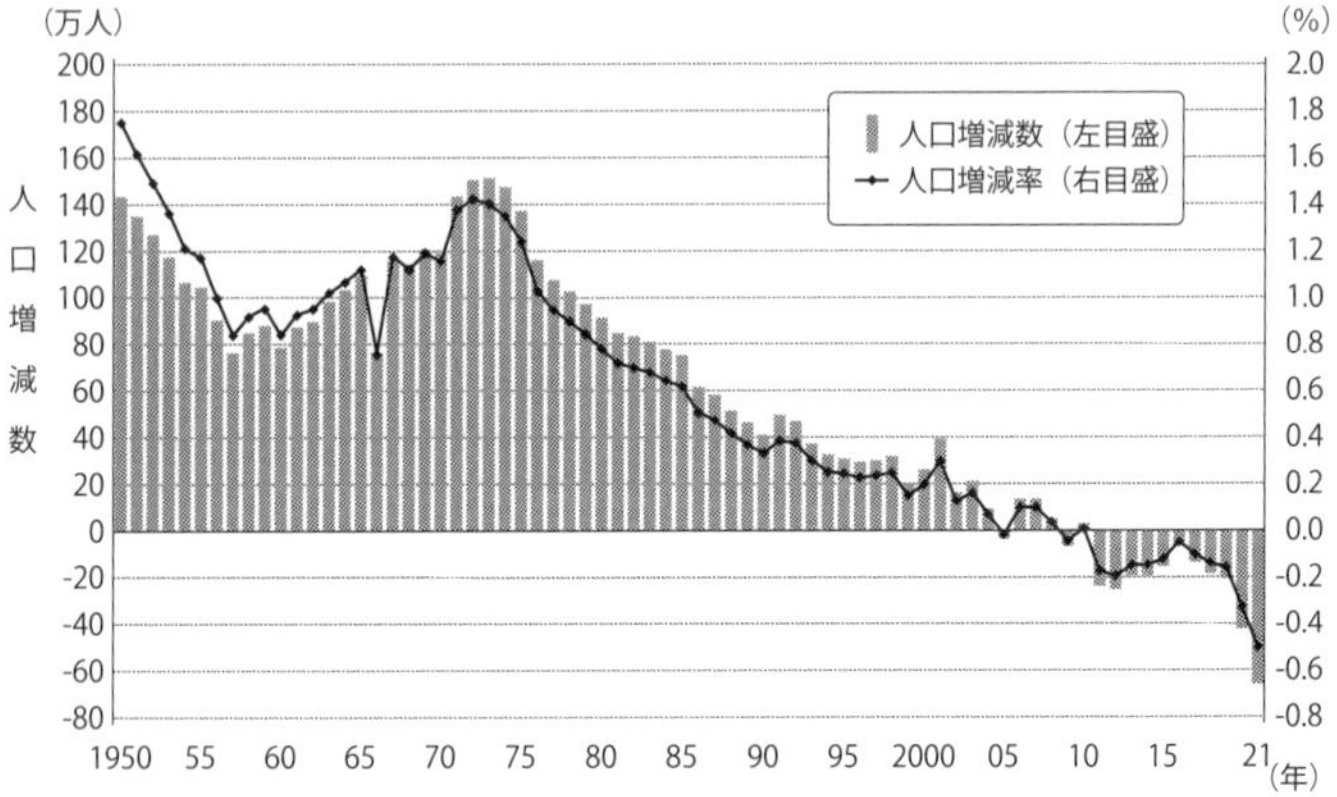

（出所）総務省統計局 HP（人口推計）より
（注）人口増減率は、前年 10 月から当年 9 月までの人口増減数を前年人口（期首人口）で除したもの

そもそも人口が減るとモノやサービスへの需要が減り、価格が下がります。いわゆるデフレです。将来モノやサービスの価格が下がるということは、モノやサービスを生み出しても儲からないということになりますので、企業は投資を絞り、企業活動を縮小し始めます。つまり、企業が工場や店舗を閉鎖し、従業員を解雇するということです。企業も企業活動を通じてモノやサービスを購入していますので、企業活動が縮小するとますますモノやサービスに対する需要が減って価格が下がっていきます。

これがいわゆる「デフレスパイラル」という現象です。「デフレスパイラル」が起こると、経済全体が縮小し、皆が貧しくなってしまいますので、何が何でも避けなくてはいけません。

日銀が大規模金融緩和を長期にわたって継続してきたのはそのためです。

もうひとつ、日本が直面しているのが人口の高齢化です。総人口に占める高齢者（65歳以上）の人口割合をみると、1950年（4・9％）以降一貫して上昇が続いており、1985年に10％、2005年に20％を超え、2021年は29・1％となりました。

国立社会保障・人口問題研究所の推計によるとこの割合は今後も上昇を続け、第2次ベビーブーム期（1971年～1974年）に生まれた世代が65歳以上となる2040年には35・3％になると見込まれています（総務省統計局、内閣府）。

人口の高齢化に伴ってどうしても増えていくのが介護や医療などの社会保障費です。いまや社会保障費は国の予算の3分の1を占めるまでになり、さらに今後も増え続ける見込みです。

こうした支出を税収増だけで賄うことは難しく、不足する分は赤字国債（国の債務）の発行に頼っています。通常、国債の発行を増やすと金利は上がりますが、金利の上昇は企業の借入れコストを増やしたり住宅ローンの金利を上げたりするため経済活動にとってマイナスです。

そこで金利を抑えるために日銀が国債を購入するという量的緩和が行われています。現在の日銀の国債購入は金融政策の一貫として行われているのですが、その背後には高齢化の進行という大きな問題が潜んでいるのです。

高齢者人口および割合の推移（1950年～2040年）

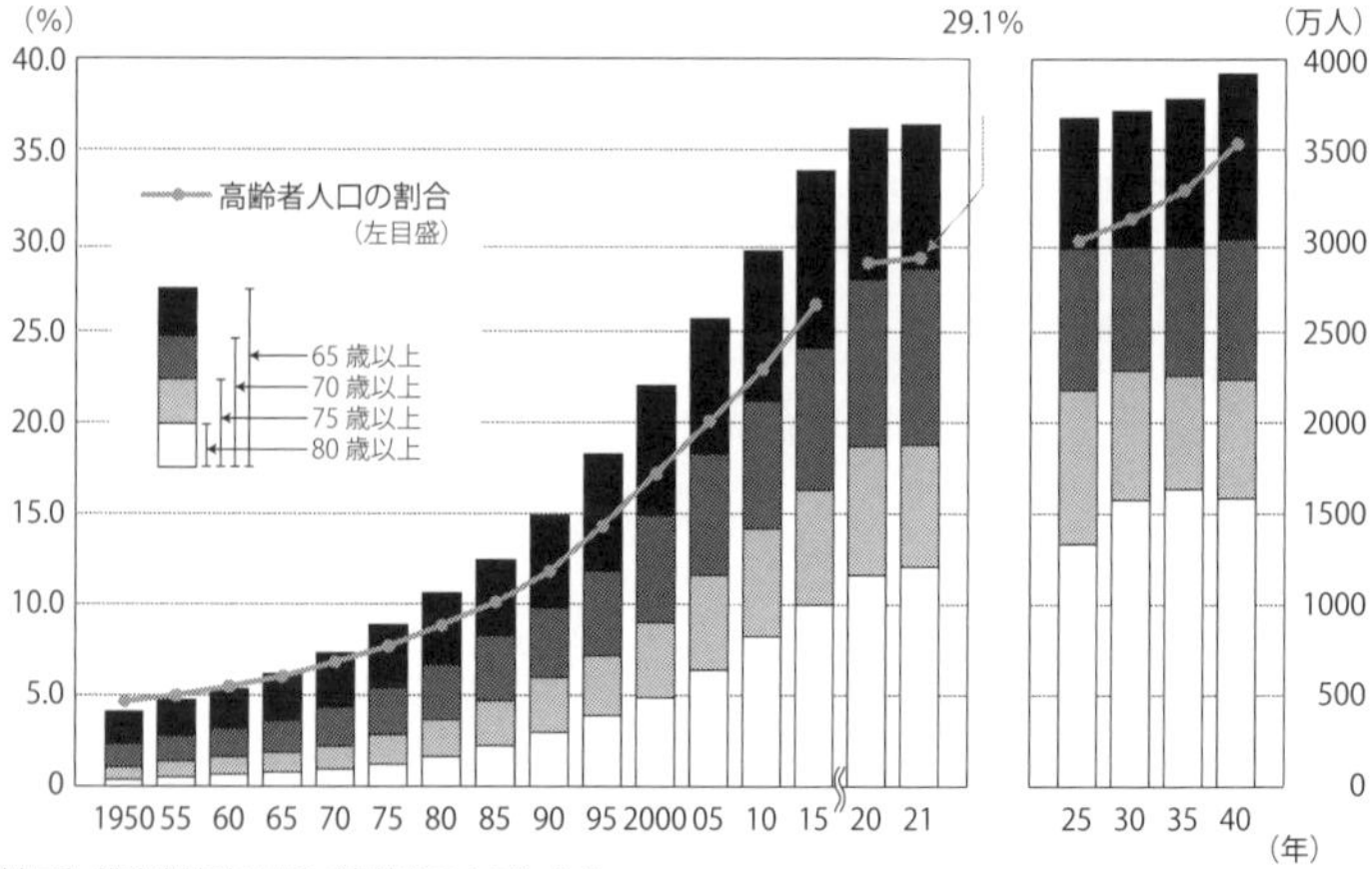

（出所）総務省統計局HP（高齢者の人口）より

国の一般会計歳出の内訳（2022年度補正後予算）

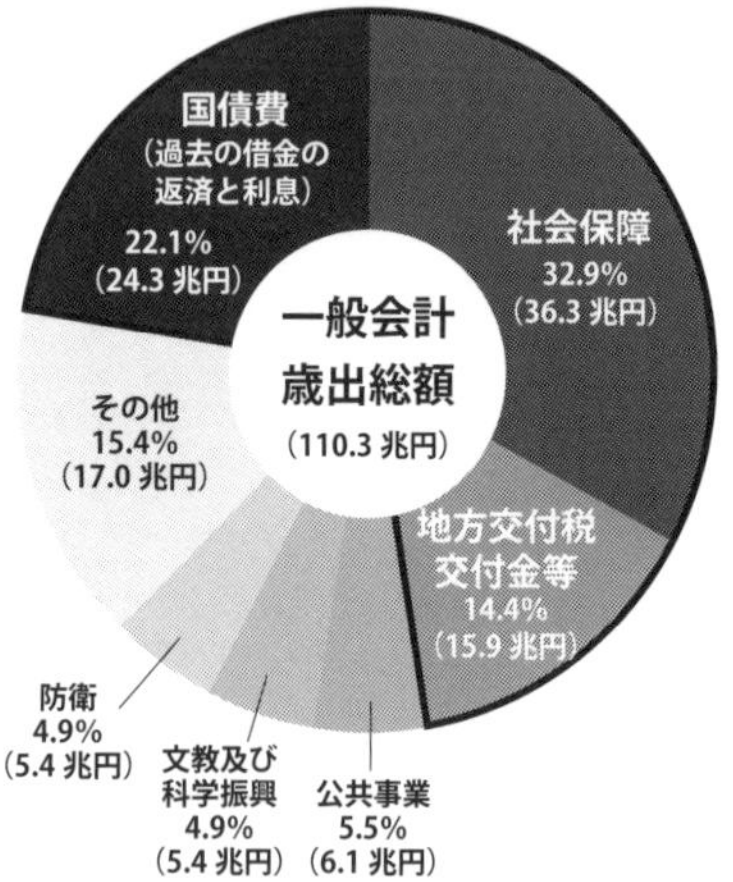

（出所）財務省HP（予算はどのような分野に使われているのか）より
（注1）「その他」には、新型コロナ及び原油価格・物価高騰対策予備費（5.5%〈6.1兆円〉）が含まれる。
（注2）補正後予算は、令和4年5月31日成立の補正に基づくもの。

2%程度のマイルドなインフレが続く可能性が大

人口の減少に伴うデフレ対策のための金融緩和と、人口の高齢化に伴う財政赤字をファイナンスするための金融緩和は、日本の少子高齢化が継続する限り、続けるしかありません。

こうしたデフレ対策も財政ファイナンスも少子高齢化を原因とする中長期的な問題であり、それゆえに金融緩和は今後、政権が代わろうが日銀の総裁が代わろうが続けていくしかないと思います。

その行きつく先はインフレです。デフレ対策と少子高齢化対策として金利上昇を抑えるために金融緩和を続けていると、世の中にお金が溢れ、いずれはインフレにならざるを得ないということです。少子高齢化から生じるデフレ圧力を封じるためにも仕方のない政策です。

ここでいうインフレとは、3年間で100%を超えるような「ハイパーインフレ」とは異なります。ハイパーインフレは経済の大混乱を招きますが、「マイルドなインフレ」であればデフレ対策の効果を上げつつ、巨額の公的債務についても実質的な負担を減らしていけます。

インフレでモノやサービスの価格が上がれば、資産価格の上昇による資産効果で消費が増え、

日本の置かれた状況から金融緩和を続けインフレにせざるを得ない

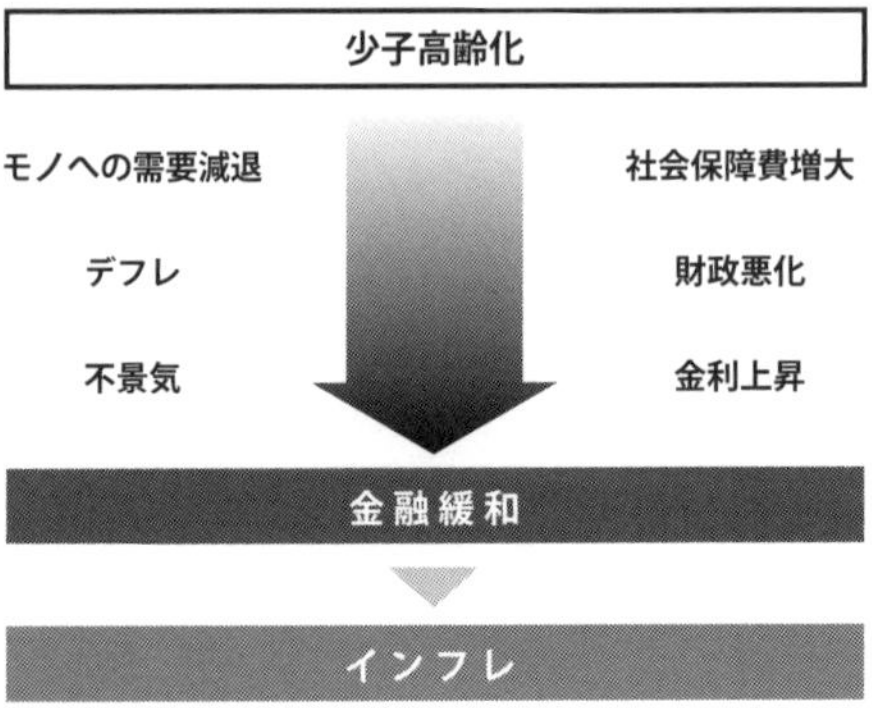

企業が将来の収益予想を上方修正し、企業活動を拡大させます。これにより従業員の賃金が上がれば、多少のインフレでも実質的な生活水準を下げることなく社会が回っていきます。税収も増えて財政赤字の解消にもつながるでしょう。少子高齢化という大きな問題を抱える日本で経済を回していくその起点となるのがマイルドなインフレなのです。

「マイルドなインフレ」とは「マイルド・インフレーション」あるいは「クリーピング・インフレーション」とも呼ばれる、年率数%程度の持続的なインフレーションのことです。

2%の物価上昇はまさに政府と日銀が掲げている大目標です。政府も日銀も物価上昇率が安定的に2%を上回るまで金融緩和を続けると言っています。それを達成しないのに金融緩和をやめることは考えにくいのです。

ポイントは「安定的に」という点です。短期的に2%を多少上回るくらいでは今の金融政策を大きく変える可能性は低いと思います。

もちろん、持続的な2%のインフレを達成したあとには、マイナス金利やイールドカーブコントロールは行き過ぎなので、それを修正することになります。

一方で日本の公的債務は日本国内でほぼファイナンスできています。海外の投資家が穴埋めしているわけではありません。また、人口の減少は相当なデフレ圧力を生むので、金融緩和を続けても発展途上国でみられるハイパーインフレのようなことはおそらく起こらないと思います。

こうした微妙なバランスの上で、ある程度のレベルのインフレが長引くことになるのです。

バブル崩壊後、デフレは30年近く続きました。インフレと賃金上昇が併存しながら、今後10年、20年あるいは30年のスパンで2%程度のマイルドなインフレが続く可能性が高いとみています。

インフレ対策の代表が不動産

これから2%程度のインフレが長期間続くとすると、例えば20年で物価は1・5倍ぐらいに、

35年で約2倍になります。長期的にそれだけの物価上昇を覚悟する必要があり、私たちは今から家計と資産を守るための行動をしなくてはいけません。

バブル崩壊からの30年間、デフレの時代には資産をキャッシュの形でもっていることが正解でした。しかし、これからインフレに変わるとその発想を変えないといけません。

インフレ対策として代表的なのが、株式と不動産です。

インフレになるとモノやサービスの価格が上がり、企業業績には追い風となります。業績が改善するとその企業の株価は上がります。もちろんどんな企業もインフレになると業績が改善するわけではありませんが、全体として株式はインフレに強いとされるのです。

不動産は土地や建物などの「モノ」です。インフレはモノの値段が上がる現象ですので、不動産の価値（売買価格）も上がりやすくなります。

また、企業業績の改善という経路をたどる株式と比べると、インフレにおいては不動産のほうがよりダイレクトに値上がりしやすいといえます。ただし、株式同様、すべての不動産が値上がりするのではなく、人口が集まる地域の土地や建物の値段が上がるのです。

一方、インフレで打撃をうけるのが現金です。インフレとは、同じお金で買えるモノやサービスが少なくなるということですから、「貨幣価値の低下」ともいわれます。

インフレ時に不動産を購入していた場合の効果を具体的な数字で確認してみます。2%のインフレが20年続くと物価は1・5倍になります。今手元にある3000万円をそのままキャッシュで持ち続けると額面上は20年後も3000万円ですが、物価が1・5倍になっているので、実質的な価値（購買力）は2000万円に低下しています。一方、今3000万円で売られている不動産を購入していたら20年後には4500万円になっており、資産が増えることで、物価が1・5倍になっていても、実質的な価値（購買力）が維持できていることになります。

ここでさらに良いのは、手元にある3000万円を使って不動産を買うのではなく、3000万円のローンを借りて不動産を買うことです。ローンというのはキャッシュを借りることですので、将来実質的な価値が下がるキャッシュを借りてモノである不動産を買うことで、自らのキャッシュを使って不動産を買う場合より大きなリターンを得ることができます。

今の例でいうと20年後、不動産が4500万円になったとき、ローンの残高は20年間の返済でおよそ半分の1500万円程度に減っており、不動産を売却すれば差し引き3000万円のキャッシュが残ります。

手元のキャッシュを使って不動産を購入した場合は3000万円が4500万円になり1500万円資産が増えることになりますが、ローンを借りて不動産を購入した場合はその倍

インフレが物価上昇、貨幣価値の低下につながる

ローンを借りて不動産を購入するととても有利

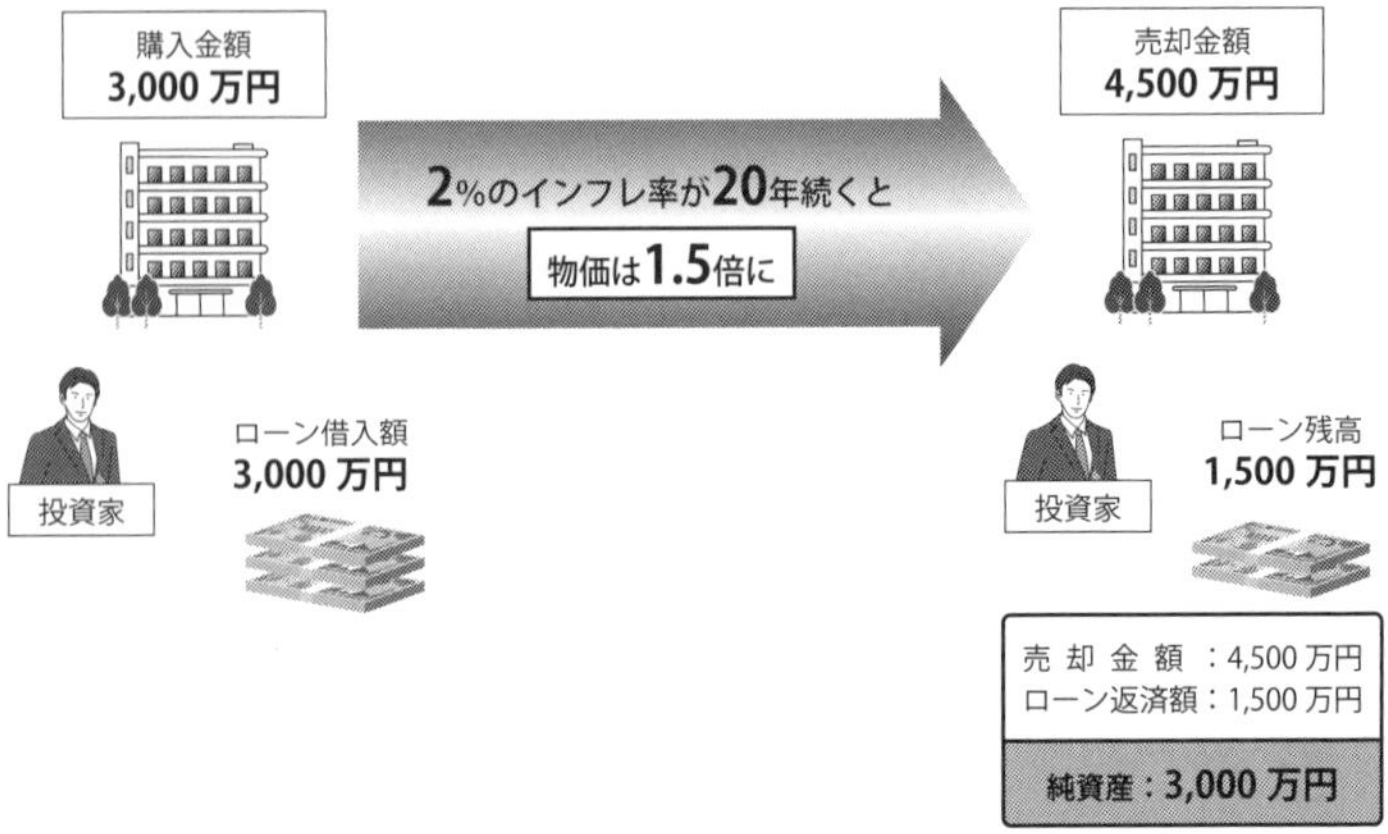

の3000万円資産が増えたことになります。

このように、自分のお金を使って不動産を買った場合は、単に購買力がインフレに追い付くだけですが、ローンを借りて不動産を買った場合は、インフレを上回るリターンを上げることができるのです。

不動産価格のこれからの動き

あらゆる金融商品の価格は将来キャッシュフローの現在価値で決まります。私は不動産も金融商品の一種だと考えており、その不動産が生み出す将来のキャッシュフロー、つまり賃料の現在価値が不動産の価値＝価格だと考えています。

現在価値の考え方およびそこから導かれる不動産価格の決まり方は次章で詳しく説明しますが、不動産の価格が**【賃料÷利回り】**（以下、「**不動産価格式**」といいます）で決まっているのだということを前提として、インフレ時代の投資用不動産の価格の動きがどうなるかについて説明します。

まず、不動産価格式の分子にある賃料は、物価に連動します。物価とは世の中のモノやサービスの値段を総合的に表したものであり、物価が上昇しているのに賃料だけ上昇しないなどということはありません。

個別のモノやサービスの値段は基本的に需要と供給のバランス（需給バランス）で決まります。供給より需要が多ければ値段は上がりますし、需要より供給が多ければ値段は下がります。

一方でモノやサービスの値段の総合指数である物価は、金融政策によって動きます。物価はモノやサービスの総体と貨幣の需給バランスで決まるので、金融緩和によって世の中に貨幣が溢れる（貨幣の供給が増える）と物価は上がりますし、金融引き締めによって世の中から貨幣が減る（貨幣の供給が減る）と物価は下がります。インフレのコントロールを金融政策で行っているのはこのためです。

金融緩和で金利を下げ、世の中に貨幣を潤沢に供給すると物価が上がり、ひいては不動産の賃料も上がります。金融緩和で不動産価格が上がるのはこのためです。

一方、不動産価格式の分母にある利回りはどのように決まっているのでしょうか。利回りは投資家が不動産に求めるリターンです。世の中には国債や社債、株式や投資信託といったさまざまな金融商品がありますが、それぞれにリスクに応じたリターンがあります。これらのリターンは金融緩和で金利が低く誘導され、相対的に資金が余っている状態では下がります。不動産

不動産価格はインフレで低金利だと大きく上昇する

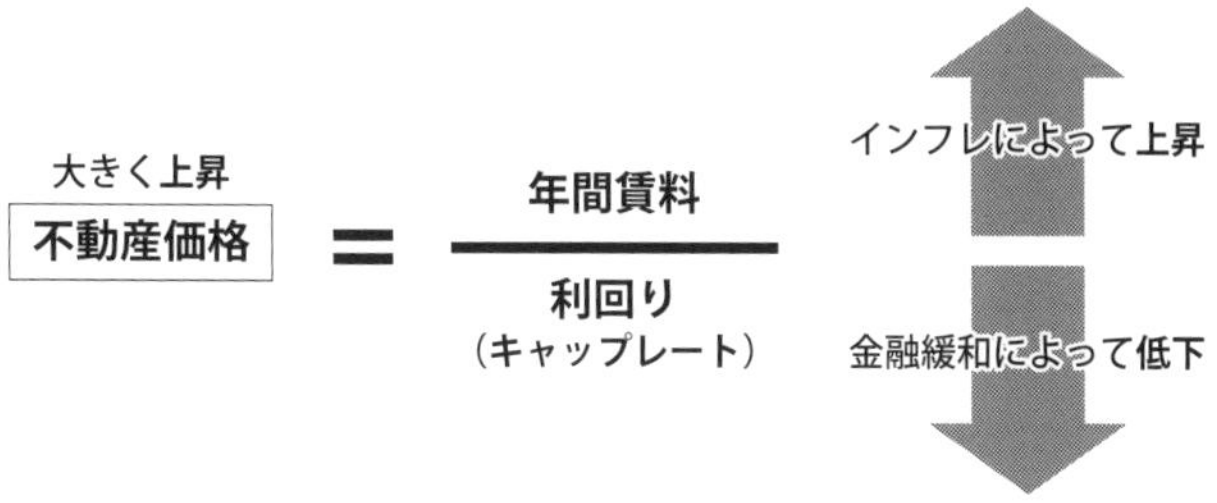

に求める利回りも同様に金融緩和で下がる傾向にあります。

インフレと金融緩和が同時並行で進行する環境では、不動産価格式の分子にある賃料は上がり、不動産価格式の分母にある利回りは低く抑えられることになりますので、結果として不動産価格が大きく上がることになります。

このように今の日本の状況は、不動産投資においては追い風の状態にあるといえるでしょう。

ただ、今後物価上昇（インフレ）が本格化し、物価上昇率が政府や日銀がターゲットとする２％を大きく超えてくると、日銀が金融引き締めに動くはずです。金融引き締めは金利の上昇をもたらし、不動産価格式の分母である利回りも上がるので不動産価格にネガティブなインパクトを与えます。今の米国や欧州がまさにこの状況です。

経済は常に一定のサイクルで上下を繰り返しています。低金利が続くとインフレになり、インフレ退治のために金利が引き上げられますが、インフレが鎮静化してくるとまた景気浮揚のために金利の引き下げが行われます。不動産を長期的に保有していればこれらのサイクルのなかで売却の良いタイミングをつかむこともできますし、そもそも時間の経過とともにローン残高が減って純資産が積み上がっていきます。最終的にローンが完済されると、その後安定した賃料収入を受け取り続けることになります。

2. そもそも不動産投資とはどういうものか？

不動産投資の基本的な仕組み

話を整理すると、インフレ時代にはキャッシュをモノに換えておくことが家計や資産の防衛になります。手元にあるキャッシュをモノに換える(モノを購入する)でもいいのですが、もっと良いのはキャッシュを借りてモノに換える(モノを購入する)ことです。こうするとインフレ(キャッシュの価値が下がり、モノの価値が上がる)によって大きく資産を増やすことができます。

ただキャッシュを借りる、つまりローンを組むといっても、ダイヤモンドや金、高級時計などを買う目的では金融機関はそう簡単にお金を貸してくれません。一方、不動産を買うためであれば、不動産を担保にすることで金融機関は大きな資金を貸してくれます。例えば、3000万円のダイヤモンドを買うといっても金融機関はお金を貸してくれませんが、3000万円の不動産を購入するのであれば、物件によってですが、3000万円のローンが借りられます。ダイヤモンドや金、高級時計のような「動産」とは異なり、抵当権を設定することで確実に債権保全が図れる「不動産」は、金融機関も融資しやすいのです。

このようにローンを借りて投資金額を膨らませることを「レバレッジを掛ける」とか「レバレッジが効く」といいます。レバレッジとは「梃子の原理」のことです。梃子をつかうことで小さな力で大きく重いものを動かすことができます。不動産投資においてはローンが梃子にあたります。少ない自己資金でもローン（梃子）を利用することで大きな投資をすることができるのです。

金融商品でも、株式の信用取引は証券会社、FXはFX会社からの与信枠を利用して一定程度のレバレッジを掛けられますが、その倍率は不動産投資ほど大きくありません。さらに株式やFXの場合は、持ち高（保有ポジション）が常に時価評価され、時価が一定のレベルを割り

不動産投資の基本的な仕組み

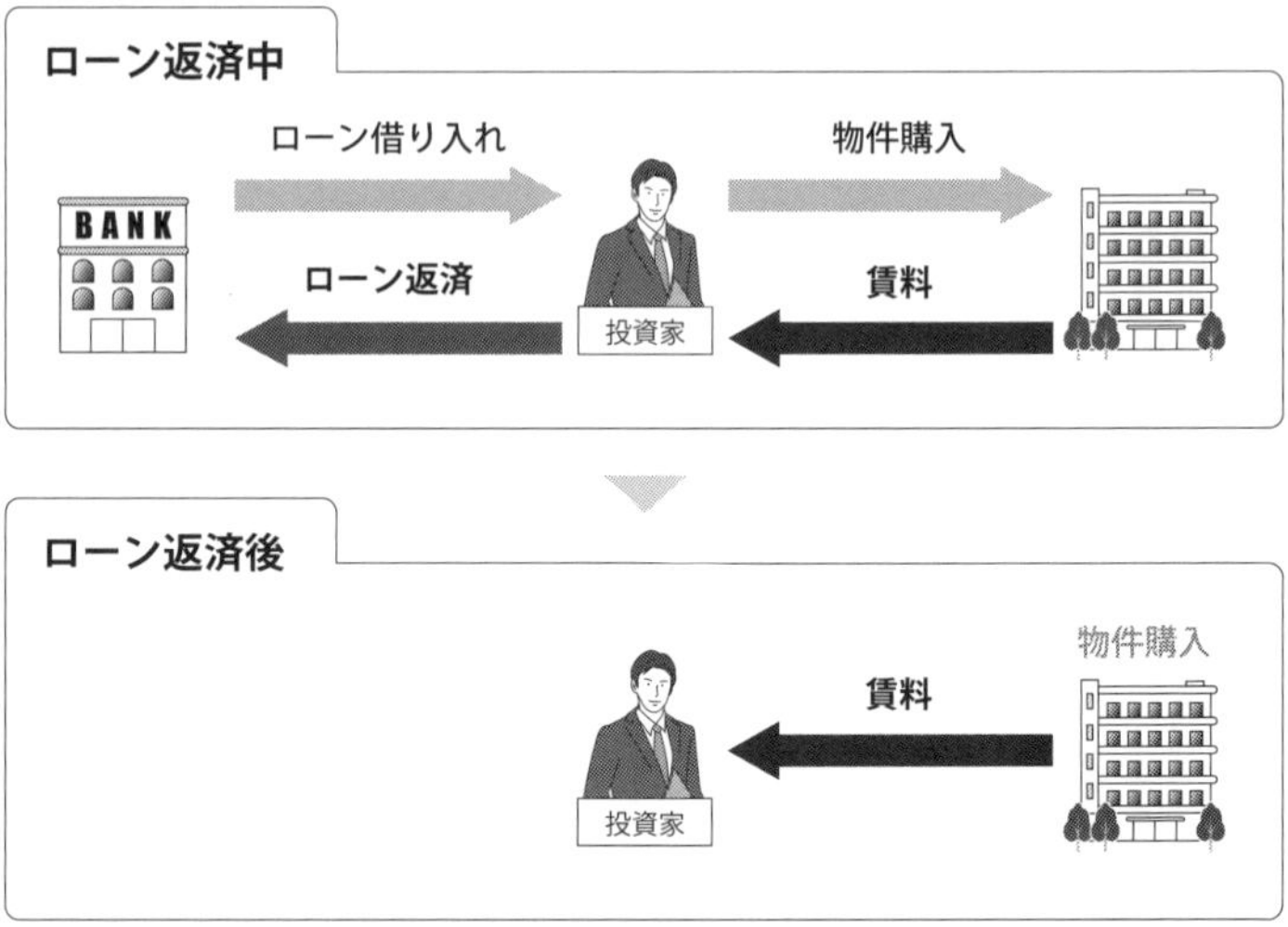

投資資金の大部分をローンで賄う

込むと追加で担保が要求されたり、最悪の場合は担保設定した資産が強制的に売却されてしまったりします。

これに対して不動産は、その不動産価格に近い金額まで借り入れができ（自己資金0円で不動産が買える場合もあります）、さらに時価評価による追加担保や強制売却といったことは起こりません。大きなレバレッジと安定した投資環境こそが不動産投資の大きな特徴です。

つまり、不動産投資の場合、銀行からローン（キャッシュ）を借りることで、自己資金をほとんど使わずに不動産を購入（投資）し、当該不動産の賃借人が払ってくれる賃料を原資としてローンを返していきます。時間の経過とともにローン残高が減り、不動産価格からローン残高を差し引いた純資産が積み上がっていきます。最終的にローンを完済したあとは、不動産価格そのものが資産となり、売却してキャッシュ化することもできますし、保有し続けて賃料収入を継続して受け取ることもできます。

このように少ない自己資金で、つまり他人のお金を活用して大きな資産形成ができるのが不動産投資の最大の魅力です。

ローンを返済しながら純資産を積み上げる

不動産投資は原則ローンを借りて不動産に投資します。次の図のように、ローンの返済中はローン残高が次第に減っていき、それとともに純資産が増えていきます。そして、ローンを完済すれば不動産の市場価格がそのまま純資産となります。

ただ、現在のように不動産の利回りが低下している状況では、優良な物件であればあるほどローンの返済期間中のキャッシュフローがマイナスになります。不動産から入る賃料収入では

ローン返済と純資産に関する図①

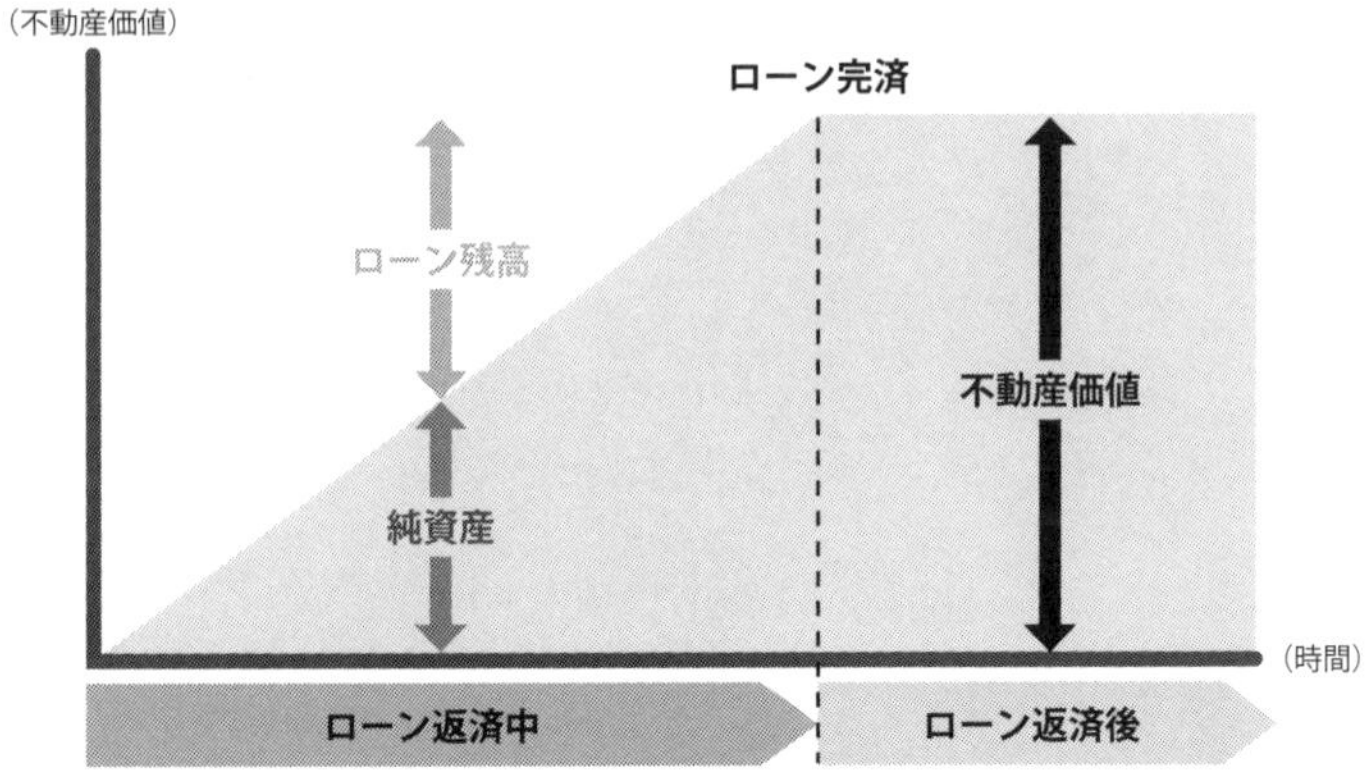

ローンの返済に伴い、純資産（不動産価値－ローン残高）が積み上がる

ローンの返済や物件管理の費用といった不動産投資に掛かる期中費用の総額を賄いきれないからです。

例えば物件価格が3000万円で利回りが4％の物件を、金利が2％弱で返済期間が35年のローンを3000万円借りて購入した場合（このように不動産価格と同額のローンを借り入れることを「フルローン」といいます）、月間賃料が10万円程度なのに対し、ローン返済が毎月9・5万円程度、さらに物件管理費用などが2万円程度掛かるので合計11・5万円の支出となり、月間1・5万円、年間20万円近い持ち出しとなります。

しかし、ローン返済に含まれる元本返済が年間80万円ほどあり、ローン残高が毎年80万円程

ローン返済と純資産に関する図②

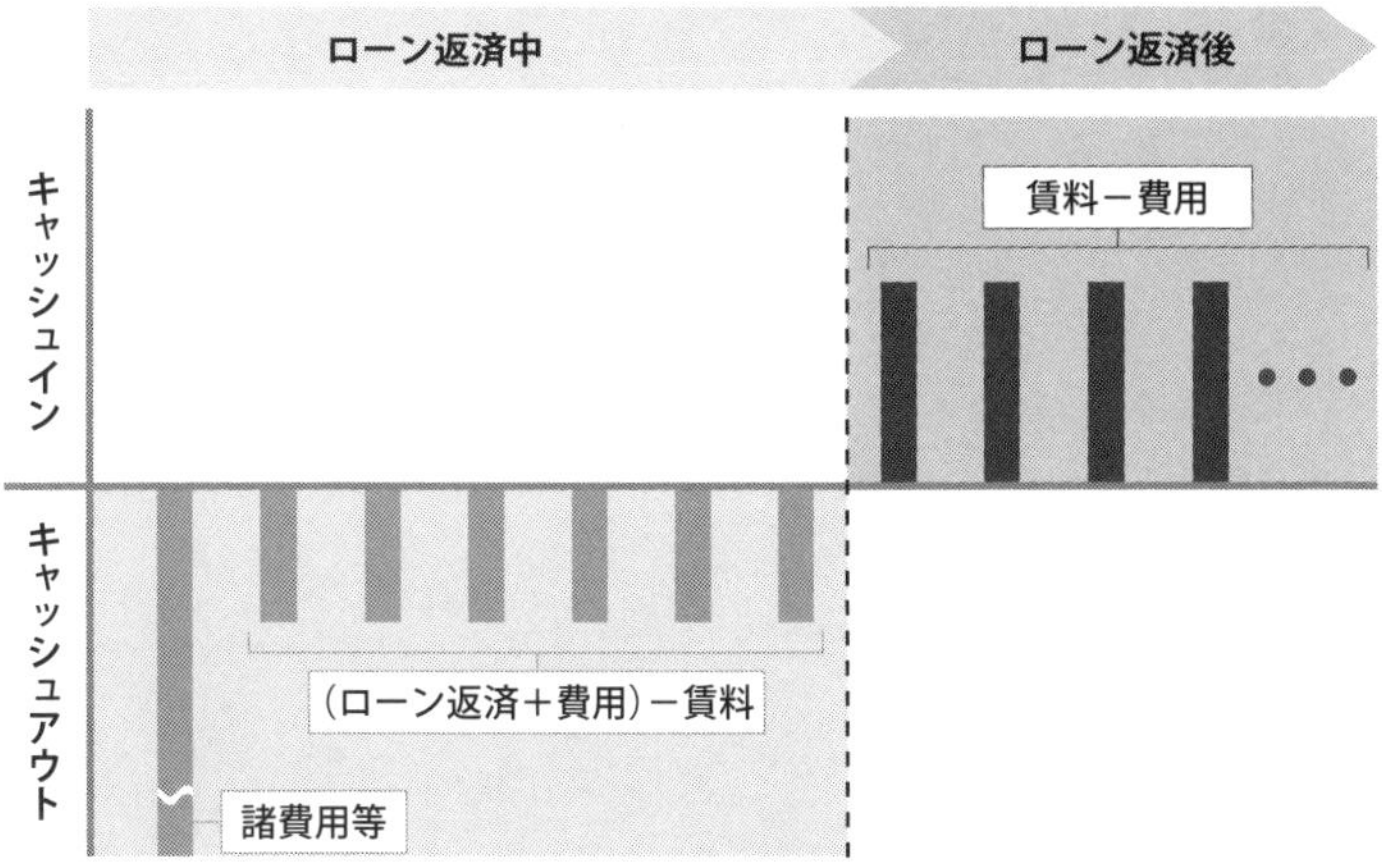

ローン返済期間はキャッシュアウト、ローン返済後キャッシュインとなる

２％のインフレが続いた場合の不動産投資（フルローン）の結果

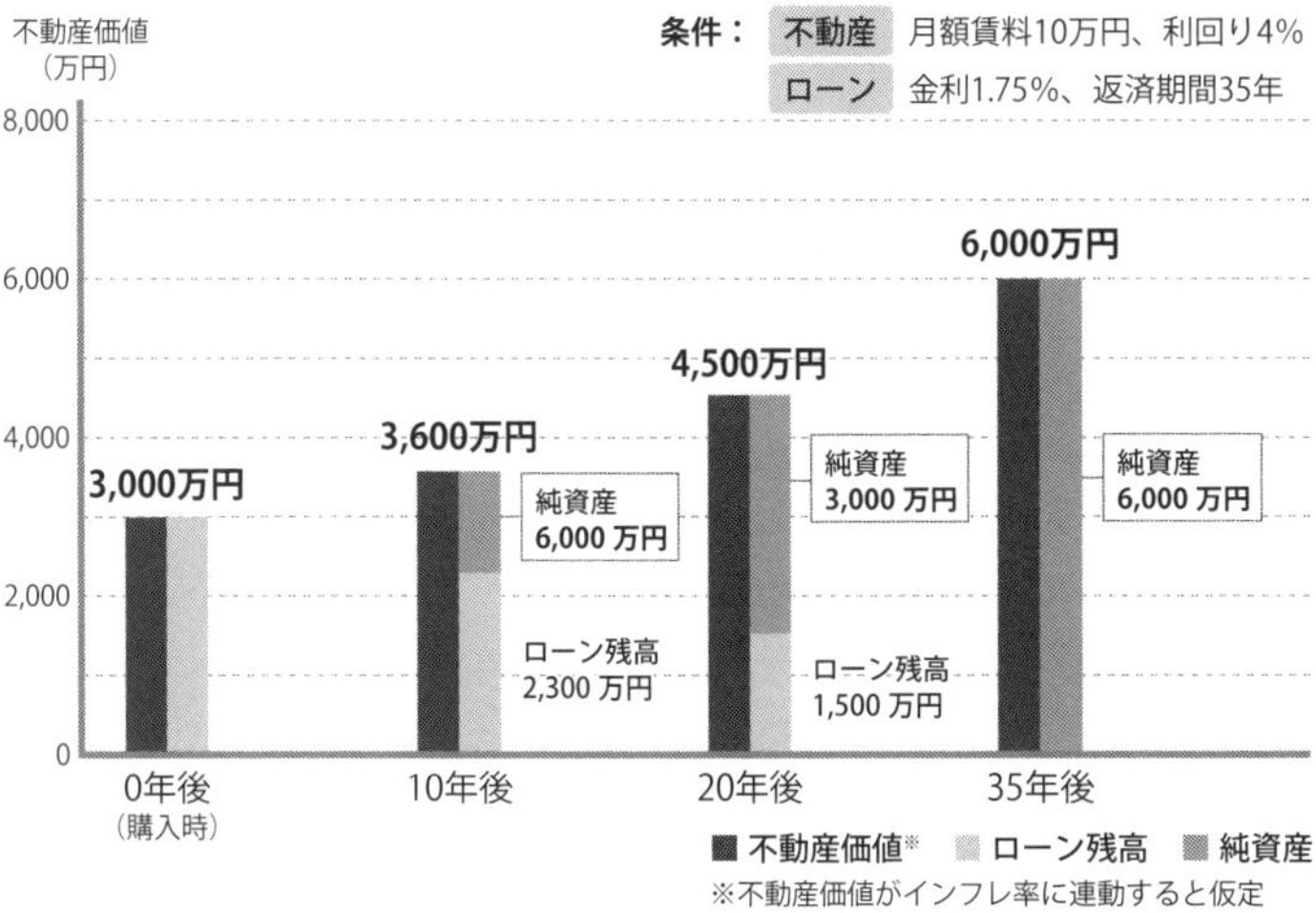

度減っていくわけですから、不動産価格が変わらなければ、差し引き60万円ほど純資産が増えていく計算です。

購入当初、自己資金で諸費用として100万円ぐらい使ったとしても、2年以内に回収できる計算になります。

不動産投資において、ローン返済中のキャッシュフローが赤字（「キャッシュアウト」といいます）になるとしても心配することはありません。むしろ避けるべきなのは、少しでも期中のキャッシュフローを黒字にしようと、利回りの高い物件、すなわち空室期間が長期化しそうな物件や、売りたいときに売れない流動性の低い物件を買うことです。

それを避けながらインフレによる不動産価格の上昇が加われば、ローン返済額以上の純資産が積み上がっていきます。インフレ率2％が継続すると仮定すると、当初3000万円の不動産が20年で1・5倍の4500万円、35年で2倍の6000万円になります。年間20万円のキャッシュアウトがあるとはいえ、自己資金をほとんど使わずに投資を始めて最終的に何千万円という資産が作れるのですから、非常に効率的な資産形成といえます。

3．不動産投資のメリットとリスク

不動産投資のメリット

ここで不動産投資のメリットを整理しておきます。

第一に、インフレ時には資産価格が上がります。

少子高齢化の日本では今後長期にわたり金融緩和を続ける必要があります。その結果として、インフレが顕在化し、物価上昇および資産価格の上昇が予想されます。

このような局面ではできるだけローンで資金を調達し、現物資産に投資しておくと大きなゲインが得られます。不動産の担保力と個人の信用力を使ってこの効果を最も発揮できるのが不動産投資です。

第二に、ローンを返済しながら長期的に純資産が積み上がります。

現在手元にある資金を使わなくても、不動産の担保力と個人の信用力をもとに金融機関が投資資金を貸してくれます。これにより自己資金をほとんど使わずに不動産を購入し、賃料収入からローンを返済することで、不動産価値からローン残高を除いた純資産が積み上がります。

不動産価格は、将来の賃料予想と利回りで決まるため、当然変動します。将来賃料が上がると予想されれば不動産価格は上がりますが、将来賃料が下がると予想されれば不動産価格は下がります。金融緩和時は利回りが下がり不動産価格は上がりますが、金融引き締め時は利回りが上がり不動産価格が下がります。

賃料に関しては今後長期的にインフレが進むとなれば、上がる可能性が高いです。ただ、日本全体では少子化が進むわけですから、都市部、できれば東京中心部の物件を選ぶべきです。また金融政策については、少子高齢化で強烈なデフレ圧力が掛かっている今の環境下、それに対抗するための金融緩和は長期にわたって継続する必要があり、恒常的なインフレが実現しないと本格的な金融引き締めへの政策転換は起こらないと思います。

もちろん将来金融政策が変更され市場金利が上がり始めると、不動産に求める利回りが上がり、不動産価格にネガティブに影響します。ただ、その時点でインフレが顕在化しているので

不動産投資のメリット

1. インフレ時に**価格が上昇**する
2. ローン返済に伴い、**純資産**が積み上がる
3. ローンの返済後は、**安定した収入**（賃料）が得られる

あれば、賃料が上がることで利回り上昇の影響を相殺できますし、それまでの間にローン返済が進んで純資産が積み上がっていれば、不動産を売却することで高いリターンを得ることができます。

第三に、ローンを返済したあと安定したキャッシュフローを享受できます。

不動産投資は当初大きな借り入れをするので、ローンが完済するまで賃料収入はほぼすべてローンの返済に充てることになります。しかしローンの返済が終わったあとは、賃料が安定した副収入となり、私的な年金としての役割を果たします。アパートや賃貸マンションで入居者と結ぶ賃貸借契約は通常2年単位です。その間、賃料が変わることはほとんどありません。

今後、インフレが進むと新規募集の際はもちろん契約更新の都度、賃料を上げることも可能です。世の中の物価が上がるなかで、定額でもらう年金の実質的価値が低下するかもしれません。不動産から

の賃料は物価上昇に連動して上がる可能性が大きく、年金以上に頼りになる収入源になり得ます。

不動産投資の主なリスクは3つ

一方、不動産投資にはリスクもあります。

第一に、空室リスクです。

賃借人がいる間は毎月安定した賃料収入が入ってきますが、賃借人が出ていったあと、次の賃借人が決まらず空室期間が長引けば、ローン返済や管理費といった不動産の維持費用をすべて自分のお金で賄う必要があり、それができなくなると、物件を売却せざるを得なくなります。

物件売却が、たまたま不動産市況が良いタイミングならいいのですが、そうでない場合は売ってもローンを完済できないといった事態になります。不動産価格は景気や金融政策のサイクルのなかで上下しますが、空室が継続するタイミングと不動産市況の悪いタイミングが重なって、損を承知で投げ売りするというのが不動産投資の最悪のパターンです。このようなことにならないためにも安定して賃貸需要のある物件を選ぶ必要があります。

第二に、流動性リスクです。

流動性とは投資対象が換金しやすいかどうかということですが、その点において株式や投資信託、債券などは膨大な参加者によって取引される市場や仕組みがあり、換金は容易です。

一方、不動産は売り手と買い手の相対取引が基本です。売り出してから売買が成立するまで通常３カ月程度、場合によっては半年や１年掛かることもあります。もちろん、相場よりも大幅に安く売り出せば早く売れますが、条件によっては安くしてもなかなか買い手が見つからないケースもあります。

流動性リスクへの対策としては、そもそも売りにくい物件を買わないということが大事です。売りにくい物件とは具体的には郊外や田舎にある物件、築古物件、１棟物件などです。

さらに将来の売却を考えた場合、次の購入者に対して金融機関が融資してくれる物件かどうかという点も重要です。

例えば今築20年の不動産を買うと20年後は築40年です。20年後の売却を考えたとき、築40年の物件に金融機関がローンを出してくれるかというと、かなり厳しいでしょう。もしローンが借りられるとしても、築40年なので20年返済でしか貸せないといった話になります。築年が進

不動産投資の主なリスク

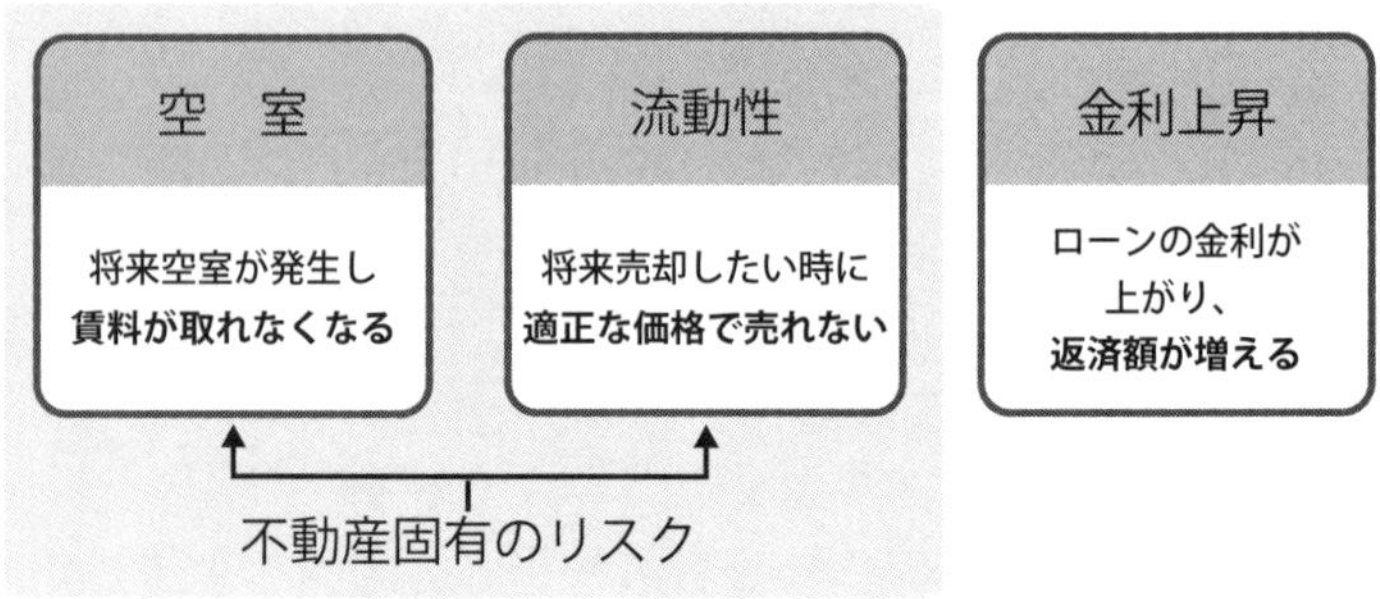
空　室
将来空室が発生し
賃料が取れなくなる
流動性
将来売却したい時に
適正な価格で売れない
金利上昇
ローンの金利が
上がり、
返済額が増える
不動産固有のリスク

めば進むほどその不動産の担保力は弱くなり、借りられる金額が小さく、返済期間が短くなるのです。

第三に、金利上昇リスクです。

投資用不動産のローンは原則変動金利であり、年2回金利の見直しが行われます。ローン金利は銀行の短期プライムレート（短プラ）に連動しているケースが多く、金融引き締めで政策金利が上昇し、その影響で銀行の調達金利が上がり、短プラが上がるとローン金利も上がります。

ただ、短プラは過去20年以上にわたりほとんど変化していません。2022年12月の「黒田ショック」でも上昇しているのは長期金利だけであり、短プラに影響する短期金利に変化はありません。

短期金利が上昇する、すなわち日銀が金融引き締めを行うためには、賃金も物価とともに2%を超えて上昇し、インフレが恒常的に2％を上回って推移する状況が実現しなくてはいけません。つまり【金融緩和→物価上昇→賃金上昇→インフレが継続→金融引き締め→ローン金利の上昇】という順番になるはずで、金融引き締め時には、すでにインフレが顕在化しており、賃料も上がっているはずです。賃料が上がりそれで金利上昇によるローン返済額の増加分が賄えるのであれば、金利が上昇しても問題ありません。さらにインフレ時には不動産価格が大きく上がっているので、売却してキャピタルゲインを得るという方法もあります。

よって、不動産投資における金利上昇リスクは、ほかのリスクに比べるとそれほど心配する必要はありません。

株や債券のように価格の透明性を高めることで不動産投資は金融商品として考えられる

第2章

1. 金融商品と不動産の違いと共通点

金融商品とは何か？

「金融商品」とは一般的に銀行、証券会社、保険会社など金融機関が提供または仲介するお金の運用や管理に関わる商品のことです。

具体的には「預金」「株式」「債券」「投資信託」などがあります。また近年は「外国為替証拠金取引（FX）」、さらには「暗号資産（仮想通貨）」など新しいタイプの金融商品も登場しています。

金融商品はリスクとリターンによって評価することができます。

リスクとは、金融商品の価格変動幅の大きさです。1年間に10％価格が上下する金融商品より50％価格が上下する金融商品のほうが、リスクが大きいわけです。

リターンとは、その金融商品に投資することで資産がどれだけ増えるかの期待値です。将来増加した資産を投資金額で割って年率計算し、投資額に対して「〇〇%のリターンがある」などと表現されます。

「金融商品」には、さまざまなリスクとリターンの組み合わせがありますが、どの商品も一定の市場で取引されているため、リスクが高くてリターンの低い商品や、リスクが低くてリターンが高い商品は存在しません。仮にリスクが高くてリターンの低い商品があった場合、買い手が少なくなりその商品の価格が下がってリターンが上がります。反対に、リスクが低くてリターンが高い商品があった場合は買い手が増えて価格が上がりリターンは下がります。

このように原則すべての金融商品は市場メカニズムのなかでリスクとリターンのバランスの上で価格が決まっており、リスクとリターンどちらの基準で見ても優れた金融商品などというものは存在しないのです。金融商品への投資とは、投資家の投資目的とリスク許容度を前提に、最適なリスクとリターンの組み合わせを持つ金融商品を選ぶことにほかなりません。

代表的な金融商品・サービスの概要

ここで、代表的な金融商品を紹介しておきます。

①株式

最も代表的な金融商品が「株式」です。

株式は、株式会社が資金調達のために発行するもので、投資家は、株式を購入することでその会社の株主となります。株式の特徴は次のとおりです。

・会社のバランスシートにおける資本に相当します。
・会社から株主への元本返済義務や返済期限はありません。
・株主は、会社解散時に会社の資産から負債を除いた純資産を株式の保有割合に応じて受け取る権利があります。
・会社は純利益の中から配当を行いますが、配当を行わずに内部留保することもできます。

・株主は自らの投資金額以上の責任を負いません。（有限責任）

株主になると、次のような権利を得ることができます。

・会社の重要な経営方針などを決める株主総会に出席し決議に参加する権利（議決権）
・配当金などの利益分配を受け取る権利（利益配当請求権）
・会社解散時に残った会社の資産を分配して受け取る権利（残余財産分配請求権）

ただ、ごく少数の株式をもっていても会社の経営方針に関与することは不可能です。また、配当金は会社側が経営状態などに応じて決めるので、債券のようにあらかじめいくらもらえるのかは分かりません。会社の業績が悪化した場合、株価は大幅に下落することがあり、会社が破綻した場合は、株価はゼロになります。さらに会社破綻時には、換価された資産から、まずは債権者への分配が優先されますので、株主に出資金が戻るケースはまれです。

一方で、株式を買った（出資した）会社の業績が好調で売上や利益が伸びると株価も大きく上昇します。特にその会社の経営環境や業績が上向きそうになると、実際に数値として確認できる前から大きく上昇する傾向があります。なかには1年、2年程度のスパンで株価が数倍になったりしますし、現在赤字であっても将来大きな純利益を生み出すと見込まれる成長産業やベンチャー企業のなかには5年から10年のスパンで株価が10倍以上になることも珍しくありません。株式への投資は、配当よりも当該株式を売却して利益(キャピタルゲイン)を得ることを目的にします。

②債券

「債券」も株式と並ぶ代表的な金融商品です。

債券は国や民間企業などの発行体が、投資家から資金を借り入れるために発行する有価証券です。投資家は、債券を購入することでその会社の債権者となります。債券の特徴は次のとおりです。

- 会社のバランスシートにおける負債に相当します。
- 会社は、あらかじめ決められた金額とタイミングで金利(クーポン)の支払いと元本償還を行う義務があります。
- もし会社が債券の元利金の支払いを遅延したり、支払わなかったりすると、債務不履行となり、会社の破綻原因となります。

・会社破綻時は株式に優先して弁済が受けられます。
・同じ負債としては借り入れ（ローン）があります。ローンと債券は本質的には同じですが、債券のほうがより譲渡しやすい法的形態になっています。
・債券には国が発行する国債や企業が発行する社債、さらに特定の資産のキャッシュフローを原資とする証券化商品などがあります。

一般的な満期一括型の債券の場合、満期までの間は定期的にあらかじめ決められた金利（クーポン）が支払われ、満期時に元本が一括して償還されます。満期まで待っていれば元本が戻ってくることが債券の最大の特徴であり、株式との違いです。

このように債券は将来のキャッシュフローが確定しているため、リターンにあたる金利（クーポン）はそれほど高いわけではありません。

債券投資のリスクは金利リスクとクレジットリスクに分けられます。金利リスクとは利回りが変化した際にどれくらい価格が変化するかというもので、デュレーションという概念で計測できます。（デュレーションについては後の章で詳しく説明します。）基本的に固定金利で長期の債券であればあるほどリスクが高くなります。たとえば、同じ１％の利回りの変化であっても、1年後に償還を迎える債券と10年後に償還を迎える債券であれば、10年後に償還を迎える債券の方が大きく価格が変わります。一方、10年後に償還を迎える債券であっても、変動金利の債券の場合、市場金利の動きに合わせて金利（クーポン）が変わると考えられるため、価格は安定しています。クレジットリスクとは、発行体の信用力に起因するリスクで、発行体が約束どおりの元利金の支払いを行わないリスクのことです。債券の将来のキャッシュフローは確かに決まっていますが、発行体がその条件どおりに元利金を支払ってくれるかどうかは、発行体の信用力によります。

そこで発行体の信用力を表す「格付け」を参考にします。代表的な格付け機関としては米国系のムーディーズ、S&Pグローバル・レーティング、欧州系のフィッチ・レーティングス、日本では格付投資情報センター（R&I）や日本格付研究所などがあります。これらの格付機関は、発行体の財務状況などを調べて「格付け」を付与します。

評価基準は格付機関により異なりますが、格付けの表記はおおよそ共通しています。最も格付けが高い、つまり最も約定どおりの金利（クーポン）支払いや元本償還が行われる可能性の高い格付けは「AAA（トリプルエー）」で、以下「AA（ダブルエー）」「A（シングルエー）」と続きます。格付けが低いほど発行体の信用力が低く、約定どおりの金利（クーポン）支払いや元本償還ができない可能性が高いとされます。

なお、「ＢＢＢ（トリプルビー）」以上は一定以上の信用力があるため「投資適格水準」と呼ばれ、その下の「ＢＢ（ダブルビー）」以下は信用力が低いので「投機的水準」と呼ばれます。


債券で注意しなければならないのは、「外貨建債券」や「仕組み債」です。

「外貨建債券」は、日本円（円貨）以外の通貨（外貨）で金利（クーポン）や元本償還が行われる債券です。したがって、円高になると円換算でのリターンが大幅なマイナスになることもあります。しかも、債券を購入するときや元利金を受け取るときにも為替手数料が掛かります。債券投資といいながら為替のリスクを取っているのです。

「仕組み債」はさらにリスクが高くなります。仕組み債は債券の一種ですが、「デリバティブ」（金融派生商品）と呼ばれるオフバランス取引を組み込んだ債券です。デリバティブは非常に複雑で高度な取引であり、本来は大手企業や機関投資家がリスクヘッジや効率的な資産運用の手段として利用するものです。リスクの取り方次第では、元本のほとんどを失ってしまう可能性もあります。

「外貨建債券」や「仕組み債」は、金融商品としては一般的な債券とは別ものと考えておくべきです。

③ 投資信託

ある事象に対して相反する動きをする株式を組み合わせることで、リターンを維持しつつリスクを低減させることができるというのが現代のポートフォリオ理論の考え方です。

この考え方に基づき近年、大きく残高を伸ばしているのが「投資信託」です。これは多くの投資家から集めた資金をまとめて株式や債券などに投資し、その運用の成果を分配金などの形で投資家に還元する金融商品です。

投資信託の主なメリットは、次の4つです。

第一に少ない金額から購入できます。通常、株式投資や債券投資には数十万円から数百万円といったある程度まとまった資金が必要になります。しかし投資信託であれば1万円とか証券会社によっては100円程度から始めることができます。

第二に株式や債券などに分散投資できます。投資の基本は資金をいくつかの商品に分けてリスクを分散させる「分散投資」です。個人の投資家が、自分だけで分散投資しようとすると多くの資金が必要となりますが、投資信託は小口のお金を集めてひとつの大きな資金として運用するのでさまざまな資産に分散投資し、リスクを軽減することが可能になります。投資信託はもともとこのような分散投資の考え方から生まれた金融商品です。

第三に専門家により運用されます。株式や債券などの投資に必要な知識や手法を個人で身につけるのはなかなか難しいものです。投資信託は経済・金融や企業分析などに関する知識を身につけた専門家（ポートフォリオマネージャー）が、投資家に代わって運用します。また、個人では買えないとか買いにくい海外の株式や債券、特殊な金融商品への投資も可能です。

第四に高い価格透明性があります。原則として毎日、それぞれの投資信託は投資対象である金融商品の市場での取引価格を基にした基準価額が公表されており、資産価値や値動きが分かりやすいです。また、決算ごとに監査法人などによる監査を受けているため資産価値の透明性も高いです。

一方、投資信託には注意点もあります。

第一に株式と同様、元本保証がないことです。投資信託には分配金が出るものもありますが、原則株式と同様、売却して換金します。分散投資をしているとはいえ、その対象は個別株式が多く、市場の動向によって株価は大きく動き、結果的に投資信託の基準価額も日々変動します。

基準価額が上昇してキャピタルゲインが得られることもあれば、基準価額が下落してキャピタルロスになることもあります。

第二にさまざまなコスト(手数料)が掛かります。投資信託の運用には運用会社や販売会社など複数の会社が関わり、購入時手数料、信託報酬(運用管理費用)、信託財産留保額といった手数料が掛かります。手数料は運用益から控除されますので、その分リターンが減ることになります。

投資信託に関連して、「ファンドラップ」も取り上げておきたいと思います。

ファンドラップとは、投資家の資産運用についての希望や考え方をもとに、複数の投資信託を組み合わせて資産を配分し、運用・管理を行う金融サービスです。最近、多くの金融機関がファンドラップを積極的に販売しており、その市場規模(預かり残高)は約12兆円にもなっています。

ファンドラップのメリットとしてよく挙げられるのは、複数の投資信託に長期分散投資することで価格変動リスクをより抑えて安定したリターンを目指せることと、投資家それぞれの投資方針に基づいて専門家が最適な投資信託の組み合わせと比率を決定してくること、そして運用を開始したあとも市場や環境の変化に合わせた資産配分の見直しを専門家が行ってくれること、という3つです。

投資信託には株式型、債券型、バランス型、さらには国内外の別のものもあるなど、非常に多くの種類があります。個人投資家が投資信託で運用する場合もいくつか組み合わせるのが一般的です。買ったあとのチェックや入れ替えも自分でやらなければならず大変です。ファンドラップであればそれらをすべて運用会社がやってくれるというわけです。

ただし、ファンドラップにはいくつか注意点があります。

まず、運用コストです。ファンドラップでは「投資一任委託料」や「ファンドラップ手数料」といった手数料が設定されています。さらにファンドラップに組み込む個々の投資信託についても運用手数料（信託報酬）が掛かります。投資信託も分散投資のための金融商品ですが、それをさらに組み合わせたファンドラップはある意味、コストが二重に掛かっているのです。

また、ファンドラップ同士を比較する情報が少ないのも気になります。株式や投資信託ではさまざまなデータをネットで簡単に調べられますが、ファンドラップでは契約してからでないと過去の運用実績を見ることができません。

専門家のなかにはファンドラップを利用するより、コストの低いバランス型投資信託やロボアドバイザー（一任型）のほうがいいのではないかという声もあるようです。

投資信託に関連して、もうひとつ取り上げておきたいのがＲＥＩＴ（リート）です。ＲＥＩＴはReal Estate Investment Trustの略で日本語では「不動産投資信託」と訳される投資信託の一種です。もともとリートは不動産を投資対象とする投資信託を作るという発想で、米国で生まれた金融商品です。日本のＲＥＩＴ（リート）はＪ－ＲＥＩＴ（ジェイ・リート）と呼ばれます。

リートは投資信託と同じように、専門家に運用を任せ、少額の資金から分散投資ができます。一方で投資信託とは次の２つの点で異なります。

第一に、投資信託は株式や債券で運用し、値上り益や金利などのリターンを投資家に配分します。それに対しリートでは、オフィスビルや商業施設、マンションなど不動産に投資し、その賃料などを投資家に分配します。その意味では不動産投資の一種ともいえます。

第二に、投資信託の多くは非上場で（ＥＴＦという上場投資信託もあります）、換金する際は運用会社に解約を申し入れる必要があります。それに対してリートは証券取引所に上場されており、市場が開いている時間帯には自由に売買することができます。

リートと不動産投資（個別不動産への投資）との違いについてはまたのちほど説明します。

④ＦＸ（外国為替証拠金取引）

「ＦＸ」とはForeign Exchange（外国為替）を略したもので、外国為替保証金取引、外国為替証拠金取引などと訳されます。

外国為替とは異なる国の通貨を交換することで、その交換レートは日々動いています。ＦＸはこうした外国為替の変動をもとに、ある通貨がほかの通貨に対し「高くなるのか」「安くなるのか」を予想し、高くなると予想する通貨は「買い」、安くなると予想する通貨は「売り」の注文を出します。そして、一定期間後に買った通貨は「売り」、売った通貨は「買い」（買戻し）によって決済し、買ったときと売ったときの差額がリターンとなります。

ＦＸの特徴は次のとおりです。

第一に、比較的少ない金額で始められます。ＦＸを始めるにはまずＦＸ会社に口座を開き、そこに証拠金を入れます。その証拠金をもとにＦＸの取引を行うのです。証拠金の最低金額は総取引額あるいは約定代金の４％というＦＸ会社がほとんどです。例えば、円換算で１００万円の取引をするにはその４％、つまり4万円を口座に振り込めばいいことになります。

ＦＸの第二のメリットは、「レバレッジ」が効くことです。今説明したように、総取引額あるいは約定代金の４％にあたる証拠金から始められるということは、証拠金の25倍までのレバレッジが効いているということです。このレバレッジはFX会社が与信枠として提供してくれるものので、ローンとは異なります。

FXの第三のメリットは、株式との比較になりますが、投資対象の選択肢（通貨の組み合わせ）がドル／円、円／ユーロ、円／豪ドル、ドル／ユーロなどかなり限られていて、あれこれ迷うことがありません。また、為替レートの動きを予想する際には、その国の金利や金融政策、経済指標などに注目するファンダメンタルズ分析と、そこに為替相場の動きそのものを分析するテクニカル分析があり、どちらも公表データがあるため、プロ・アマの差は少ないといえます（分析力は別ですが）。

一方、FXには次のようなリスクがあります。

第一に、当然ですが為替相場の変動リスクです。FXでは買った通貨と売った通貨の為替レートの変動によって含み損が発生することがあり、それが一定程度を超えると追証（追加の証拠金）が求められ、それができないとロスカットといって強制決済が行われます。少ない資金で始められるとはいえ、自分が取引する規模（金額）に応じて余裕をみておくことが不可欠です。

第二に、FXでは買っている通貨と売っている通貨の金利差を調整するスワップ金利というものが毎日、発生します。簡単にいえば、買っている通貨（国）の金利と売っている通貨（国）

の金利の差額が毎日、入ってくるのです。ＦＸではこのスワップ金利を狙った取引手法もありますが、金利の高い通貨（国）は為替相場で下落しやすく、単純にうまくいくとは限りません。

第三に、取引しているＦＸ会社が倒産するリスクがあります。これを「信用リスク」といいます。ＦＸは基本的にはＦＸ会社との間の証拠金を介した取引であり、取引注文は外国為替市場につながれるとしても、証拠金そのものはＦＸ業者に預けています。

ただし、現在は「信託保全」といってＦＸ会社は預かった証拠金を自社の資産とは分けて信託銀行に預けることになっており、万が一ＦＸ会社が倒産しても証拠金は戻ってくるようになっています。

⑤暗号資産（仮想通貨）

近年、非常に注目されているのが「暗号資産」（仮想通貨）です。

もともとは２００９年に運用が開始されたビットコインが最初で、その後アルトコイン（ビットコインの代替コイン）と呼ばれる仮想通貨が次々と生まれました。また、法定通貨と仮想通貨を交換する仮想通貨取引所が登場したことで仮想通貨は投資対象としても急速に人気が高まりました。２０２２年10月現在において、世界中で流通している仮想通貨の種類は

2万1000種類を超えるといわれるほどです。

暗号資産（仮想通貨）の魅力は値動きが激しいことです。短期間に数十倍以上値上がりすることもあり、日本でも一時は1億円を超える利益を得た投資家が続出しました。

しかし、値動きが激しいということは値下がりするときの幅も大きいということです。

2022年11月、アメリカの暗号資産（仮想通貨）交換業の大手であるFTXトレーディングが破綻したことで、ビットコインの価格はわずか2日の間に2割以上も下落しました。

そもそも暗号資産（仮想通貨）は価値の裏付けがなく、また各国の中央銀行のような公的な発行機関もありません。

貨幣には一般に価値尺度、交換・流通手段、価値貯蔵手段という3つの機能があるとされますが、暗号資産（仮想通貨）は今のところこれらを満たしておらず、どちらかといえば投機の対象といったほうが良いでしょう。

金融商品におけるリスクとリターン

本章の冒頭で説明したとおり、あらゆる金融商品はリスクとリターンの関係でとらえることができます。

リスクとは、金融商品の価格変動幅の大きさです。金融商品の価格はその金融商品が将来生み出すキャッシュフローの現在価値なので、リスクはその将来キャッシュフローの安定性または予測可能性によって決まります。将来確実に入ってくるキャッシュフローであればリスクは低く、逆の場合はリスクが高くなります。金融商品には、キャッシュフローの源泉が、利子や配当、元本償還のように定期的に決められた金額である「インカムゲイン」中心のものと、当該商品を売却した場合に実現する「キャピタルゲイン」中心のものがあります。一般的に「インカムゲイン」中心の金融商品（例えば債券）はキャッシュフローが安定しているためリスクが低く、「キャピタルゲイン」中心の金融商品（例えば株式）はキャッシュフローが売却価格に依存するためリスクが高くなります。

リターンとは、その金融商品に投資することで資産がどれだけ増えるかの期待値です。

当然ですが、リスクの高い金融商品はリターンも高く、リスクの低い金融商品はリターンも低くなります。前項で取り上げたさまざまな金融商品をこうしたリスクとリターンの関係で整理すると次ページの図のようになります。

債券は金融商品のなかでは最も安全な資産です。債券は、英語でFixed Incomeと呼ばれて

主要な金融商品のリスクとリターンの関係

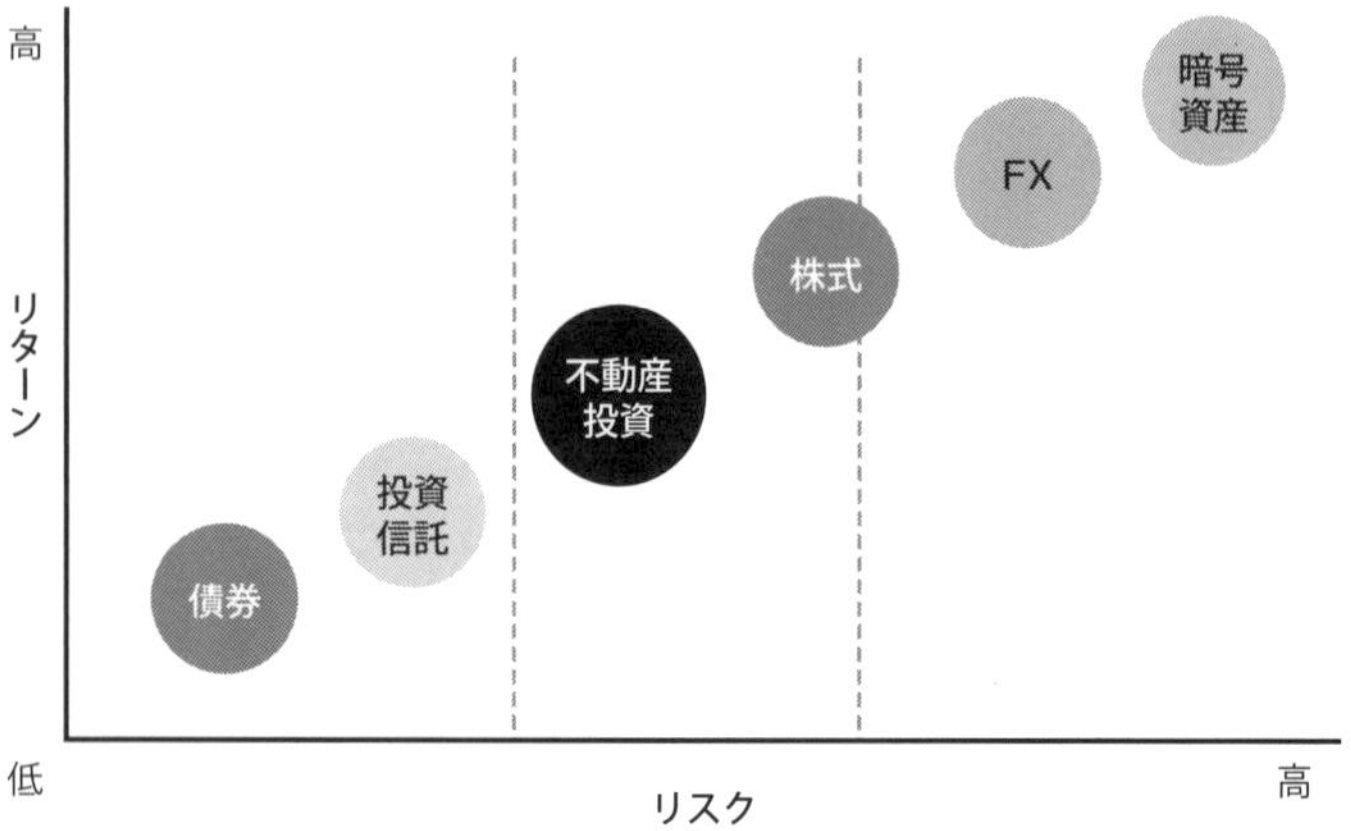

おり、金利（クーポン）と元本償還という将来キャッシュフローが確定している金融商品です。発行体が健全であれば、満期まで待っていると必ず約束どおりのお金がもらえるわけです。債券には償還までの期限があり、将来キャッシュフローが確定しているとはいえ、価格は変動しており、満期前に売却するとキャピタルロスとなる場合もあります。ただ将来キャッシュフローが確定している分、株式に比べると圧倒的に価格変動が少ない金融商品で「ローリスク・ローリターン」の典型です。

一方、株式は企業の業績や成長によって株価が大きく値上がりしてキャピタルゲインが狙えますが、事業環境の変化や不祥事などで業績が悪化すると株価は大きく下落し、最悪の場合は紙くずになってしまいます。こちらは「ハイリスク・ハイリターン」の代表例です。なぜ株式の価格変動幅が大きいかというと、まず株式には満期や元本償還という概念がなく、キャッシュフローの大部分を売却によって実現する必要があります。また、株価のベースとなる純利益も、業績が変動するため不確実です。

不動産は両者の間に位置付けられ、「ミドルリスク・ミドルリターン」の商品だとされます。不動産の場合は賃料という安定した将来キャッシュフローがあります。賃料は株式における純利益ほど変動しない一方、長期的に見ると、例えばインフレの環境下では上昇します。ただ株式と同様、償還期間という概念はなく、債券のような元本償還はありません。よって、不動産のリターンは賃料という「インカムゲイン」と売却代金という「キャピタルゲイン」の2つによって構成されるケースが多く、預貯金と株式の間の「ミドルリスク・ミドルリターン」と位置付けられます。

金融商品の価格の決まり方

前項でいろいろな金融商品とそのリスクとリターンの関係を紹介しましたが、そもそも金融商品の価格がどのように決まるのかを、ファイナンスの基本的な概念を使って詳しく説明します。

まず、ファイナンスの最も重要な考え方として「現在価値（Present Value)」という概念があります。投資のリターンはその投資から生まれる将来のキャッシュフローです。債券であれば債券保有者に支払われる利子と元本であり、株式であれば株主に支払われる配当と株式の売却から得られる売却代金です。

そうした将来のキャッシュフローを現在のキャッシュで評価したらいくらになるのかというのが「現在価値」の考え方です。

例えば、10年後にもらえる100万円を今もらうとするといくらでしょうか。ここで、現在と将来という時点の異なるキャッシュフローをつなげる役割を果たすのが「金利」です。仮に今91万円のキャッシュが手元にあったとして、年利1％で運用すると、10年後のキャッシュフローは次ページの式①のとおり計算できます。

現在の91万円が10年後に100万円になったわけですから、10年後の100万円は現在の91万円に等しいことになります。これが現在価値の考え方です。10年後の100万円の現在価値は式②のとおり計算できます。

①10年後のキャッシュフロー　＝91万円×$(1+0.01)^{10}$=100万円
②10年後の100万円の現在価値　＝100万円÷$(1+0.01)^{10}$＝91万円

③ 金融商品の価格 =CF ÷$(1+r)^n$

投資の目的は、投資によって生まれる将来のキャッシュフローを得ることなので、金融商品の価格とは、金融商品への投資から生まれる将来のキャッシュフローの現在価値なのです。

先の例のとおり、ある一時点の将来キャッシュフローをCF、金利をr、期間をn年とすると、金融商品の価格は上の式③で求められます。

将来のキャッシュフローを「$(1+r)^n$」で割って現在価値＝価格を求めるため、金利rのことを「割引率」（ディスカウントレート）ともいいます。割引率と金利は表裏一体であり、現在から将来のキャッシュフローを考える場合に「金利」といい、将来のキャッシュフローから現在価値を考える場合に「割引率」といいます。

一つの金融商品から発生する将来キャッシュフローが複数

④ **金融商品の価格**（キャッシュフローが複数ある場合）

$$=CF1 \div (1+r) + CF2 \div (1+r)^2 + \cdot \cdot \cdot + CFn \div (1+r)^n$$

将来キャッシュフローと現在価値の関係

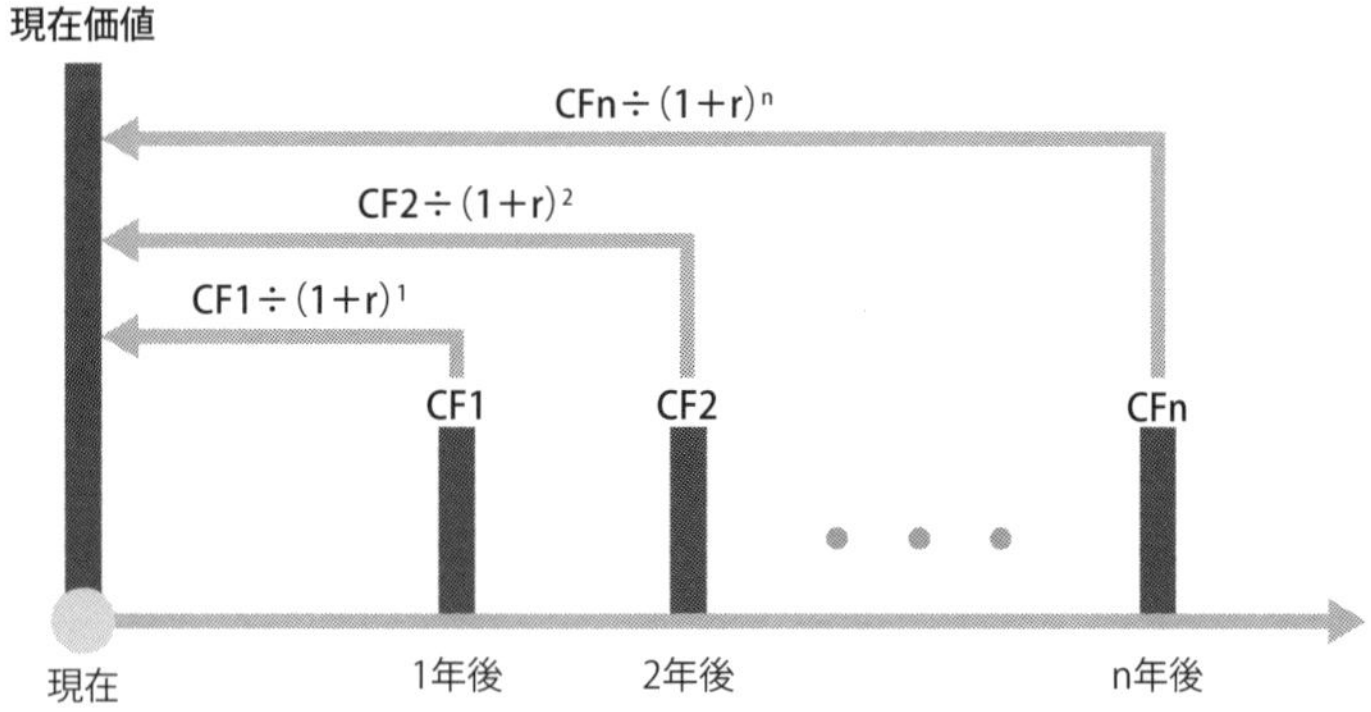

ある場合は、各キャッシュフローの現在価値の合計がその金融商品の価格になります。

例えば、毎年キャッシュフローが発生する金融商品があったとして、1年後に発生するキャッシュフロー＝CF1、2年後に発生するキャッシュフロー＝CF2、n年後に発生するキャッシュフロー＝CFnとすると、当該金融商品の価格は上の④のとおり計算できます。

同じ金融商品から生まれるキャッシュフローが複数ある場合、適用する割引率はその個々のキャッシュフロー

⑤ 10年後の100万円の現在価値＝100万円÷（1+0.1）^{10}=39万円

が発生する期間により異なります。ただ、単純化してすべての期間に同じ割引率を適用して現在価値を求める場合の割引率を「内部収益率」（IRR：Internal Rate of Return）と呼びます。一般的に「利回り」と呼んでいるのは内部収益率のことです。

では、割引率は具体的にどのように決まるのでしょうか。

先ほどのケースでは割引率が年１％として、10年後の１００万円の現在価値が91万円となるという計算をしました。銀行預金といった安全な方法で運用する場合、年１％の金利＝割引率で考えてもおかしくないでしょう。

しかし、これが株式やＦＸといったリスクの高い運用方法の場合はどうでしょうか。そのようなリスクの高い運用をするのであれば年10％ほどのリターンがないと割に合わないかもしれません。もし、投資家が年10％のリターン＝金利が必要だと考えれば、割引率も10％になります。10％の割引率で10年後の１００万円の現在価値は上の⑤のとおり計算できます。

割引率はその金融商品のリスクによって決まっています。同じ10年後の

100万円であっても、銀行預金で得られる100万円と株式投資によって得られる100万円では、その過程で取るリスクが異なるため、それぞれのリスクに応じた割引率が適用され、結果として現在価値＝価格も変わってくるのです。

金利の決まり方（1） 投資期間と金利

金利＝割引率が金融商品のリスクによって決まるといいましたが、債券の世界で考えると、投資期間とクレジットリスクで決まります。

まずは、投資期間と金利の関係です。

第1章で日銀の金融緩和策に関連して「イールドカーブ」について説明しました。イールドカーブとは縦軸を金利、横軸を債券の償還期間にしたグラフで表される曲線のことです。

一般的に「金利」というと、国債など債券のクーポン計算に使われる○○％という数字をイメージするかもしれません。債券の「金利」は通常、発行時に決まっていて途中で変わるわけではありません。

しかし債券は発行後、市場で取引されるなかで価格が変化します。例えば、100円の元本

日本国債のイールドカーブ（2022年12月）

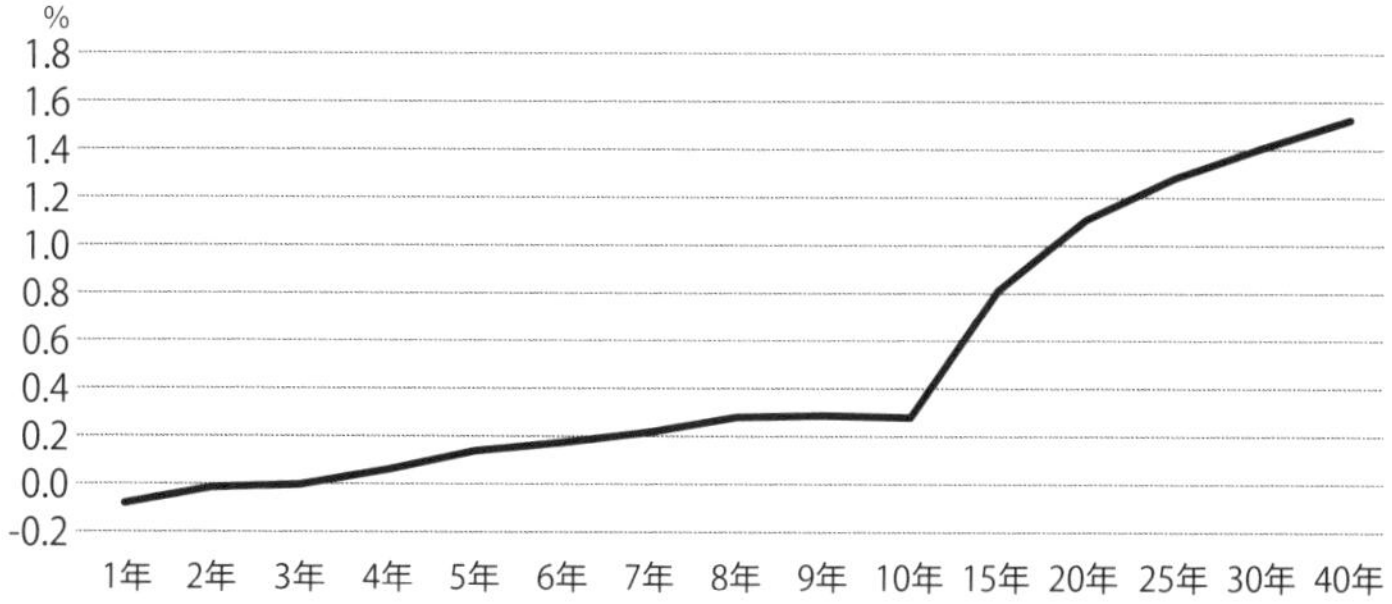

出典：財務省「国債金利情報」

で年１％の金利（クーポン）であれば、毎年１円（１００×０・01）の利息がもらえるわけですが、仮に債券価格が90円に下がるとどうなるでしょうか。90円の投資に対して毎年１円利息がもらえて償還時には元本（１００円）が戻ってくるので、この債券の実質的な金利は１％より大きくなります。逆に債券価格が１１０円に上がるとこの債券の実質的な金利は１％より小さくなります。

この実質的な金利のことを「利回り」といいます。利回りは先ほど説明した内部収益率（ＩＲＲ）のことです。当然ですが、債券価格が上がると利回りは下がり、債券価格が下がると利回りは上がります。

イールドカーブ上にはさまざまな価格の債券が並んでいるので、イールドカーブにおける縦軸は金利というより利回りと呼んだほうが正確です。２０２２年12月の日本国債のイールドカーブは上の図のようになっています。

通常、イールドカーブは右肩上がりの形状になります。債券の償還期間が長いほど、利回りが高くなります。10年国債の利回りだけ落ち込んでいるのは、日銀が金利を一定レベルに抑え込むため買い入れをしているからです。

このような右肩上がりのイールドカーブを「順イールド」と呼びますが、インフレ懸念が後退して将来利下げが見込まれる場合などは、償還期間が長いほど利回りが低くなることがあります。その場合、イールドカーブは右肩下がりになり、このようなカーブ形状を「逆イールド」と呼びます。

このように金融政策や市場の需給に応じて各償還期間に対応する利回りは変化しています。まず「利回り」は償還期間＝投資家から見た投資期間によって異なるのだということを覚えておいてください。

金利の決まり方（2）　クレジットリスクと金利

今日本国債のイールドカーブを見ましたが、一般企業が発行する社債のイールドカーブと国債

社債のイールドカーブのイメージ

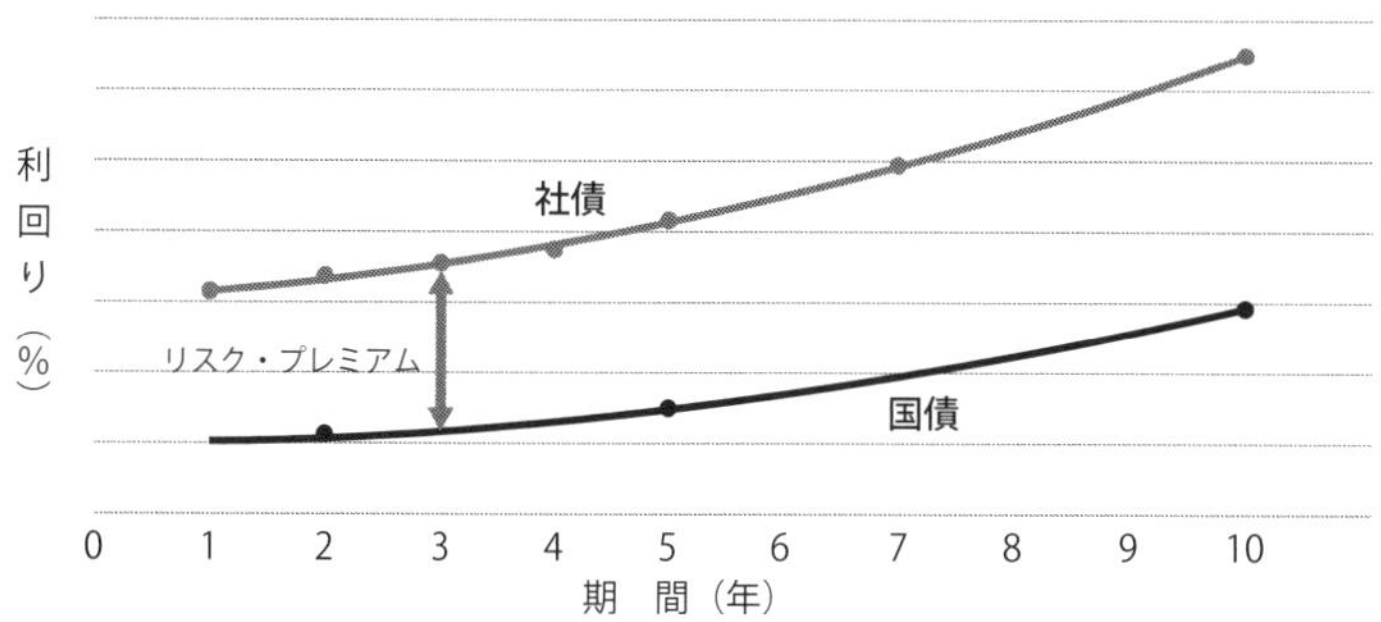

のイールドカーブを並べると通常、上の図のような形になります。

同じ償還期間の債券でも日本国債と企業が発行する社債だと利回りは異なります。これは発行体の信用力が異なるからです。日本国債は日本政府が発行する債券で格付け機関から円建て債券としては最上級の格付けを取っており、ほぼ確実に期日どおりの元利金の支払いが行われると考えられています。日本国債のような国の力を背景とした最上位のクレジットをもつ発行体の債券の利回りは、ほとんどリスクが無いという意味で「リスクフリー・レート」といいます。

一方、一般企業の発行する社債は企業が破綻すると元利金の一部または全部の支払いが行われない可能性があります。このように発行体の信用力によって生じるリスクをクレジットリスクと呼び、一定の金利（リスク・プレミアム）が上乗せされます。

そのため、クレジットリスクの高い発行体の社債はクレジットリスクの低い発行体の社債より金利が高くなるのです。

クレジットリスクを可視化しているのが「格付け」です。格付け機関は長年の分析ノウハウを使って、発行体の期日どおりの元利金支払い能力を審査して格付けしています。


このようにある債券の利回りは基本的に投資期間とクレジットリスクの2つで決まります。当該債券の償還期間に対応するリスクフリー・レート（通常は国債の利回り）にリスク・プレミアム（発行体のクレジットリスクを反映した上乗せ金利）を加えたものが、その債券の利回りになるのです。

そして金利＝割引率ですから、割引率もリスクフリー・レートとリスク・プレミアムの合計となります。

永久劣後債の価格付け

ここで、「永久劣後債」という債券について考えてみます。

まず、「劣後債」とは一般債（普通社債）と対比した呼び方で、発行体が破綻した場合、一般債より弁済順位が後回しになる分、利回りは高い債券のことです。さらに劣後債のなかでも満期が定められていないタイプを「永久劣後債」と呼び、通常の劣後債と比べてさらに利回りが高く設定されます。

永久劣後債には元本償還がなく、発行体が存在する限り将来にわたって永久に決められた金利（クーポン）が支払われます。

先ほど社債の利回りは、国債の金利である「リスクフリー・レート」と発行体のクレジットリスクを反映した「リスク・プレミアム」の合計だと述べました。

この場合のリスクフリー・レートは投資期間に応じて変化します。では、永久劣後債のような償還期間のない、つまり永遠に続くキャッシュフローの投資期間はどのように考えればいいのでしょうか。（通常の永久劣後債では、発行体が期中で償還できるオプション〈コール・オプション〉を持つことが多いのですが、今回はそれがない前提で考えます）

ここで「デュレーション」という概念を紹介します。実は投資期間を考える際に、償還期間というのはそれほど大きな意味をもちません。債券には金利（クーポン）と元本償還があり、償還期間にかけて定期的に金利（クーポン）が支払われ、満期に一括して元本が償還される満期一括型といわれるものが一般的です。

金利（クーポン）に比べて元本の金額が大きく、かつ、満期一括型の債券が多いので償還期間が注目されがちですが、債券のなかには永久劣後債のようにいつまでも元本償還がない債券や、住宅ローン証券化商品（Mortgage-Backed Securities）のように最初から毎月金利（クーポン）と元本償還がある債券など、さまざまなバリエーションがあります。

投資家にとって投資期間を考える場合に重要なのは、元本がいつ償還されるかではなく、どのタイミングでどれくらいのキャッシュフローが発生するかです。それを債券の価格、すなわち現在価値の動きで考えるのが「デュレーション」という概念です。

デュレーションは具体的には、債券の利回り（現在価値を計算する場合には割引率のこと）を1％変化させたとき、現在価値が何％変化するかという数値で計測します。金利変化に対する価格感応度ともいえます。

現在価値の計算では発生するキャッシュフローを「$(1+r)^n$」で割って求めるため、1％の金利変化でも発生するタイミングの遅いキャッシュフローほど現在価値（価格）は大きく下落します。そのため、金利が1％変化した場合の現在価値の変化を見れば、その金融商品の実質的な投資期間が分かるのです。

つまり、デュレーションの大きい債券はキャッシュフローの発生時期が相対的に長期であり、デュレーションの小さい債券はキャッシュフローの発生時期が相対的に短期であるといえます。

例えば、金利0・5%で満期10年の満期一括型債券の場合、金利が1%上昇すると現在価値(価格)は約9%下落します。金利1・5%で満期40年の満期一括型債券の場合、金利が1%上昇すると価格は約22%下落します。これは1%の金利変化に対して満期40年の債券が満期10年の債券の2・4倍(22÷9)ほど金利変化における価格感応度が高いことを意味します。償還期間は4倍(40÷10)ですが、価格感応度はそれよりはるかに小さいのです。これは、期中に発生する金利(クーポン)のキャッシュフローの影響があるからです。

さらに、金利3・5%の永久劣後債では、金利が1%上昇すると価格は約22%下落します。つまり、デュレーションで評価すると、永久劣後債の返済期間は満期40年の満期一括型の債券と同じと考えられるのです。元本償還がないにもかかわらず、永久劣後債の期中に発生する金利(クーポン)が3・5%と高いため、このようなことが起こります。

このように、デュレーションによって、永久劣後債の実質的な投資期間は実は満期40年の日本国債と同じであることが分かり、リスクフリー・レートとして40年満期の日本国債の利回り

⑥ **永久劣後債の価格**　$= C \div (1+r) + C \div (1+r)^2 + \cdots$

無限等比級数の和の公式より

永久劣後債の価格　$= C \div r$

が使えることも分かりました。

実質的な投資期間を考えることができれば一般的な社債と同じように、リスクフリー・レート（通常は国債の金利）にリスク・プレミアム（発行体のクレジットリスクを反映した上乗せ金利）を加えた利回り（現在価値を計算する場合は割引率）を求めることができます。永久劣後債が高い格付けの発行体であれば、リスク・プレミアムは小さく、低い格付けの発行体であれば、リスク・プレミアムは大きくなります。

永久劣後債の金利（クーポン）をC、割引率をrとすると、永久劣後債の価格は上の⑥のとおり計算できます。

永久劣後債のリスクフリー・レートは40年満期の日本国債の利回りが使えるので、永久劣後債の割引率は以下のとおり計算できます。

割引率r＝リスクフリー・レート＋リスク・プレミアム

＝40年国債利回り＋リスク・プレミアム

40年国債の利回りおよびリスク・プレミアムは、市場で決まります。永久劣後債の金利（クーポン）を、40年国債の利回りとリスク・プレミアムの合計で割ると永久劣後債の価格が計算できるのです。

不動産を金融商品として考える

今永久劣後債の説明をしたのには理由があります。期間の定めがなく永続的に一定の金利（クーポン）が支払われる永久劣後債のキャッシュフローは、将来にわたって永続的に賃料が発生する不動産のキャッシュフローによく似ています。

永久劣後債の価格付けの考え方を不動産の価格付けに応用できれば、理論的な不動産の価格が計算できます。この本のタイトルである「金融商品として考える不動産投資」とはまさにこのことです。

永久劣後債と同様、賃料という将来キャッシュフローを一定の割引率で割り引くと現在価値、すなわち不動産の価格が計算できます。例えば、毎年120万円の賃料を生む不動産の価格は、

⑦ **不動産の価格**

$$=120万円\div(1+0.04)^1+120万円\div(1+0.04)^2+\cdots$$

無限等比級数の和の公式より

不動産の価格

$$=120万円\div0.04=3,000万円$$

年4％の割引率を前提とすると、次ページの⑦のとおり計算できます。

つまり、年間の賃料を割引率で割ると不動産価格が求められるのです。この割引率を不動産業界では「キャップレート」と呼びます（厳密には、キャップレートは賃料から不動産の維持にかかる諸費用を控除したキャッシュフローに適用されますが、ここでは単純化のために賃料を直接割り引く割引率をキャップレートと呼びます）。

賃料は賃貸マーケットで相場がありますし、すでに賃借人がいれば決まっています。あとは割引率（キャップレート）が正確に出せれば適正な不動産価格というものが決まります。不動産の価格付けには、個々の不動産の割引率（キャップレート）の算出方法が重要です。

2. 金融商品としての不動産投資

不動産価格の決まり方

永久劣後債の価格付けと同様の考え方を使って不動産を評価することができると説明しましたが、不動産には永久劣後債と異なる点があります。それはインフレによって将来の賃料が上がる可能性があるということです。債券は英語でFixed Incomeと呼ばれ、将来のキャッシュフローが決まっています。そのため、インフレで将来の貨幣価値が下がると、金利の上昇により債券の価値も下がります。一方、不動産の賃料はインフレ時に上昇するので、インフレ時に不動産価格は上がる傾向にあります。これが不動産と債券で決定的に異なる点です。では、この点を考慮して再度、不動産価格がどう決まるのかを整理してみましょう。

不動産価格は当該不動産から生じる将来キャッシュフロー、つまり賃料の現在価値です。現

$$⑧\ 不動産価格 = C \div (1+r)^1 + C \div (1+r)^2 + C \div (1+r)^3 \cdots$$

無限等比級数の和の公式より

$$= C \div r$$

$$⑨\ 不動産の価格（インフレを考慮した場合）$$

$$= C \div (1+r)^1 + C^*(1+i) \div (1+r)^2 + C^*(1+i)^2 \div (1+r)^3 \cdots$$

無限等比級数の和の公式より

不動産の価格（インフレを考慮した場合）

$$= C \div (r-i)$$

賃料をC、割引率をrとすると、不動産価格は上の⑧のとおり計算できます。

ここで、仮に賃料がインフレによって上昇すると考えるとどうなるでしょうか。ここで言うインフレはあくまでも将来想定するインフレ率なので、期待インフレ率とします。現賃料をC、割引率をr、期待インフレ率をiとすると、不動産価格は上の⑨のとおり計算できます。

この式が示すとおり、一定の期待インフレ率によって賃料が上昇すると仮定すると、不動産価格は、現賃料を（割引率－期待インフレ率）で割ることになります。ここが、将来キャッシュフローが変わらない永久劣後債との違いです。

⑩ 不動産価格 ＝120万円÷（1.5%＋リスク・プレミアム－2%）

リスク・プレミアムを4.5%とすると、

不動産価格 ＝120万円÷（1.5%＋4.5%－2%）
＝120万円÷4%
＝3,000万円

なお、割引率＝リスクフリー・レート＋リスク・プレミアムですから、

不動産価格＝賃料÷（リスクフリー・レート＋リスク・プレミアム－期待インフレ率）

となります。

不動産の割引率に使うリスクフリー・レートには、永久劣後債と同様40年の日本国債の利回り（2022年12月時点で約1・5%）が使えます。さらに、期待インフレ率を2%と想定すると、毎年120万円の賃料を生む不動産の価格は上の⑩のとおり計算できます。

リスクフリー・レートは市場で決まる利回りなので、金融政策や市場環境によって動きます。期待インフレ率は主に各国の人口

動態、経済活動および金融政策によって決まります。最後のリスク・プレミアムはまさに不動産のリスク、直接的には空室リスクであり、将来賃貸需要をどう見るかで決まります。賃貸需要については、国や都道府県単位の人口増減やインフラ開発計画などのマクロ的な要因と、物件の立地や建物、間取りや内装といったミクロ的な要因から決まります。個別物件の選択でコントロールできるのは、あくまでもミクロ的要因に関連するリスク・プレミアムです。このように考えた場合、不動産投資における価格の大部分が個別物件の選択ではなく、外的要因で決まっていることが分かります。すなわち、国の金融政策や人口動態、開発計画やインバウンド政策、移民政策などによって、不動産価格決定の重要な要素であるリスクフリー・レート、期待インフレ率、マクロ要因に基づくリスク・プレミアムが変動します。個人の物件選択で決まるミクロ的要因に基づくリスク・プレミアムは、実は不動産価格全体の一要素でしかない、ということを認識して頂ければと思います。

不動産の専門家ではない個人が資産運用の一貫として行う不動産投資は、個別物件の選択で成功させるのではなく、長期的な観点から日本の置かれた状況やそれによる今後の金融政策や財政政策の大きな方向性のなかで考えるべきなのです。

AIによる価格分析で透明性をもたらす金融商品として考える不動産投資のリスクとリターン

第3章

1. リスクとリターンの関係

不動産のリスク指標が鍵

不動産と一般的な金融商品との大きな違いは価格の透明性です。株式や債券は資本市場で日々取引されており、特に上場されている金融商品は、誰でもその価格で売り買いできるという点で非常に価格の透明性が高いです。

これに対して不動産はどうしてもまだ相対取引という感が拭えず、売買に大きなコストと時間が掛かります。

不動産の売買は不動産会社が販売や仲介の形で行っていますが、不動産会社と個人の間に大きな情報格差があり、また日本では同じ不動産会社が売り主と買い主両方のエージェントになれるという利益相反が起こる仕組みが許容されており、価格の透明性が担保できない状態です。

不動産を金融商品として考えるならば、割引率（キャップレート）が決まらないと価格が決まらないのですが、債券における格付けのような将来キャッシュフローの確実性を客観的に示す指標がありません。

もし不動産に格付けのようなリスク指標があり、その指標に応じたリスク・プレミアムが示せたら、一気に不動産価格の透明性が高まり、流動性も高まることになります。流動性が高くなれば、より多くの人が安心して不動産に投資することができます。

リスクを認識する重要性

リスクとリターンは正の相関の関係にあります。すなわちリスクの高い金融商品はリターンも高く、リスクの低い金融商品はリターンも低くなります。

リスクの割にリターンが高い〝お買い得〟商品があるのではないかと考える人もいると思いますが、現代ポートフォリオ理論が説く効率的市場仮説を前提とするならば、割安に放置されている金融商品はありません。

もしそういうものがあるのなら、それに投資することによって長期間にわたって常に市場より高いリターンを出すことが可能になりますが、そんなことを実現している運用者はいません。

これだけ世の中に情報が溢れ、その情報がすべて金融商品の価格に反映されているとすると、リスクとリターンの関係から外れた割安または割高に放置された金融商品はすぐさま価格調整されるので、そのような商品は存在しないと考えるべきです。市場参加者が通常の方法で入手し得ない情報を基に金融商品を取引すれば、常に市場より高いリターンを出すことが可能になりますが、これはインサイダー取引として法律で禁止されています。

リスクとリターンの関係とは別に、リスクをよく認識せずに金融商品を購入したり、またはリスクの認識ができない人に金融商品を販売したりして、のちに問題となるケースがあります。詐欺的なものを含め、リターンばかり注目される一方でその裏にあるリスクが見逃されているケースは少なくありません。

例えば、最近ニュースでよく取り上げられるのが「仕組み債」です。「仕組み債」は債券の一種ですが、債券にデリバティブ（金融派生商品）と呼ばれる複雑な金融手法を組み込んでおり、一般的な債券のイメージ（定期的に利息＝クーポンを受け取り満期になれば元金が戻ってくる）とはまったくかけ離れたものです。よくあるのがデリバティブの一種であるオプションを売って（「ショートする」といいます）そこで得られるプレミアムを金利に上乗せするケースです。一見高金利の商品のように見えますが、その裏に大きなリスクが潜んでいます。

デリバティブは本来、企業や機関投資家がリスクヘッジや効率的な資産運用の手段として利用するものです。ところが、近年は金融機関が手数料収入を目的に危険なデリバティブを使った仕組み債を個人投資家向けに販売するケースが増え、トラブルの原因になっています。退職金などまとまった資金が入ったシニア世代に対し「普通の債券より高い金利が受け取れる」といった説明をして勧めながら、実際には株価が下がることで元本が大きく毀損する可能性のある債券だったりするのです。

こうした状況に危機感を抱いた金融庁は金融機関に対して「仕組み債」の販売を事実上、規制する措置を取り始めています。

ほかにも「毎月分配型投資信託」「新興国通貨建て債券」「変額年金保険」など意外にリスクの高い金融商品が個人向けに提供されており、問題になるケースがあります。自己責任といってしまえばそれまでですが、リスクを十分理解できない、またはリスクを理解するだけの情報を持ち得ない個人に金融商品を勧誘する場合は一定のリスクの限度を設けるべきだと思います。

2. 不動産における問題点

不動産の課題は個別性の高さと情報の透明性

リスク要因が十分開示され、個人がそれをきちんと認識したうえで投資をするのが原則ですが、それがなかなか難しいケースが不動産にもあります。不動産は専門性や個別性が高く、一般の人がそのリスクを把握することが難しい資産です。

不動産は大きく土地と建物に分けられますが、土地は立地や形状、道路付け（土地が面した道路の数と幅、道路と接する長さ、道路と土地の高低差）などひとつとして同じものはありません。建物もそうです。マンションやアパートはひとつの建物に同じような間取りの住戸が複数存在しますが、それでも階数や方角などの違いがあります。

さらに問題なのは、不動産業界では取引に関する情報があまりオープンになっていないことです。10年ほど前からインターネットの不動産サイトが増えましたが、そこに掲載されている物件情報は市場に売り出されているうちの一部に過ぎません。掲載されている情報も限られていたり、意図的かどうかは別にして間違いが含まれていたりすることもあります。

また、国土交通大臣から指定を受けた全国に４つある不動産流通機構が運営している「ＲＥＩＮＳ（レインズ）」というデータベースがあります。これは「Real Estate Information Network System（不動産流通標準情報システム）」の頭文字をとったもので、売主や貸主から仲介の依頼を受けた不動産会社によって日々、売買や賃貸の物件情報が多数、登録されています。ただ、不動産会社には売買や賃貸されるすべての不動産をＲＥＩＮＳに登録する義務があるわけではありません。

また、ＲＥＩＮＳでは入力しなければならない項目も物件の価格、住所、面積、間取りといった基本的な情報に限られます。過去にいくらで取引されたのか、賃貸の場合は賃料がどれくらいだったのかといったことまでは分かりません。

これに比べるとアメリカには「ＭＬＳ（Multiple Listing Service)」という不動産の買い手と売り手に向けたデータベースがあり、そこには過去の取引価格や固定資産税などの情報が詳しく載っています。

アメリカでは基本的に不動産取引において非公開物件を扱うことを禁じていて、一部の特殊な物件を除きＭＬＳへの登録が義務付けられています。業者は登録を怠ると勧告や罰金などの処分を受けることもあり、悪質と判断された場合は、除名処分で事実上の営業停止に追い込まれる可能性もあるため、最新の正確な情報が常にデータベースに登録されています。しかも、ＭＬＳは地域によってシステムが分かれてはいるものの一般消費者であってもアクセスできます。

この点においてもうひとつ指摘しておきたいのは「両手取引」の問題です。

両手取引とは、仲介会社が売買取引において買主・売主の双方と取引の仲介契約（媒介契約）を結ぶことです。米国などでは潜在的な利益相反取引にあたるとされ法律で規制されています。しかし日本では不動産取引の媒介契約は民法上の代理にはあたらないと解釈されており、民法によって禁止される双方代理に該当しないということで広く行われています。

そもそも一つの物件の取引における仲介手数料（税抜きの取引価格が４００万円以上の場合、取引物件価格×３％＋６万円＋消費税が上限）が最大で２倍になるのですから、仲介会社としてはそちらを目指さないほうがおかしいともいえます。

また、売主と買主双方に対して同じ会社が間に入ると取引がスムーズになったり、買主としては仲介会社から売却物件の詳しい物件情報が手に入りやすかったりするかもしれません。

しかし逆に、両手取引を目指す仲介会社（基本的には売主から仲介を依頼された会社）は、なるべく自社で買主を見つけるため物件情報をオープンにすることに消極的になります。それが不動産流通市場の健全な発展を阻害しているのではないかということはかねてから指摘されています。

そもそも売主はできるだけ高く売りたく、買主はできるだけ安く買いたいわけですから、両者の代理人を同じ人が兼ねるのは問題があります。

日本ではまだまだ不動産における情報の透明性に課題があることは知っておくべきです。

３．ＡＩによる不動産のリスクとリターンの分析

投資用区分マンションのリスクに挑む

不動産を金融商品としてとらえるにはリスクとリターンの関係で考える必要があります。しかし、これまでは物件の個別性が高く、また情報が不透明という業界事情もあって、個別の不動産におけるリスクとリターンの関係を客観的な数値で把握することができませんでした。

金融商品の一つである債券には昔から、格付け機関による「格付け」があります。「格付け」は企業や国など債券を発行している発行体が発行時に約束した金利（クーポン）や元本返済を約定どおり行えるか、逆にいうと期日どおりの元利払いを怠る債務不履行の確率がどれくらいあるのかを判断する重要な指標です。個々の投資家が個別に発行体の財務状況を分析してそのリスクを判断するのではなく、長年、発行体の負債の支払い能力を分析し、グローバルでノウハウを積み上げてきた格付機関が投資家の代わりにリスクを査定しているのです。

それぞれの債券について、こうした格付け機関が付ける格付けを見ることで、約定どおりの金利（クーポン）支払いや元本償還が行われるのか判断ができます。また、発行体の格付けに対応するリスク・プレミアムが市場で形成され、それを投資銀行等のアナリストが分析して投資家へ情報提供しています。このような仕組みのおかげで債券に高い流動性が生まれるのです。

しかし、個別の不動産にはこれまでそういうリスクについての格付けがありませんでした。格付け機関ももちろん存在しません。

不動産投資では賃料と物件価格からリターン（利回り）を把握することはできますが、リスクを測る尺度がないためそのリターンがリスクに対して適正なのかの判断ができません。

例えばこれまで不動産のリスクとリターンの説明としては「渋谷駅から徒歩5分で築10年、

専有面積25㎡の投資用区分マンションです。主要ターミナル駅からこの距離の中古物件は賃貸需要も旺盛で安全な投資といえます。利回りは周辺の実勢で３・５％くらいです」といった感じでした。

リターンの３・５％という数字はありますが、賃料の安定性を示すリスクの説明は「主要ターミナル駅からこの距離の中古物件」という説明だけで、それが実際どれくらいのリスクなのかは分かりません。

またリスクとリターンの関連性も「周辺の実勢で」といわれているだけで不明瞭です。駅距離や築年が変動するとどれくらいリターンが変動するのかも分かりません。仮にこれが債券であれば格付けがあり、デュレーションと市場で取引される格付けに対応するリスク・プレミアムにより、「リスクフリー・レート＋リスク・プレミアム」がリターンになると簡単に計算できます。

前章で不動産価格が以下のとおり計算できることを説明しました。

不動産価格＝賃料÷（リスクフリー・レート＋リスク・プレミアム－期待インフレ率）

さらにリスクフリー・レートとして40年国債の利回りが使えること、期待インフレ率として政府・日銀が目指す2％が使えることも説明しました。あとはリスク・プレミアムが決まれば不動産価格が決まります。そのためには不動産のリスク、すなわち不動産の将来キャッシュフローである賃料の安定を客観的に示す、債券の格付けのような指標が必要です。

そこで、ビッグデータの分析をもとに客観的な数値で投資用不動産のリスクを評価する手法を開発することにしたのです。

リスク指標の開発プロセス

同じ一杯のコーヒーが東京の高級ホテルでは1000円するのに、地方の喫茶店だと300円なのはなぜでしょうか。東京は賃料が高いのでそこで出すコーヒーの値段も高くなるという人がいますが、ファイナンスの考えではそれは間違いです。土地が高いからモノの値段が高くなるのではなく、高い値段でモノが売れるから土地の値段が高くなるのです。

これは不動産価格がどのように決まるか、ひいては金融商品の価格がどのように決まるかを考えれば分かります。すべて将来キャッシュフローを割引率で現在価値に変換したものが価格です。つまり、価格が高い土地というのは将来より大きなキャッシュフローが見込まれる土地であり、賃貸需要の大きい土地だと考えられます。

投資用不動産の価格と将来キャッシュフローである賃料の安定性が高い相関関係にあるという前提のもと、東京23区と横浜市、川崎市にあるコンパクト型（専有面積50㎡以下）の投資用区分マンションの売買データ（正確には売出価格のデータ）約２３０万件を使ってＡＩによる回帰分析を行い、賃料の安定性を独自にモデル化したのが、「Ｐスコア」と呼ぶ不動産のリスク指標です。

「Pスコア」を構成する各要素

「Property」の頭文字であるPを使ったＰスコアは0～5点までの数値で、当該不動産の賃料、すなわち将来キャッシュフローの安定性を示したものです。空室リスクの程度を表したものといってもいいかもしれません。

これまで「渋谷駅から徒歩5分の築10年の25㎡の投資用区分マンションで、主要ターミナル駅からこの距離の中古物件だと投資物件として安全です」と言っていたその安全度を数値化したものです。各スコアと賃料の安定性および適正利回り（２０２２年12月時点）は、次の表の

「Ｐスコア」と賃料の安定性および適正利回り

Ｐスコア	賃料の安定性	適正利回り
5.00	極めて高い	3.37%
4.00	非常に高い	3.66%
3.00	高い	4.03%
2.00	やや低い	4.56%
1.00	低い	5.46%

※2022年12月時点

とおりです。

なお、Ｐスコアが対応しているのは東京23区、横浜市および川崎市の専有面積50㎡以下の区分マンションです。

Ｐスコアは所在地、最寄り駅、駅距離、築年、専有面積、賃貸状況、所在階、マンションブランドの8項目で構成されています。

Ｐスコア全体の影響度は所在地、最寄り駅及び駅距離という立地の部分で約50％、築年が30％、専有面積、賃貸状況、所在階およびマンションブランドで約20％となっています。各要素の内容は以下のとおりです。

①所在地

不動産においては立地が最も重要です。不動産の所在地となる東京23区、横浜市、川崎市に対し、それぞれポイントを付与しています。港区を筆頭に、都心に近い地域ほど高いスコアになります。

Ｐスコア全体に占める影響度は約20％です。

②最寄り駅

駅は移動の要であり、賃料の安定性を測るうえで重要な要素です。乗降者数や駅地価をベースに数値化しており、必然的に主要ターミナル駅に対し高いポイントを付与しています。

Ｐスコア全体に占める影響度は所在地同様約20％です。

③駅距離

駅距離も賃料の安定性評価には重要です。０分から20分までの各徒歩分数にポイントを付与しています。当然少ないほうが高くなります。

Ｐスコア全体に占める影響度は約10％です。

④築年数

築年数は建物評価において非常に重要です。Ｐスコアでは新築から築20年までの各築年数にポイントを付与しています。投資用物件の場合、単なる経年劣化を見るだけでなく、築年が内装や間取りといった点で建築時の規制や流行を反映しているため、将来的な賃料予測をする場合の重要な要素になります。また、将来の物件売却を考えた場合も、売却時のローンの付きやすさは築年数と大きく関わってきます。

Ｐスコア全体に占める影響度は、個別要素としては最大の約30％となります。

⑤専有面積

15㎡から50㎡の専有面積を対象に数値化しています。Ｐスコア全体に占める影響度は約10％です。

⑥賃貸状況

賃貸中か空室かを数値化しています。当然ですが、賃貸中のほうが空室よりスコアが高くなります。

Ｐスコア全体に占める影響度は約５％です。

⑦所在階

１階から30階までの所在階を数値化しています。１階を０として階が上がるほどスコアが高くなります。

Ｐスコア全体に占める影響度は約３％です。

⑧マンションブランド

マンションブランドを数値化しています。投資用区分マンションは専業業者が多く、シリーズ化されたマンションブランドをもっています。それぞれのブランドで開発方針や内装設備および管理体制が異なり、賃料の安定性を測るうえでは重要な要素です。

Ｐスコア全体に占める影響度はまだ約３％と小さいですが、今後各マンションブランドの空室率や賃料推移のデータを分析する過程で、Ｐスコア全体に占める影響度はより大きくなると考えています。

Pスコアを使った不動産価格の考え方

Pスコアは現在、東京都23区、横浜市および川崎市の50㎡以下のコンパクトマンションを対象に、日本で初めて8項目の情報から「賃料の安定性」を客観的な数値として示し、さらに各スコアに対応する適正利回りを提示して、賃料から理論的な不動産価格を計算することを可能にしました（現在ビジネスモデル特許出願中）。

Pスコアは債券における格付けのようなもので、スコアが高くなればなるほど賃料の安定性が高い、つまり空室リスクが低いということであり、リスク・プレミアムも低くなります。逆にPスコアが低い場合は、空室リスクが高いということですので、リスク・プレミアムも大きくなります。Pスコアから導かれる適正利回りは、現賃料から現在価値である不動産価格を計算する期待インフレ率を加味した割引率であり、次のとおりとなります。

適正利回り＝リスクフリー・レート＋リスク・プレミアム－期待インフレ率

Pスコア、およびリスクとリターンに関する図

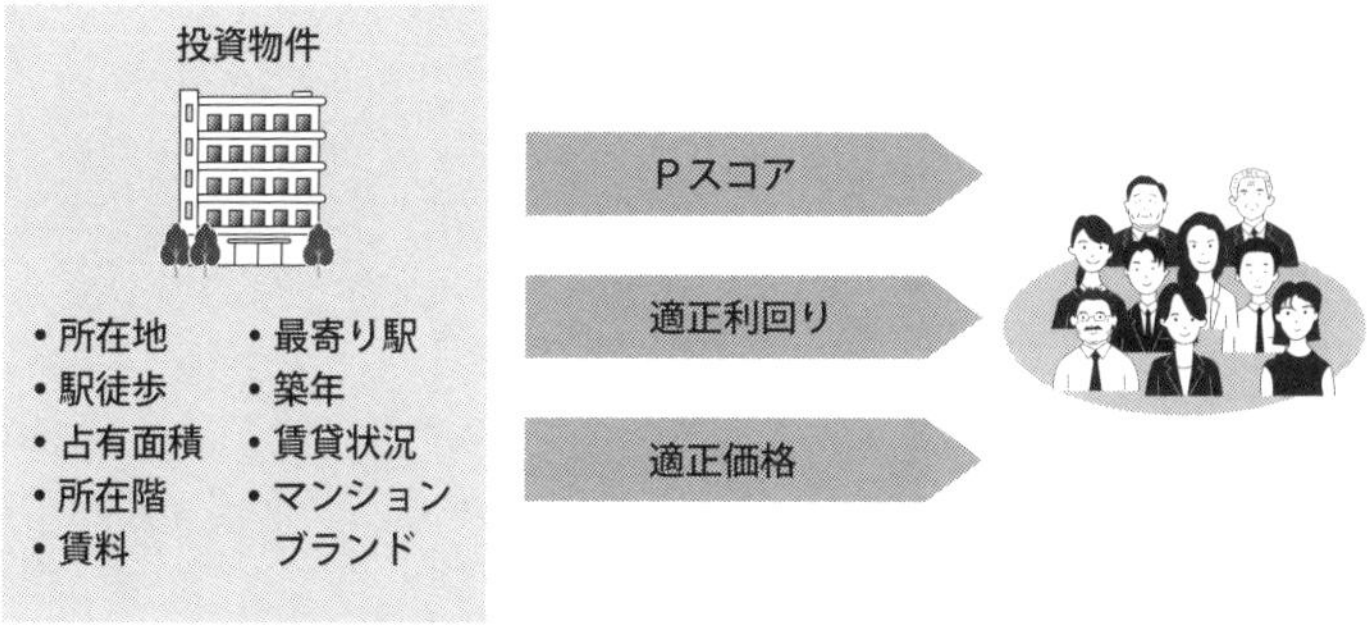

Pスコアと賃料の安定性などに関する図

Pスコア	賃料の安定性	適正利回り	リスクフリー・レート	インフレ率	リスク・プレミアム
5	極めて高い	3.37%	1.50%	2.00%	3.87%
4	非常に高い	3.66%	1.50%	2.00%	4.16%
3	高い	4.03%	1.50%	2.00%	4.53%
2	やや低い	4.56%	1.50%	2.00%	5.06%
1	低い	5.46%	1.50%	2.00%	5.96%

よって、不動産価格は以下のとおり計算できます。

不動産価格 ＝ 現賃料 ÷ 適正利回り

リスクフリー・レートに満期40年の日本国債の利回り（２０２２年12月現在１・５％）を使い、期待インフレ率を２％とするとＰスコアに対応するリスク・プレミアムは前ページ下段の表のとおりになります。

Ｐスコアをどのように使うのか

「Ｐスコア」を実際にどのように使えばいいのか、具体的な利用方法を紹介しておきます。

第一に、これから都市部の区分マンションで不動産投資を始めようと思う人は、「Ｐスコア」を使って不動産マーケットにおけるリスクとリターンの関係を把握することができます。不動産は大きな買い物なので、ついつい「割安物件」を探そうとしがちですが、リスクに対して過大なリターンが取れる物件などは基本的にはなく、そういうことに時間とエネルギーを使うのは非効率です。Ｐスコアを使えば、自分の取るリスクに応じた物件とはどういうものか、その場合はどれくらいのリターンになるのか、を把握することができ、最適な物件を探すことができます。

第二に、具体的に購入を検討している区分マンションがあれば、立地など8つの項目を入力することでＰスコアとそれが導く適正利回りを確認し、さらにその物件の賃料収入を適正利回りで割り戻すことで理論的な物件価格を確認することができます。

Ｐスコアから計算される価格と実際の販売価格を比較してみて、大きな乖離がある場合は、その背後には何かあるのではないかと考え、一歩踏み込んだ調査を行うきっかけにできます。特に、販売価格がＰスコアから計算される価格より大幅に低い場合は、何らかのトラブルや不具合が隠されている可能性を疑ったほうがいいでしょう。

第三に、今保有している物件について「Ｐスコア」を調べ、適正利回りと価格をチェックすることができます。「Ｐスコア」が導く適正利回りは今当該物件を売った場合にどれくらいの

「INVASE　価格・利回りシミュレーター」の入力画面と結果画面

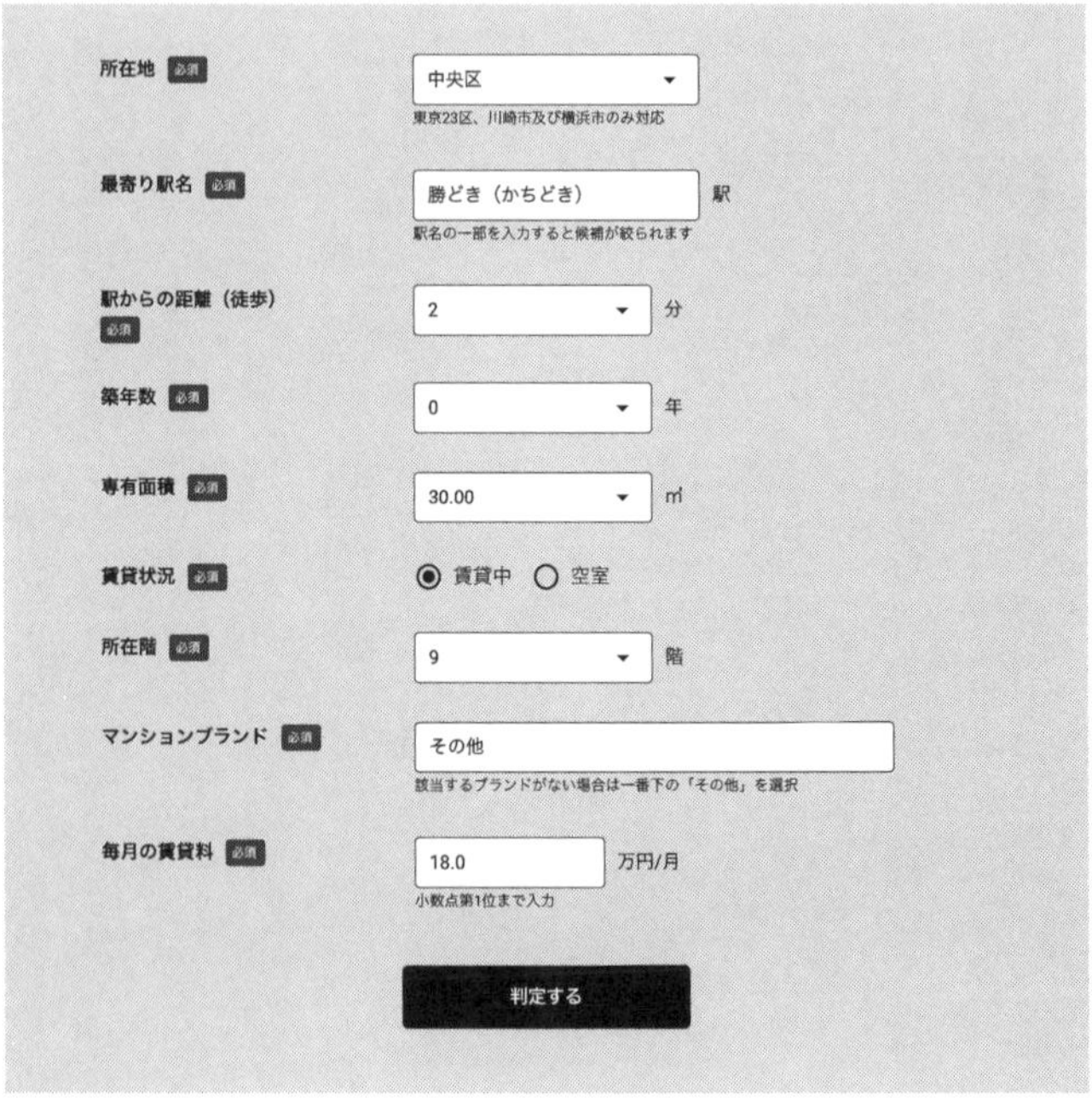

利回りで売れるのかを示しています。前章で説明したとおり、適正利回りは、リスクフリー・レート、リスク・プレミアムおよび期待インフレ率で決まっており、それぞれ購入時から時間とともに変化しています。各要素の最新情報を反映した適正利回りを把握しておくことで、時価の把握と適切な売却のタイミングを見つけることができます。

なお、「Ｐスコア」については２０２２年11月より、私たちのサイトで「INVASE　価格・利回りシミュレーター」として誰でも無料で利用できるようになっています。

物件タイプ、マンションブランド、立地……「AI分析×目利き」で選ぶ最適物件

第4章

1．不動産の物件種別と注意点

不動産投資における物件種別

不動産投資と一言でいっても、投資する不動産の種類は、1棟もののアパートやマンション、戸建て、区分マンション、オフィスビルのワンフロア（区分オフィス）、駐車場、コインランドリーなどさまざまです。不動産の種類が異なれば、それに投資するリスクとリターンも全く違ったものになります。

ここではまず、それぞれの不動産の種別ごとに特徴や気を付けなくてはいけないポイントについて説明します。

①1棟マンション

いわゆるマンションを対象とした不動産投資には、「1棟マンション」と「区分マンション」

があります。

マンションとは一般に、鉄筋コンクリートでできた集合住宅で、ひとつの建物の中に独立して居住の用に使える住戸が複数あるものです。いずれも鉄筋コンクリート造など建物がしっかりしていて耐用年数が長く、安定した賃料を、長期間確保することができます。また、担保価値が長期にわたり維持されるため、低金利で長期間のローンを借りやすいという特徴があります。

1棟マンションと区分マンションの違いは、土地と建物の所有者が一人か（1棟マンション）、あるいは住戸ごとに所有者が別なのか（区分マンション）、ということです。なお、区分所有法上はあくまで「マンション＝区分マンション（区分所有建物）」とされていて、住戸ごとに所有者が分かれているもののみを「マンション」と呼びますが、ここではみなさんに馴染みのある一般的な用語として「マンション」を使います。

1棟マンションは土地と建物を一人のオーナーが所有するため、権利形態としては1棟アパートや戸建て賃貸と同じです。オーナーの判断で建物の修繕や建て替えなどが行えます。1棟マンションは建物の規模が大きく、投資額が大きくなりますが、それだけ1物件あたりの賃料収入も大きくなります。複数の住戸があるので、空室リスクが分散される一方、同じような条件の部屋が並んでいることもあり、一部屋の空室が長引くともう一部屋空室が発生してしまい、次から次に空室が……というケースもあり得るので注意が必要です。ただ、空室リスクの低い好立地に1棟マンションを複数所有しているような投資家はまさに不動産投資の勝ち組といえるでしょう。

ただし、投資額が大きくなるため、ローンを含めて資金力がいります。特に新築物件は近年の建築費高騰の影響を受けて数億から10億円を超える投資資金が必要です。

また、鉄筋コンクリートであってもメンテナンスフリーではなく、屋上防水や外壁補修などの定期的な修繕が必要で、そのコストも木造アパートなどに比べると高くなる傾向があります。一部屋ごとに流通する区分マンションに比べて買い手が付きにくくなる傾向がある点も注意が必要です。

② 1棟アパート

いわゆるアパートとは木造や軽量鉄骨造の2階建てないし3階建て程度の集合住宅を指します。1棟マンションに比べると建築費が安く、また小規模なものが多いため、数千万円から投資が可能です。

1棟ものなので複数の部屋があり、まとまった賃料収入が得られるとともに、空室リスクは

1棟マンションと同じように分散されます。また土地、建物はオーナー一人の所有であり、複数の部屋があるので将来は建物を建て替えることや、建物を解体して更地として売却することも可能です。

一方、アパートは同じようなエリアに集中して建っていることが多く、競争が激しい傾向があります。また、築年数が経つと外観が劣化してみすぼらしくなりがちで、次第に空室が増えます。そうなると賃料を下げるか室内や外観のリフォームなどが必要になってきます。

なお、同じエリアにあるマンションとアパートでは同じくらいの立地、広さでもアパートの方が、賃料が低くなるのが一般的です。

③区分マンション

1棟マンションとは異なり、マンションの中の1住戸を購入する場合、区分マンションと呼びます。

区分マンションは、各住戸がそれぞれ独立して所有権（区分所有権）の対象となっており、投資用として購入できます。

区分マンションの最大のメリットは、住戸単位での投資なので1棟マンションより必要な資金がはるかに少ないことです。立地にもよりますが中古であれば2000万円から3000万円程度で探すことができ、普通のサラリーマンでも手が届きます。アパートに比べると建物の仕様が良く、入居者が退去しても、次の賃借人を探しやすいといえます。

また、区分マンションには各住戸の所有者をメンバーとする管理組合があり、共用部分の掃除や設備の点検・修理、外構の植栽管理などは管理会社に一括して任せているのが一般的です。なので、投資家自身がすることはほとんどありません。

ただし、その分毎月、管理組合に管理費と修繕積立金を払わなければなりません。また、築12年から15年ほどの周期で屋上防水や外壁補修といった大規模修繕を行います。その費用は修繕積立金として貯めているのですが、2回目以降の大規模修繕になると不足するマンションが少なくありません。そのため修繕積立金の金額が途中から大幅に上昇するケースもあります。

④戸建て賃貸（中古）

最近は空き家など中古の戸建て賃貸が注目されています。かなり築年数の古い空き家を購入し、最低限のリフォームをして貸す方法です。なお、戸建てを新築して貸し出すパターンも考えられますが、建築費が高騰している現在、利回りが合わないケースが多いのが実状です。

中古の戸建て賃貸は1棟マンション、1棟アパートよりは少ない資金で始めやすく、場合によっては500万円以下というケースも散見されます。また、庭があったり、ペットを飼える、上下階との間で騒音を気にしなくていいということで、ファミリー、DINKSといった長期居住をする層を対象とする賃貸運営が見込めます。

一方で、築年数が古くなると屋根や外壁、床などの傷みがひどく、補修しなければならないことが珍しくありません。その分、追加の投資が必要になりますし、安く抑えるため自分でDIY的に行う投資家もいますが、時間と手間が掛かります。また、ほかの物件タイプに比べローンが利用しにくく、現金購入が基本です。1物件あたりの投資額、賃料収入ともに少なく、投資効率がいいとはいえません。

⑤借地（借地権付き物件）

不動産投資のなかには、かなり特殊なものもありますので、いくつか紹介しておきます。

まず「借地」です。一般的な土地は所有権という権利を買うものですが、借地の場合は「土地を借りて使う権利」を取得します。また、1棟ものや戸建てでも敷地が借地になっているケースがあり、「借地権付き物件」など呼ばれます。

借地権には「旧法借地権」「普通借地権」「定期借地権」の3つの種類があり、それぞれ違いがあります。

まず「旧法借地権」は1921年（大正10年）に施行され、1941年（昭和16年）の旧借地法の一部改正からです。当初契約期間は、堅固建物は30年以上、非堅固建物は20年以上とし、期間の定めがない場合は堅固建物60年、非堅固建物30年で締結したものと認定するとなっていました。しかし、戦時中の1941年（昭和16年）に旧借地法の一部が改正され、借地権の法定更新が導入されました。契約期間が満了しても、地主の側に一定の事由がなければ自動的に契約が更新されるようになったのです。さらに1966年（昭和41年）の改正では、借地権の譲渡、転貸について地主の承諾に代わり裁判所の許可を求めることができるようになりました。こうして旧借地権は賃借権ではなく、実質的には所有権と同じ物権になったといわれます。

とはいえ、これでは地主はいったん土地を貸すとほぼ永遠に取り戻すことができません。そこで地主と借地人のバランスをとるため、1992年（平成4年）に新しく「借地借家法」が施行されました。

この法律では「借地権（旧借地権に対して普通借地権と呼ばれる）」と「定期借地権」ができました。

「普通借地権」は内容としては旧借地権とほぼ同じですが、契約期間が一部変更されました。ただ、旧借地法の時代に成立している借地はそのまま有効で、新しい「借地借家法」の効力は及びません。

もうひとつの「定期借地権」は新しく借地借家法でできたもので、旧借地権、普通借地権とは異なり、更新がない借地権です。一般的な定期借地権は存続期間が50年以上であり、期間が満了したら契約更新はなく土地を更地にして地主に返す必要があります。ほかにも、店舗などの建物用の「事業用定期借地権」、期間満了後に地主が建物を買い取る「建物譲渡特約付き定期借地権」などがあります。

このように現在、3種類の借地権がありますが、所有権に比べて価格が安く、立地の良い土地を安く手に入れて高い利回りを狙える可能性があります。特に旧借地権の借地は都心部にもありますが、その取扱いの難しさから買い手の競合がそれほどないという傾向があります。

一方で、借地（借地権）では地主に地代を毎月払う必要があり、また借地を売却する際や建物を建て替える際には承諾料を支払うことが必要になります。ローンも付きにくいので、自己資金が多めに必要になります。

⑥底地（借地権付き土地所有権）

いわゆる底地は借地の反対で、借地権の付いている土地所有権のことです。底地は借地（特に旧借地権や普通借地権）より権利が制限されており、資産価値が低いとされています。また、古くからある底地の場合、地代が現在の相場と比べて非常に安く設定されている場合もあり、地代の値上げを借地人が簡単には了承してくれない可能性が高いです。もちろん、ローンも利用できません。

一方、底地特有のメリットもあります。ひとつは地代という安定した収入が得られることです。また、地代のほかに、建物の建て替えや増築の承諾料、契約更新料、譲渡に伴う名義変更承諾料などを受け取ることもできます。これらの金額は、更地価格の数パーセント程度となることが多いようです。

さらに、底地は建物がありませんから、修繕や改修など手間とコストが掛かりません。

万が一、借地契約が満了し、借地人がいなくなれば、底地が完全な所有権に替わり、更地として高く売却することができます。

ややマニアックな不動産投資ではありますが、場合によっては検討の余地があるかもしれません。

かしこく安全な不動産投資とは

ローンを決めて物件を選ぶこと

なぜ物件よりローンが大事なのか

○いくらまで不動産投資が可能か事前に把握できる

○把握したうえで良い物件を探せる／提案を受けられる

○自己資金を抑えて不動産投資ができる

無料　自宅で判定！借入可能額を調べる ➡

更に詳しくローン・不動産投資を知りたいなら

○一生使える不動産投資の知識

○ご意向・ご条件に沿ったローンと物件をセットでご提案

○検討しているローンや物件の相談可能

無料　カウンセリングを受けてみる ➡

＊初回のカウンセリングは渕ノ上以外での対応となります。

渕ノ上　弘和 ふちのうえ ひろかず

立教大学法学部法学科卒業

コンドミニアム・アセットマネジメント株式会社 代表取締役

株式会社MFS 執行役員

卒業後ECサイト運営の会社を起業すると同時に、不動産関連法律資格の講師として活動。

その後、資産価値の維持・向上、マンション資産価値の適正評価を志し、大手マンション管理会社に入社。

流通の観点から改革に取り組む必要があると考え、不動産仲介事業へ。その後現職に至る。

株式会社MFS　TEL:0120-440-775　Email:investment@mortgagefss.jp

⑦駐車場

昔からある不動産投資のひとつが駐車場経営です。現在では、「月極駐車場」と「時間貸しのコインパーキング」があります。

すでに土地がある場合と、土地を購入して始めるのとでは利回りが大きく違います。とはいえ、狭小地などほかの用途での使い道がない場合でも安定した収益を生む可能性があります。

あるいは、土地から取得して1棟マンションや1棟アパートを建てるような場合、建物の企画や基本設計などの間だけ、駐車場にするといった使い方も考えられます。

ただし、月極が適しているかコインパーキングが適しているかが異なり、立地によって稼働率が左右されます。それぞれの場所での需要把握が重要です。

⑧山林

もうひとつマニアックな不動産投資が山林です。山林から得られるリターンを目的に山林を購入・保有するのです。

マンションやマンションを対象とした不動産投資であれば、そのリターンは賃料収入と売却益です。

一方、山林投資の場合はより幅広い収入があります。例えば次のようなものです。

・山林に植えてある木材を売却した収入
・電力会社の鉄塔や電柱が設置されている場合の借地料
・携帯電話会社の通信基地局が設置されている場合の借地料
・キャンプ場の運営などによる収入

そのほか、国や地方自治体が新たに道路を通すため、山林の売却を求めてくることもあります。

ただし、山林は売却しようと思っても簡単に買主が見つからない可能性が高いです。長期保有を前提に、山を楽しめるような投資家でないと難しいかもしれません。

築古戸建て投資の注意点

投資する物件種別を考える際には、どの程度不動産投資に時間や労力を掛けるかという点が重要です。

本業が忙しい会社員や公務員、医師や弁護士といった士業系の人にとって、不動産投資はあくまで副業であり、時間や手間を掛けることは難しいはずです。

そうした観点から見ると、中古の戸建ては立地がどうしても郊外や地方になり市場価値が今後上昇しにくいと思われます。

修繕やリフォームについても、工務店や大工などに任せるとイニシャルコストが掛かってあまり儲かりません。そのため、投資家自身がＤＩＹで時間と労力を掛けてクロスを張り替えたりするというケースが少なくありません。

私たちのグループ会社の不動産取引に詳しい代表者によると、築古の戸建て投資をサポートする企業の担当者と話をしたところ、「築25年の戸建てはうちでいったらティーンエイジャーですよ。そんな手間が〝掛からない〟物件を買っても儲かりません」と言われたそうです。

彼は以前、築25年の築古の戸建てを扱ったことがあり、そのときは週2回、車で1時間半掛けて東京近郊の現地にまで通い、修繕を頼んだ職人と打ち合わせなどをしていました。そのときの経験から、「車で往復3時間、現地で2時間、合計5時間も取られたのではどう計算しても自分の時給に合わない」と痛感したそうです。

ちなみに、築25年はティーンエイジャーといった人の会社に来る個人投資家は比較的年齢が若く、年収５００万～６００万円くらいの人が多いそうです。そういう投資家のなかには、年収との関係、労力との関係で築古の戸建て投資でバランスがとれるのかもしれません。

ネットの動画配信などで盛んに築古戸建て投資を推奨している人たちが言っているのは、自分の時間と労力を投入して、小規模ながら高利回りを目指す不動産投資をコツコツやりましょう、ということです。

築古戸建てではローンも簡単には借りられません。借りられたとしても10以上の金融機関を回ることも珍しくないそうです。修繕やリフォームだけでなく、その時間と手間も掛かります。

こうした不動産投資は、大手企業の会社員や公務員、士業などの専門職で本業が忙しい人には向いていません。

「1棟もの」は修繕リスクに注意

アベノミクス以降、個人投資家の間でブームになったのがアパートやマンションの1棟ものです。これらは中古の築古になると利回りがある程度高く、特に木造や地方、郊外立地では儲かる可能性があるようにみえます。

しかし、最大のネックは修繕リスクです。経験の少ない個人投資家は、アパートや賃貸マンションでは修繕工事でどれくらいのコストが掛かるのかがよく分かっていないようです。

木造でもRC(鉄筋コンクリート)でも、おおむね築10年から15年くらいの間に屋根や外壁の塗装のやり替えが必要になります。例えば、2階建てで10室くらいのアパートであっても、足場を組んで屋根と外壁の塗装をやり直すとなると400万円から500万円は掛かります。

それをやらないと汚れが目立ってきますし、雨漏りなどのトラブルにもつながります。もし柱や床など構造躯体が傷むと建物の寿命が短くなり、補修にも余計にコストが掛かってきます。1棟ものになるとさすがに個人が自分でDIY的に修繕するのは難しく、工務店などの業者を手配し、打ち合わせも必要です。

なお、1棟ものでは日頃の清掃や敷地の草むしりなどの管理も必要です。以前は地域のシルバー人材を比較的安い料金で利用することができましたが、今は人件費が上がってきていますし、そもそも地方でも人手不足が深刻になっています。

中古のアパートやマンションの1棟ものも、やはり大手企業の会社員や公務員、士業などの専門職で本業が忙しい人には向いていません。

1棟ものでもうひとつ注意すべき点はローン付けです。6~7年前、TATERUやかぼちゃの馬車の不正融資が大きな問題になりました。ローンの申し込みにあたって、借主(投資家)

の預金残高や年収を改ざんするケースなどが多発したのです。

当時は普通のサラリーマンでも年収倍率の20倍ぐらいまで投資用ローンが借りられ、年収1000万円であれば2億円くらいの物件を買ったという人がたくさんいました。

しかし、不正融資が発覚したあと、1棟ものに対する金融機関の融資姿勢は一気に厳しくなり、今は10倍ぐらいの年収倍率までしかローンが出ません。いまや最低1割、物件によっては2～3割以上の頭金（自己資金）を求められるようです。

その結果、かつて融資限度いっぱいまでローンを借りて1棟ものを買った投資家は厳しい状況に置かれています。なぜなら、ローンが出ないということは、次の買い手が見つかりにくいということです。

私たちは不動産投資ローンの借換えサービスも提供しており、かつて1棟ものを買った人たちからの相談を受けたりしています。なかには、現状の物件価格よりローンの残高が多いため、借換えできないケースもあります。

そうした状況を見るにつけ、果たしてあのとき1棟ものが買えて良かったのかどうか、むしろ、買えなかったほうが幸せだったのではないかとも感じます。

事業的規模ならローンが借りやすいことも

なお、不動産投資には「5棟10室基準」というものがあります。

不動産の賃貸によって得た収入は税務上、不動産所得となりますが、その申告において賃貸戸数が一定以上になっていると「事業的規模」とされ、青色申告特別控除が最高65万円まで認められたり（そうでない場合は10万円の控除）、事業専従者給与が認められたり、固定資産の除却等の損失が全額必要経費に算入できたりするのです。

具体的な基準としては、次のように国税庁の通達で定められています。

（1）貸間、アパート等については、貸与することができる独立した室数がおおむね10以上であること。

（2）独立家屋の貸付けについては、おおむね5棟以上であること。

また、両方の物件やほかの物件種別を所有している場合、戸建て1棟はアパート・マンション2室、駐車場は5区画でアパート・マンション1室、共有の場合は持分換算せずに全体で判断することになっています。

金融機関でもこの「5棟10室基準」を満たす事業的規模の場合、不動産ローンではなく事業性のローンとして融資を認めてくれる可能性があります。

ただ、それは片手間や副業ではなく「専業大家」として不動産賃貸業を行っているということでもあり、会社員や公務員、士業など本業のある人では難しいでしょう。

ローン付けを間違えると大きなブレーキに

私たちのところに相談をしにきたある個人投資家は、年収1400万円の会社員の方でした。勤務先の信用度も申し分ありません。ほとんどの金融機関で不動産投資ローンとして1億5000万円程度借りることは可能です。

ただ、その人は以前神奈川県の郊外に5000万円の1棟アパート、埼玉県の郊外に同じく4000万円の1棟アパートを買っており、ある程度、ローンの残高も減っていましたが新たな借り入れはどの金融機関でも断られたといいます。

木造の中古アパートで利回りは8％くらいあるそうですが、金融機関としては担保評価がローン残価よりも低く、負債を抱えているとしかみえないのです。

郊外、築古、一棟、アパートの特徴

- 人口が減り、**賃貸需要が下がる**可能性がある
- 設備が古く、**賃貸需要に対応できない**
- **修繕**や**リフォーム**に費用がかかる
- ローンが付き難く、**大きな投資資金が必要になる**
- 将来売却時にローンが付かず、**売却先が限定される**

また、先日関西で不動産投資を行っているセミプロレベルの人とお話しました。その人は、木造やRCの築30〜40年の中古アパートを5棟もっていて、なかには利回りが15％ぐらいのものもあるようでした。

ただ、築古の物件はほとんどが生活保護世帯に貸しているもので、エリアのなかでは最も安い賃料レベルです。新たに物件を購入しようとしても地元の金融機関はどこも貸してくれないとおっしゃっていました。

15年ほど前にフルローンで1棟アパートを買いましょう、という不動産投資の本が結構売れていました。1棟もの投資のさきがけとなったような本です。2年ほど前にその新版が発売されたので手に取ってみたのですが、今の金融機関の融資姿勢などにまったく合っていないことに驚きました。

インフレ時代の到来ということを含め、不動産投資を巡る状況は大きく変わったのです。1棟アパートや郊外

物件種別による空室リスク・流動性リスク

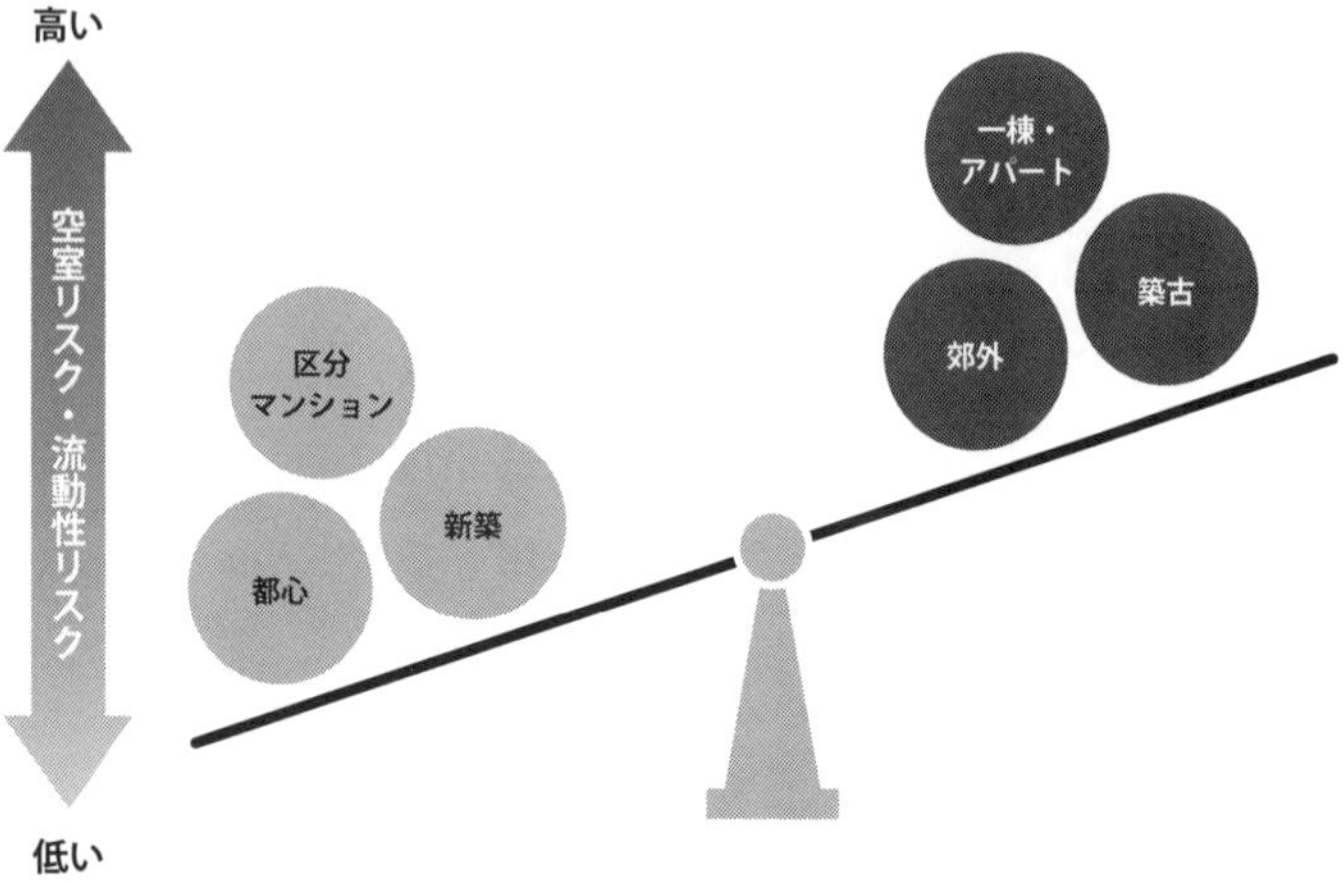

に立つ物件、築古物件などは、都心にある新築区分マンションに比べるとやはり空室リスクや流動性リスクが高くなります。長期的に安定した賃貸需要が見込める物件やいつでも買い手が付く物件を選ばないと、金融機関の融資姿勢によっては担保評価が出なくなり、ひいてはローンを借りる与信力が極端に低下してしまいます。

不動産投資はローンを利用してレバレッジ効果を得られるのが大きなメリットですが、物件選択を間違えるとせっかくの与信力を毀損することになってしまいます。

逆に、今金融機関が積極的に不動産投資ローンを貸してくれるのが都心の区分マンションです。立地が良く、新築や築年の浅い物件であればフルローンも可能です。区分マンションも以前は物件価格の1～2割の頭金（自己資金）が求められましたが、今はより少ない自己資金で投資が可能です。

その理由の一つは、都市部では居住用（実需）のマンションの新築価格や中古価格が上がり、担保評価が上がっているからです。それが投資用の区分マンションにも波及し、金融機関の見方が変わっています。さらに将来の再開発可能性もあると金融機関は非常に前向きです。

こうした状況は5～6年前から一気に広がっています。ただ、都心の区分マンションで利回り8％などあり得ません。むしろ、郊外の築古の戸建てや1棟もので利回り8％という物件の裏にあるリスクに気づかないといけません。

将来の価格上昇ポテンシャルにも注目

都心の新築や築浅の区分マンションと郊外の築古戸建てや1棟ものとを比較した場合、将来の価格上昇のポテンシャルにも注目すべきです。

日本は人口の減少と高齢化がこれから急速に進みますが、そのペースがより速いのが郊外や地方です。

物件種別による価格上昇ポテンシャル

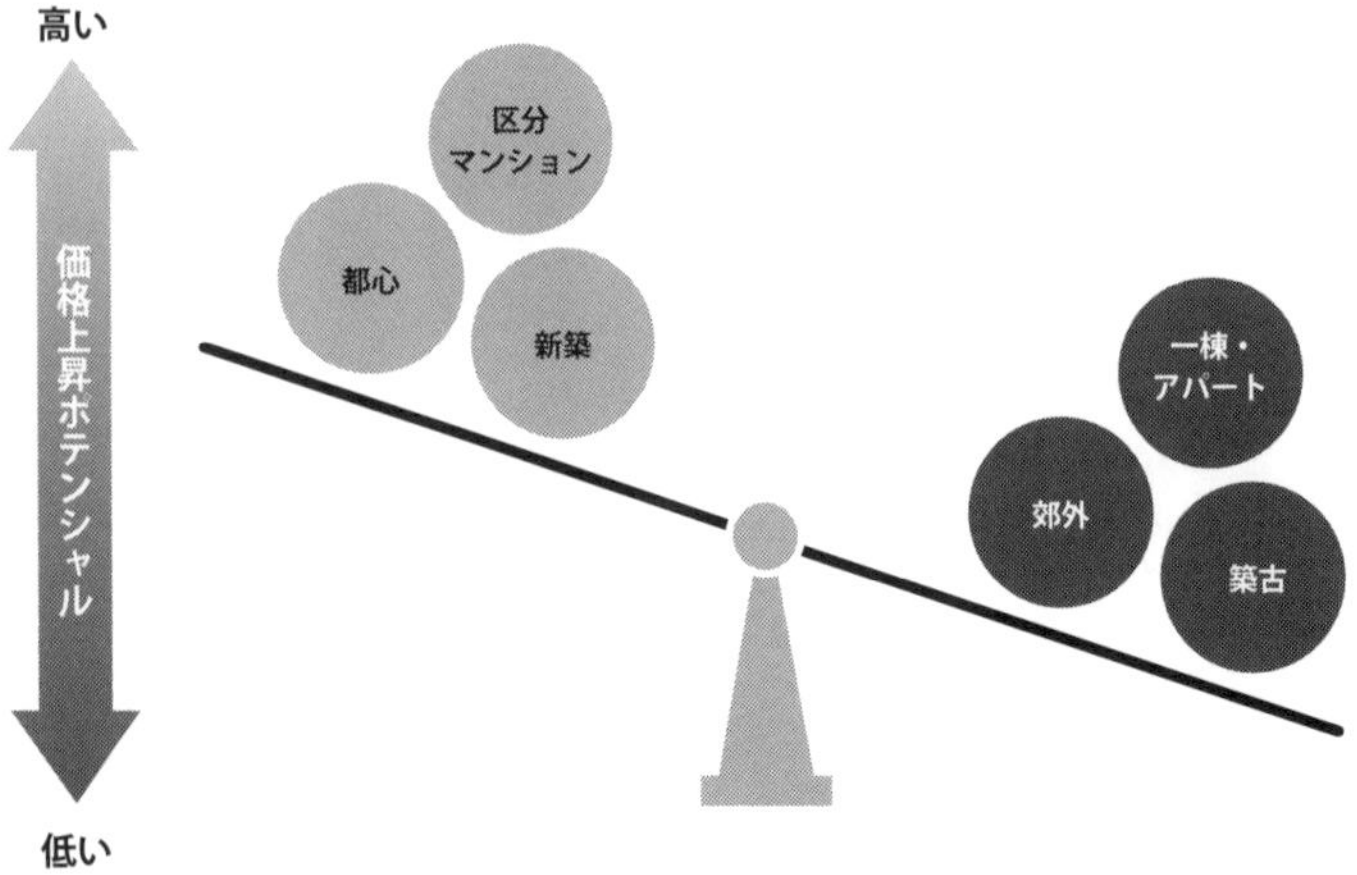

特に人口の減少は賃貸住宅の需要に直接影響します。しかも、築古の戸建てや中古1棟ものは設備が古く、間取りや断熱といった居住性も見劣りします。ただでさえ賃貸需要が減少しているなかで、新築や築浅の物件と比較するとどうしても不利です。

また、修繕やリフォームに費用が掛かり、ローンが付きにくく、投資は自己資金が中心にならざるを得ません。そのため将来の売却時にもローンが付かず、売却先が限定される可能性が高いのです。

もちろん、エリアの賃貸市場で最も安い価格帯であれば、それなりに借りる人はいます。そして、賃料収入が確保できるのであれば収益還元法によって一定の価格は見込めます。しかし、賃料がなかなか上がらないということは、価格上昇のポテンシャルが低いことにつながります。建物の傷み具合や台風、大雨など自然災害の影響などによっては、価格上昇ではなく、さらに下がる可能性もあるのです。

それに比べて都心の区分マンションは、人口増加による堅調な賃貸需要が見込めます。さらに、グレード感のある外観、雨風を気にしないですむホテルのような内廊下式の住戸配置、室内では独立したバス・トイレ・パウダールームなど、賃料の支払い能力の高い入居者にアピールするポイントがそろっていれば、安定した運用がしやすいといえます。

インフレ時代に賃料が上昇する可能性が高く、物件の市場価格が上昇するポテンシャルは高いはずです。

2．区分マンションのなかでなぜ新築・築浅が良いのか

市場にキャッチアップしていくことが重要

本業で忙しい個人投資家のみなさんに私たちがお勧めしているのは、都心に立地するコンパ

クト型の区分マンションです。そのなかでも、新築ないし築浅で建物の仕様が充実しているものが良いと考えています。

なぜなら、これからのインフレ時代において不動産の物件価格が上がっていく、もしくは賃料水準が下がっていく可能性が高いからです。

ここで重要なのが「市場にキャッチアップしていく」ことです。

東京では毎年、新築のコンパクト型区分マンションが数千戸供給されています。25㎡以上の専有面積を確保し、間取りは洗面、浴室、トイレを分離するなど工夫され、ペアガラスのサッシ窓や24時間換気システム、ＩＨコンロなど最新の設備機器も導入されています。

そのため、新築の賃料は周辺の相場より高くなる傾向があります。今後、インフレが続けばこれまで以上に上がっていく可能性が高いでしょう。

そのとき、すでに中古となっている物件の間では新築の賃料上昇についていける物件とそうでない物件に分かれます。

新築物件も翌年には中古になります。新築とほぼ同じような広さ、設備、居住性を備えた中古であり、賃料が少し安ければ、そちらを選ぶ入居者もいるはずです。

「市場にキャッチアップしていく」ことにはもう一つ意味があります。それは分譲マンション

都心、新築、区分マンションの特徴

- 人口増加による<u>堅調な賃貸需要</u>
- 優れた外観
- プライバシーが守られる<u>内廊下</u>
- 独立した<u>バス・トイレ・パウダールーム</u>

市場の動向に追随できるということです。投資用不動産の価格は基本的に収益還元法で決まってきますが、同じ区分マンションである居住用の分譲マンション市場の方が、はるかに市場規模が大きく、どうしてもその影響を受けます。

今回のコロナ禍では、マイホームを買う人についても資産価値が維持される安定的なものを選ぶ動きがあり、立地的には都心に近いところで生活利便性の高いマンションが選ばれる傾向がますます強まっています。その結果、新築、中古とも居住用の分譲マンション価格が上昇することで、周辺の投資用区分マンションの担保評価も高まり、銀行のローンが付きやすくなっているのです。

こうした2つのキャッチアップサイクルに乗れる物件を選ぶことが非常に重要であり、それは具体的には都心の新築または築浅の区分マンションということになるのです。

立地的には東京およびその周辺一択

インフレ時代の不動産投資で重要なことは、賃料が上がっていくことです。インフレによって全般的に投資用不動産の賃料は上がる可能性がありますが、個別の差が大きいといえます。インフレ率以上に賃料が上がる物件もあれば、ほとんど上がらなかったり、場合によっては下がったりする物件もあります。

立地の面からいうと、賃料が上がる大前提は需給のバランスが取れていることにつきます。賃貸住宅のメインターゲットは昔も今も20代から30代の独身の社会人です。そうした人が住民票を移し、生活をする街であるかどうかに注目してください。具体的には、勤務先のオフィスがある都心からの距離、そして周辺の生活利便性などの立地環境が重要です。

ターゲットとする賃借人の勤務先としてお勧めなのは、東京であれば東京駅周辺の丸の内や八重洲、大手町、日本橋です。最近、私たちはそこに浜松町から品川にかけての東海道線のラインを加えています。リニア新幹線の開業があと5年ほどに迫ってきました。このエリアでは今後、急ピッチでオフィスビルや商業施設の整備が進みそうです。

こうした主要オフィス街へドア・ツー・ドアで1時間以内にいける範囲内の立地あるいは路線は、賃料が真っ先に上がっていく可能性が高いです。

コロナ禍で多くの企業がリモートワークを導入し、オフィスが減っていくのではないかということがささやかれていました。しかし、対面の重要性もまた改めて認識されており、全体的にオフィス需要の伸びが頭打ちになったとしても、インテリジェンスビルや執務環境の良いスマートオフィスへの需要はむしろ高まっていきます。そうしたオフィスがどこにあるのかといえばやはり、東京では東京駅周辺から浜松町、品川にかけての東海道線ラインなのです。

もう一つ、コロナ禍において多くの人が、普段生活する街を気にするようになりました。通勤利便性を考えるだけではなく、生活習慣を考えたとき、人が多く住んでいるところにはさまざまな生活関連施設があります。リモートワークで自宅にいるとなると、近くにカフェや商業施設があったほうが買い物や気分転換に便利です。買い物にしてもネットでいいかと思ったものの、実際に行けないのは不便です。オンラインとオフラインを使い分ける生活スタイルが定着してきているなか、そういったバランスの良いエリアや街を選ぶ傾向になってきています。

投資用区分マンションを選ぶ際の立地のポイントをまとめると、次の4つになります。

①需給バランスがとれていること
②主要なオフィスエリアへの近さ（東京であれば東京駅周辺から品川までの東海道沿線へ1時間以内）
③生活利便性などの住環境
④レジデンスの実需物件の動き

ここにもう一つポイントを加えると、周辺の再開発計画の有無です。再開発が行われることで多くの商業施設ができ、街並みがきれいになり、住み心地が大きくアップします。

これらのポイントを満たす例としては、例えば東京・北区の赤羽駅周辺があげられます。東京駅まで23分で着き、もともとあった下町の商店等と相まって駅の東口と西口でそれぞれ再開発が行われています。このような再開発と下町が融合した街はその住みやすさから人気が高く、今後も大きく発展していくはずです。

同じような視点では十条駅や王子駅周辺も注目されます。王子駅は規模が大きく、駅前には単身者が好むような飲食店が集積しています。そして、その周辺には住宅地が広がっています。

少しマニアックな話になりますが、王子駅よりひとつ東京駅寄りの上中里駅は東京駅により近いので賃貸需要が強いかというと、お住まいのみなさんには恐縮なのですが、生活利便性の点でそれほどでもありません。

投資用区分マンションの立地については、主要なオフィス街への距離を見たうえで、どの駅がいいか、どの街がいいか掛け算で見ていくと良いでしょう。

コンパクト型区分マンションは広さや間取りも重要

「市場にキャッチアップしていく」という点では、建物の広さ、間取り、設備も見逃すことはできません。

なぜなら賃貸市場においては新築物件の人気が高く、新築物件の賃料や建物の広さ、間取り、設備などを基準として周辺の相場が形成される傾向があります。

そして、近年のコンパクト型区分マンションでは広さは25㎡以上、間取りではトイレと洗面、浴室が分かれたセパレート型、また共用部の廊下は屋外に面した外廊下ではなく、ホテルのような内廊下タイプが標準的になっています。

中古の区分マンションであってもこの条件に近ければ近いほど賃貸需要は多く、賃料も新築につられて上昇する傾向があります。

一方、築15年以上の中古になるとこういう仕様は少ないといわざるを得ません。その分、賃料の上昇が遅れます。

例えば、東京駅から徒歩18分で築40年ほどのワンルームマンションがあります。管理はしっかりしていますが、広さは20㎡ほどしかなく、水回りは洗面・トイレ・浴室が一緒になったいわゆる「3点ユニット」型です。この物件の賃料は月額7万5000円で、10数年前からほとんど上がっていません。立地が良くても建物の仕様が時代遅れになっているからです。

一方、近くにある築15年のタワーマンションの1LDKは広さが55㎡で現在、月額26万円です。この物件は水回りがセパレート型であり、内装や設備も標準的なものですが入居者の入れ替えの際にはきちんとメンテナンスされ、賃料は十数年前で月額21万円だったものが、今では5万円ほどアップしています。

これが「キャッチアップ」するという意味です。

新築区分マンションに対する批判を考える

中古の区分マンションの売主としては、個人投資家だけでなく再販業者が増えています。そうした業者がよくいうのは、「新築はプレミアムがついていて割高」「買った途端に１割値下がりする」といった批判です。

新築が中古に比べて高いのは当然です。設備が新しいですし、賃料も高めに設定されています。今後売却する場合も、最初から中古を買うより浅い築年数で売却できます。これらのメリットがあるので、価格が高くなる（利回りが低くなる）のです。東京都心３区と都心10区のコンパクト型区分マンションのおおよその利回り（２０２２年10月時点）は築年数毎に下のグラフのとおりです。

区分マンションの築年数と利回りの関係

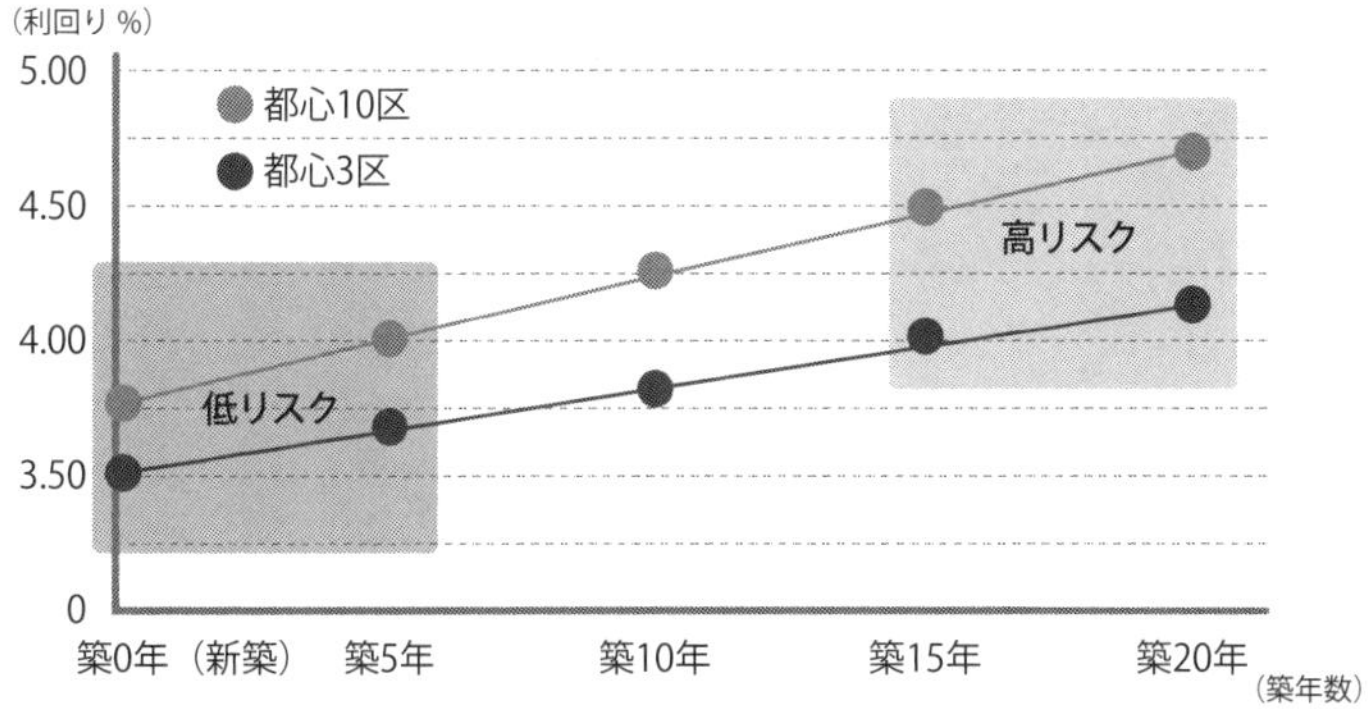

＊駅徒歩10分以内の物件を想定　※INVASE調べ（2022年10月時点）

立地が都心中心部に向かうほど、また築年が浅いほど利回りが低く（価格が高く）なります。これは決して開発会社が過大な利潤を価格に転嫁しているのではなく、リスクとリターンの関係で、その利回りで投資する投資家がいるからです。

中古をすすめる業者の中には、東京23区内の賃貸住宅の平均賃料は物件価格のように上がっていないというデータをもってきて説明したりします。

しかし、実際の賃料や空室の動向はどの街かによって全然違います。世田谷区内の駅から徒歩15分の木造アパートも、先ほどの東京駅周辺の区分マンションも23区内といえば23区内です。全体のトレンドを見るならいいですが、具体的な物件選びにおいて平均データは意味がありません。そこは客観的に冷静にみる必要があります。

本業が忙しい個人投資家にとって、当面修繕の心配が不要で賃貸市場の動きにキャッチアップしている新築や築浅物件はお勧めです。

同じエリア内でも賃料が上がっている物件と上がっていない物件、常に満室の物件と空きが出るとなかなか埋まらない物件に二極化していることは認識すべきです。しかし、築年数や広さ、仕様などによる違いは表からはなかなか分かりません。日本の不動産業界はあまりデータをとりませんし、特に売買価格や成約賃料についてはデータがあったとしてもオープンにしないことが慣習化しているからです。

なお、先ほどの東京駅徒歩圏のワンルームマンションは、以前は取引相場が1000万台前半で利回りが8％ほどでした。今でも賃料は7万5000円で変わりませんが、周辺の不動産価格が上昇するのに伴い利回りが4％ほどに下がってきています。

このロジックが分かる人は、利回り4％でも好立地の物件を買ってキャピタルゲインを狙いにいきます。一方で、利回りにだけ注目して郊外の築古1棟ものへどんどんシフトする人もいます。

これも投資用不動産の二極化の一例といえます。

区分マンションの新築と築浅の比較

なお、投資用の区分マンションにおいて、新築と築浅のどちらがいいのかという疑問があるかもしれません。

なぜなら、新築にキャッチアップしていく中古物件は、賃料とともに価格も上昇していきます。

そうすると、場合によっては数百万円の差で新築が買えるレベルになっていることもあるのです。中古は築十数年になると大規模修繕工事を行うタイミングを迎え、1戸当たり100万円程度の負担が発生します（この負担は実際の支払いが発生するということではなく分譲時から積み立てた修繕積立金を取り崩すのが一般的です）。そうすると、新築との差はさらに小さくなります。

しかも、投資用の新築区分マンションの販売価格は、それぞれのエリアにおいて投資家の期待利回り（キャップレート）を踏まえて設定されるのが一般的です。売主であるデベロッパーは、そうしたキャップレートと販売価格から逆算して土地を仕入れるのです。

その点、居住用の分譲マンションでは、投資家目線のキャップレートは関係ありません。立地などにもよりますが、仕入れた土地に建物を建て、そこに開発利益（プレミアム）をつけて売ることが可能です。そのため居住用の分譲マンションはまっさきに価格が上昇してきました。

しかし、投資用はそうはいきません。本当はもう少し上げたいが利回りを考えると我慢せざるを得ないのです。そのため実は投資用マンションは居住用マンションと違って分譲価格は抑えられがちで、投資家にとってはメリットが期待できます。

そうした業界事情も理解しておくと良いでしょう。

3．個別不動産とリートの比較

リートは金融商品の一種

「インフレ対策として不動産投資をするならREIT（リート）を買っておけばいいのではないか」という考え方もあります。

日本でJ－REITが初めて上場されたのは、2001年9月のことでした。現在、J－REITの上場銘柄は60を超え、時価総額は約17兆円に達します。また、投資する不動産の種別によって、オフィス型、レジデンス型、ホテル型、物流施設型などに分類されています。

J－REITは法律に基づき、「不動産投資法人」と呼ばれる会社のような形態をとっています。そして、株式会社における株式にあたる「投資証券」を発行し、J－REITに投資する投資家はこの投資証券を購入します。またJ－REITは金融機関から融資を受けたり、株式会社の社債に相当する「投資法人債」を発行したりして、資金調達をすることもあります。

不動産投資法人はこうした資金もとにオフィスビルや商業施設、マンションなどを購入します。そして、資金で購入した物件の賃料収入や物件の売買で得られた収益を投資家に分配します。

Ｊ－ＲＥＩＴは投資信託の一種ですが、投資信託とは異なり証券取引所に上場されており、投資証券の価格は投資家の需要と供給によって決まります。購入したときよりも高い価格で投資証券を売却すれば、株式投資と同じ値上り益（キャピタルゲイン）が得られます。

Ｊ－ＲＥＩＴに投資して得られるリターンは、投資証券の値上り益（キャピタルゲイン）のほか、分配金があります。分配金はＪ－ＲＥＩＴの決算が行われる際に投資家に対して支払われるお金のことで、株式投資での配当金、不動産投資では賃料収入（インカムゲイン）に相当します。Ｊ－ＲＥＩＴの多くは年に2回決算を行うので、運用が順調であれば年2回分配金が受け取れるということです（年1回決算のＪ－ＲＥＩＴもあります）。

通常の株式会社であれば、会社があげた税制上の所得に対して法人税が掛かり、また次の事業に向けた内部留保も差し引かれ、その残りを原資として配当金が支払われます。

これに対してＪ－ＲＥＩＴの場合は、収益の90％超を分配するなどの一定の条件を満たせば実質的に法人税が掛からず、内部留保もないので収益がほぼそのまま分配金として出されます。

つまりＪ－ＲＥＩＴは、一般の株式などに比べると、投資家に分配金を出しやすい金融商品といえます。

個別不動産のメリットはレバレッジと生命保険

もう一度整理すると、Ｊ－ＲＥＩＴであれば、プロが複数の不動産を選んで分散運用し、また証券取引所に上場されているので株式と同じようにいつでも売買でき、流動化リスクがかなり低いといえます。また、株式と同じように少額から投資できることもメリットです。

そのため、個人投資家にとってはリスクが不透明な個別不動産に手を出すより、リートに投資しておけばいいのではないかという考え方があります。

現在、レジデンス型でおおむね３％ぐらいの利回りがあります。地銀なども積極的に投資しており、個人投資家がリートを選ぶのも合理的だと思います。

ただ、区分マンションなど個別物件の不動産投資にはＪ－ＲＥＩＴにはないメリットがいくつかあります。

一つはレバレッジ効果です。個別不動産、特に都心の区分マンションについては担保評価も高く、現状でフルローンも可能です。

自己資金が1000万円ある場合、J-REITであれば1000万円の投資です。それに対し、1000万円の自己資金はいざというときの余裕資金として手元に残しておき、フルローンで4000万円の都心区分マンションを2戸買えば8000万円の投資になります。

なお、J-REIT（投資不動産法人）も金融機関から融資を受けて物件を取得しており、J-REITレベルで2倍程度のレバレッジ効果を使って分配金を出しています。

それに対し、個人が区分マンションを取得する場合、フルローンだと3000万円の物件も100万円程度の自己資金で購入可能であり、レバレッジ効果はなんと30倍になります。将来物件の資産価値が変わらないとしても、入居者から受け取る賃料収入によってローンを返済していくにつれて純資産が積み上がっていきます。また今後、2%程度のインフレが長期化するなかでは資産価値そのものが上昇するので、ダブルの効果が期待できます。これからのインフレ時代において、どちらが効率的な投資かは明らかです。ただし、個別不動産への投資は、J-REITに比べリスク分散が効かず流動性が低いなどのデメリットもありますので、高いレバレッジで投資する分、投資対象となる物件は厳選する必要があります。

もう一つJ-REITと比べた場合の区分マンションのメリットは「団体信用生命保険」（団信）の効果です。不動産投資用のローンを借りる場合には団信への加入が義務付けられています。

団信は、ローンを借りた人に万が一のことがあるとその時点でのローンの残高分の保険料が金融機関に支払われ、ローン残高はゼロになります。しかも、実質的な保険料は一般の生命保険よりかなり安く、がんを含む三大疾病保障などを付加することもできます。J－REITへの投資ではこうしたメリットはありません。

レバレッジと団信のメリットを考えると、不動産投資は、J－REIT以上の魅力がある投資手段ではないかと思います。

第5章

適正な借入額、借入期間、金利タイプ……スムーズに不動産投資を始めるための融資の知識

1．不動産投資とローンの関係

不動産投資の成功を左右するローン

不動産投資には数千万円から場合によっては1億を超えるような資金が必要となり、その大部分を金融機関からローンを借りて調達します。

投資金額に対してどれくらい借りられるかは物件によりますが、1棟ものであれば物件価格の7～8割程度、都心の新築または築浅区分マンションであれば物件価格の8～9割程度、場合によっては10割まで借りられます。

ローンの借入額も重要ですが、期中のキャッシュフローを考えると、金利や返済期間も重要です。金利が低ければ低いほど、返済期間が長ければ長いほど毎月のローン返済額は少なくなり、期中のキャッシュフローが改善します。

さらにいえば、所有する物件を将来売却するとき、次の買主に対してどのような条件のローンが付くかが、売却価格に影響します。

不動産投資は物件購入とローン借り入れを同時に行い、原則賃料からローンを返して資産形成をするため、ローンの条件が物件の条件と同じくらい重要なのです。

ローンによるレバレッジ効果

不動産投資においてローンを利用することを「レバレッジを掛ける」といいます。レバレッジとは本来、小さい力で重いものを動かす梃子の作用のことです。不動産投資では、少ない自己資金にローン（梃子）を組み合わせることで投資規模を大きくし、投資効率を向上させます。これがローンによるレバレッジ効果で、インフレ時代にはますます重要になります。

例えば、自己資金１０００万円で不動産投資を始めるとしましょう。レバレッジを使わない場合、つまり自己資金だけで１０００万円の物件を購入したとします。将来インフレで不動産価格が１・５倍になったとすると、資産は１０００万円から１５００万円となり、資産が５００万円増えたことになります。

一方、レバレッジを掛けるとどうなるでしょうか。自己資金１０００万円に９０００万円のローンを組み合わせて1億円の物件を購入します。同じくインフレで不動産価格が1・5倍になったとすると、資産は1億円から1・5億円へ増えます。9000万円のローンを差し引いても6000万円の資産形成ができたことになります。

このように、同じ自己資金1000万円でも、ローンによるレバレッジを掛けて投資規模を拡大することで、将来生まれる資産が大きく変わってくるのです。

不動産投資ローンと住宅ローンの違い

個人の不動産購入に関するローンとしては、住宅ローンと不動産投資ローンがあります。ともに数千万円から1億円以上の金額のローンで、個人

ローンによるレバレッジ効果の例

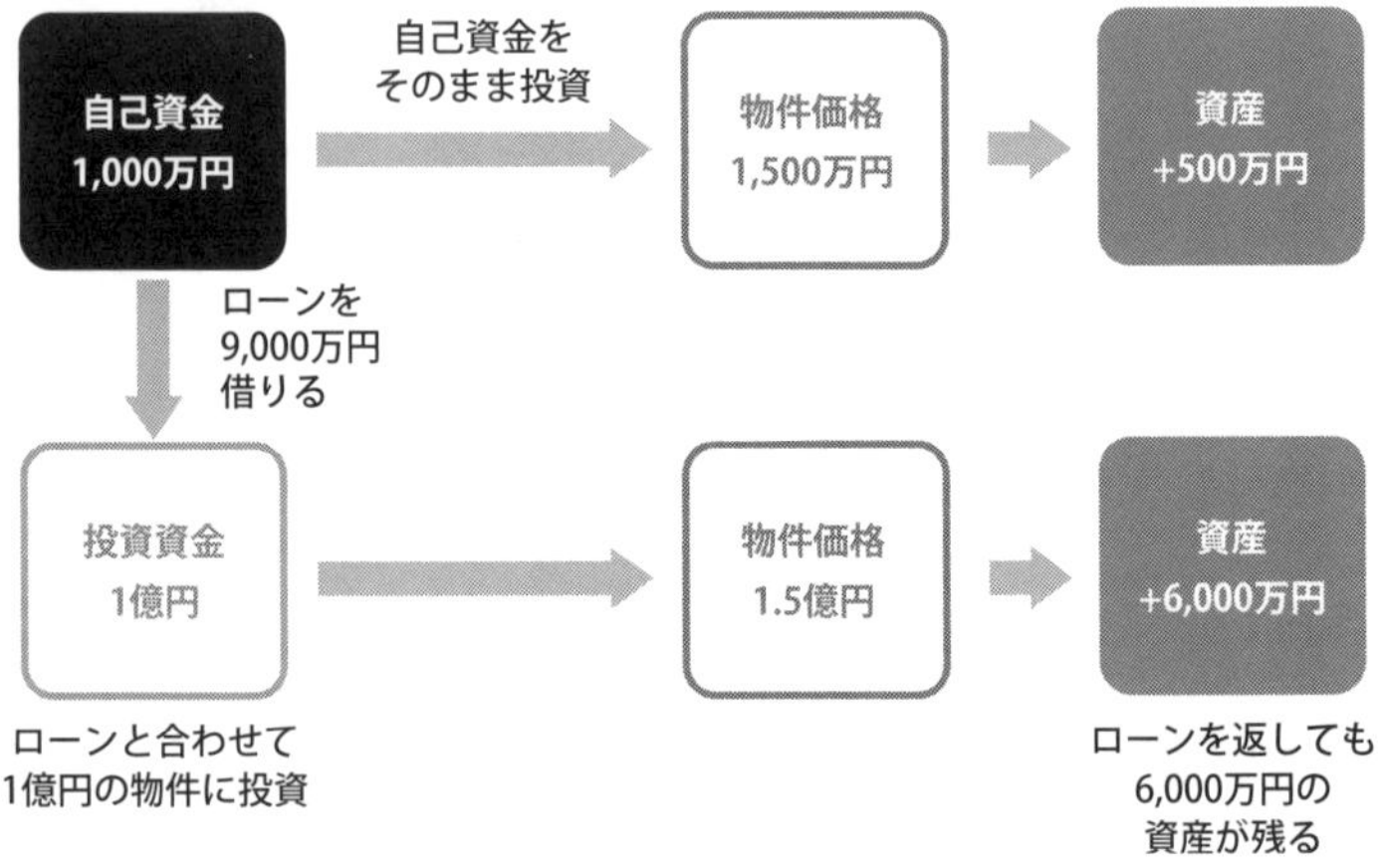

向けとしては最大のローンです。金利は、住宅ローンであれば0・3%~1・5%程度、不動産投資ローンであれば1・5%~3%程度となっています。返済期間はともに最長35年と長く、元利均等払いが一般的です。金利タイプは変動金利と固定特約金利があり、団体信用生命保険という保険も付いています。

色々共通点の多い住宅ローンと不動産投資ローンですが、当然違いもあります。ここでは住宅ローンと不動産投資ローンの違いに焦点を当て、不動産投資ローンの特徴を説明したいと思います。

第一に、購入する不動産の利用目的が異なります。

住宅ローンも不動産投資ローンもいずれも不動産購入のためのローンですが、購入する不動産の利用目的が違います。住宅ローンが対象となる物件は、自分が住むための物件です。自宅の建築や購入、リフォームなどの資金として使われます。

それに対して不動産投資ローンが対象となる物件は、自分はそこに住まず、他人に貸して賃料収入を得るための物件です。

第二に、ローンを返済する原資が異なります。

住宅ローンの場合は、借りた人が毎月働いて得る給与収入や事業収入から返済していきます。それに対して不動産ローンでは、購入した物件を賃借人に貸して得られる賃料収入が返済原資となります。一部投資家個人の給与収入などから補填することもありますが、主なローン返済の原資は賃料収入です。そのため不動産投資ローンの貸し付けにあたり金融機関は、投資家の収入のみならず、賃料収入が確実に得られる物件かどうかを重視します。

第三に、融資金額や借主の年収が異なります。

住宅ローンは原則借りた人の給与収入から返済していくので、融資金額は年収の5～6倍かつ1億円以内で、借主の年収は300万円以上としている金融機関がほとんどです。借主の勤務先の業態はさまざまですが、同じ年収でも勤務先からの収入の安定性を重視します。たとえば、同じ年収500万円でも自営業の方と公務員の方では、融資金額に大きな差が出ます。

一方、不動産投資ローンでは、融資金額の上限は最大で借主の年収の10倍程度まで可能であり、金額も柔軟で1億円を超えることもあります。ただし、借主の年収は500万円以上という場合が多く、勤務先も公務員や上場企業に限定されているケースが多いです。

第四に、ローンの金利水準が異なります。

銀行にとって、自宅を購入するための住宅ローンは貸し倒れのリスクが低く、その分、金利も0・3％台からと低くなっています。住宅ローンは借りる際に抵当権が設定されるため、返済が滞ると競売により家が売却されてしまいます。そのため借主の返済意欲が高く、結果として貸し倒れリスクが低く抑えられているのです。

一方、不動産投資ローンの場合、借主本人がそこに住んでいないため、ローン返済が滞って物件が売却されても、借主は不動産を失うだけで、自分が住む場所を失うわけではありません。このため住宅ローンほどの返済意欲が借主に無く、よって金融機関が負うリスクが高くなり、そのリスクをカバーするため金利も1％後半からと高くなります。

第五に、融資審査の対象が異なります。

住宅ローンでは、返済原資が借主の収入なので、融資審査の際その人自身の情報が重視されます。具体的には、年収、勤続年数、貯蓄金額、他社での借り入れ金額、他借り入れの返済実績などです。担保に取る不動産の評価も行いますが、借主の属性をより重視して審査します。

不動産投資ローンと住宅ローンの比較

No.	項　目	住宅ローン	不動産投資ローン
1	借入目的	居住用住宅購入	賃貸用不動産購入
2	返済原資	借主の収入	賃料
3	年収	300万円〜	500万円〜
	融資金額	年収の5〜6倍	年収の10倍
4	金利水準	0.3%台〜	1%台後半〜
5	審査対象	借主の収入及び属性	借主の収入及び属性 購入対象不動産 販売会社
6	制限事項	賃貸禁止	なし

一方、不動産投資ローンでは、返済原資が借主の収入と不動産の賃料収入の二つになります。したがって、借主自身の情報と購入する不動産の情報が審査対象になります。特に不動産投資ローンでユニークなのが、審査において物件を販売する不動産業者を重視するということです。これは、不動産会社の取り扱い物件や販売姿勢、集客方法により、その不動産会社から物件を購入する投資家の属性が大きく異なるからです。さらに「かぼちゃの馬車事件」のような不正事案は物件を販売する不動産会社が主導して行っており、金融機関がそれに巻き込まれるリスクがあります。したがって、金融機関はローン対象となる物件を扱う不動産会社を限定しており、個人が直接金融機関にローンを申し込んでもなかなか融資してくれません。

第六に、制限事項が異なります。

住宅ローンではあくまでローンを借りた人が住むことが前提です。住宅ローンを借りて購入した物件を他人に貸して賃料を得ることはできません。もしそのようなことをした場合、金融機関から契約違反としてローンの一括返済を求められます。

一方、不動産投資ローンで購入した物件は、貸し出して賃料を得ることを目的にしていますが、購入後借主が自宅として利用することもできます。また、住宅ローンは法人では借りられませんが、不動産投資ローンは法人名義で借りることができます。

2. 不動産投資におけるローンの注意点

物件種別によって金融機関の融資姿勢に差

不動産購入にローンは欠かせないため、金融機関の融資姿勢が不動産取引や不動産価格に大きな影響を与えます。不動産投資に対する金融機関の融資姿勢は、その時々の経済情勢や金融政策、監督官庁である金融庁の方針などによって変わります。

例えば1990年代には、旧大蔵省の行政指導によって法人、個人を問わず金融機関による不動産融資が規制され、地価が大きく下がり、バブル崩壊のきっかけになりました。

反対に2013年の「アベノミクス」以降は政府と日銀が大幅な金融緩和に踏み切り、金融機関の不動産投資に対する融資姿勢も大きく緩み、金利の引き下げ、融資額と融資割合の拡大などが進み、不動産価格の上昇に繋がりました。

それでは現在の金融機関の融資姿勢はどうなのでしょうか。

基本的に政府・日銀は金融緩和を続ける方針を堅持しており、金融機関も金利については特に引き上げるスタンスにはありません。

ただし、物件種別によって融資姿勢には差があります。1棟ものアパートやマンションに対する融資姿勢は非常に厳しくなっている一方、都心の区分マンションについてはむしろ積極的です。

このことは金融庁のレポートからもうかがえます。「投資用不動産向け融資に関するアンケート調査」（2019年3月）によると、2016年（平成28年）3月期以降、銀行の投資用不動産向け融資の残高は一貫して増加していますが、融資実行額については2017年(平成29年)

投資用不動産向け融資の実行額の推移（銀行） 単位：兆円

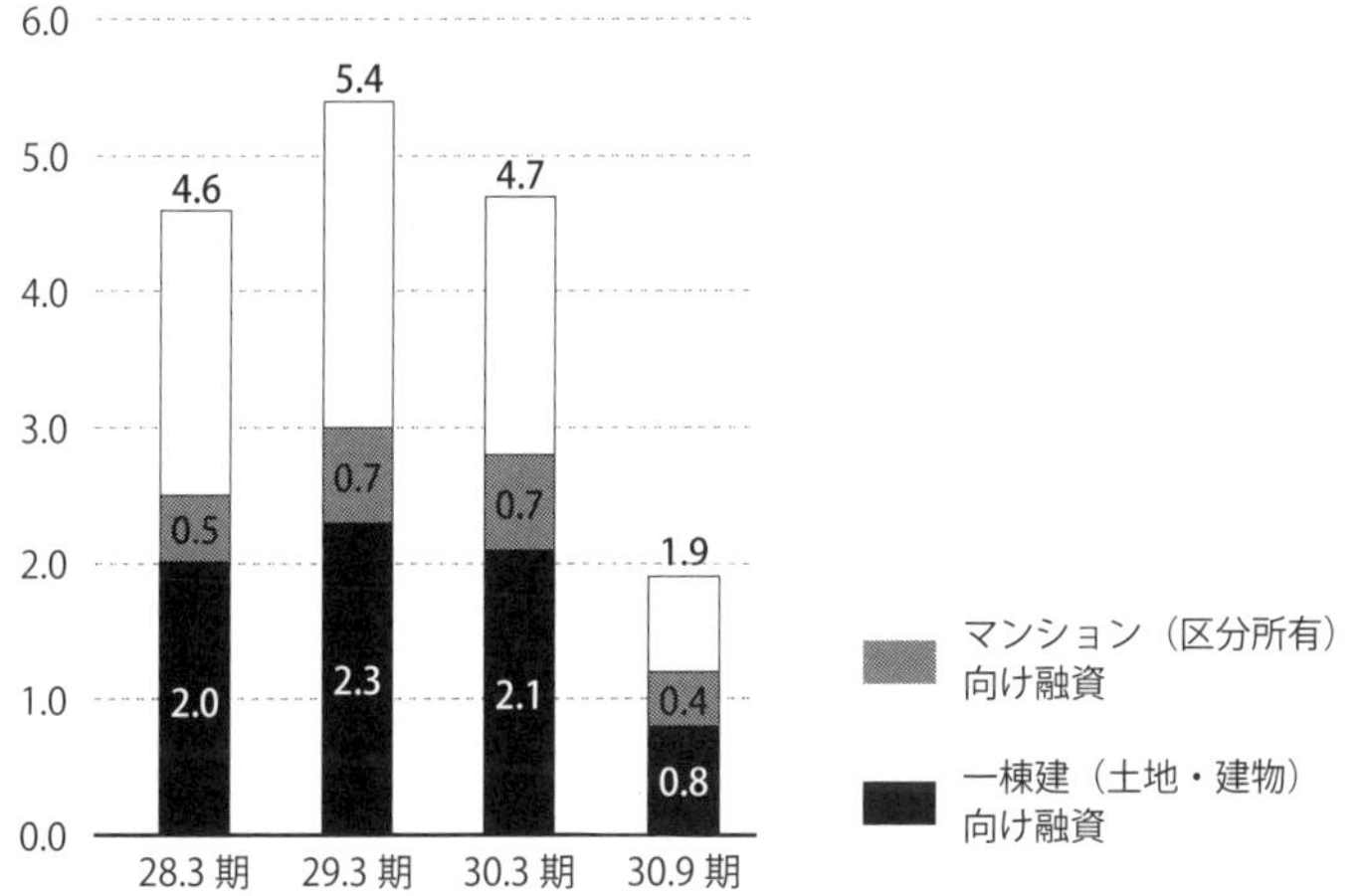

3月期をピークに減少しており、特に1棟ものの向けの融資においてその傾向が顕著です。

その背景には、いわゆる「かぼちゃの馬車事件」における金融機関の不適切な行為に対して金融庁が業務停止命令を含む厳しい対応を行ったことがあります。

同レポートでは、明確な金融機関の関与や黙認はなくても、不動産関連業者等による不適切な行為を複数の金融機関が融資審査で察知することができず融資を実行したという事例が、各金融機関における自己点検や金融庁のモニタリングのなかで確認されたとしています。

そうした不適切な行為の類型としては次のようなものが挙げられています。

・不動産関連業者が、物件の評価額の基礎となる賃料の実績を水増しするなどして、物件の売買価格を吊り上げること。
・不動産関連業者が顧客と同意した売買価格よりも高い価格の売買契約書を金融機関に提出することにより、自己資金を有しない顧客に対して物件取得に要する資金全額の融資を引き出すこと。
・投資目的で物件を取得するにもかかわらず、不動産関連業者が自己居住を偽装して相対的に低金利である住宅ローンを利用させるなど、物件の利用目的を隠ぺいすること。
・不動産関連業者が顧客の預金通帳や源泉徴収票等の改ざんを行い、顧客の財産・収入に係るエビデンスを偽装すること。
・顧客が複数の物件を取得する際、物件ごとに資産管理会社を設立し、それぞれの会社がほかの会社の存在を秘匿したうえでそれぞれ異なる金融機関から借り入れを行うこと。
・不動産関連業者が一時的に顧客の預金口座に送金したり、賃料を顧客に前払いしたりすることにより、物件の取得に必要とされる自己資金を偽装すること。

こうした事例は主に1棟アパートや1棟マンションで見られ、そのために1棟もの向けの融資姿勢が厳しくなっているのです。投資用の区分マンションにおいても同様な事例があったようですが、全体的にみれば少なかったのでしょう。

投資家にとっても、こうした不適切な借り入れはのちのちトラブルのもととなります。不動産業者などから勧められたとしても、決して関わってはいけません。

3. インフレ時代のローンの考え方

最大限ローンを活用する

将来インフレになると考えるのであれば、今のうちにできるだけ多くローンを借りてモノに投資しておくべきです。日本人は概してローンに対してネガティブで、あまり大きな金額を借りようとしませんし、借りたローンは繰り上げ返済などでできるだけ早く返そうとします。「借りたものはきちんと返す」という意識が高いことは良いことですが、ローンの利用自体は経済合理性を考えて判断すべきだと思います。そういう意味では、将来インフレにより貨幣価値が下がると見るのであれば、できるだけ多くのローンを借りて投資に回すことが合理的です。ローンは誰でも借りられるわけではなく、金融機関の審査をパスする一部の人しか借りられません。そういう意味ではローンが借りられること自体特権であり、将来の資産形成に向けての大きなアドバンテージなのです。

不動産投資においてもできるだけ自己資金を使わずにローンを借りる、できれば価格の100％までローンを借りる、いわゆるフルローンをお勧めします。

1棟ものに比べ、都心の区分マンションは今でもフルローンが可能です。ただし、物件価格のほぼ全額を借り入れで賄うフルローンは、それだけローンの返済額も多くなるため、ローンの返済中のキャッシュフローは通常、マイナスになります。つまり自己資金での補填が必要です。

ただ、これはフルローンにするからそうなるのであって、一定程度自己資金を投入すればキャッシュフローは黒字にできます。毎月、1万～2万円であってもキャッシュアウトすることに不安を感じ、フルローンではなく一部、自己資金を投入する投資家は、実際かなりいます。

しかしこれは、購入時に一括して自己資金を使うか、購入後にキャッシュアウトの形で徐々に自己資金を使うかだけの問題なので、投資効率を考えるならば、キャッシュが後で出ていくフルローンの方が有利です。

もちろん、フルローンの場合に毎月補填する自己資金はきちんと確保しておく必要があります。預貯金がほとんどなく毎月の給料などから持ち出しするような状況はお勧めできません。そうしたギリギリの状況でなければ、キャッシュアウトそれ自体を気にする必要はないと思います。

むしろ、これからインフレ時代になることを前提とすれば、最初にできるだけ多くのローンを借りて投資規模を拡大したほうが得です。インフレに伴って貨幣価値が低下し、ローンの実質的な負担が減っていくのに対し、モノである不動産の価値は上がっていくからです。

返済期間の考え方

不動産投資ローンは返済期間としては最長35年、借主が80歳になるまで借りられます。したがって、借り入れ時の年齢が45歳を超えてくると、返済期間が徐々に短くなってきます。さらに購入物件の築年数での縛りもあります。築年数に関する金融機関の融資基準が最長60年の場合、築30年の物件はいくら借主の年齢が若くても最長30年までしか借りられません。

それでは、これからのインフレ時代の不動産投資では返済期間はどれくらいにすればいいのでしょうか。基本的に、返済期間はできるだけ長くした方がいいと考えます。35年借りられるなら、35年借りるべきです。そもそも住宅ローンや不動産投資ローンはいつでも繰り上げ返済ができます。借り入れ後に返済期間を短くすることは借主の権利としていつでもできるのです。ただ、返済期間は一度短くするとその後伸ばすことはできません。

将来インフレになると考えるのであれば、できるだけ大きな金額のローンをできるだけ長く借りるべきだと思います。

ローン金利のタイプについて

不動産投資ローンは、住宅ローンと同様、金利タイプとして変動金利と固定特約金利があります。

変動金利は毎年原則2回、金利見直しがあります。固定特約金利は、変動金利に固定特約を付けた金利で、特約期間中は金利が変わりません。特約期間は2年から最長35年まであります。

では、変動金利の金利水準がどのように決まっているかを説明します。金利水準は金融機関

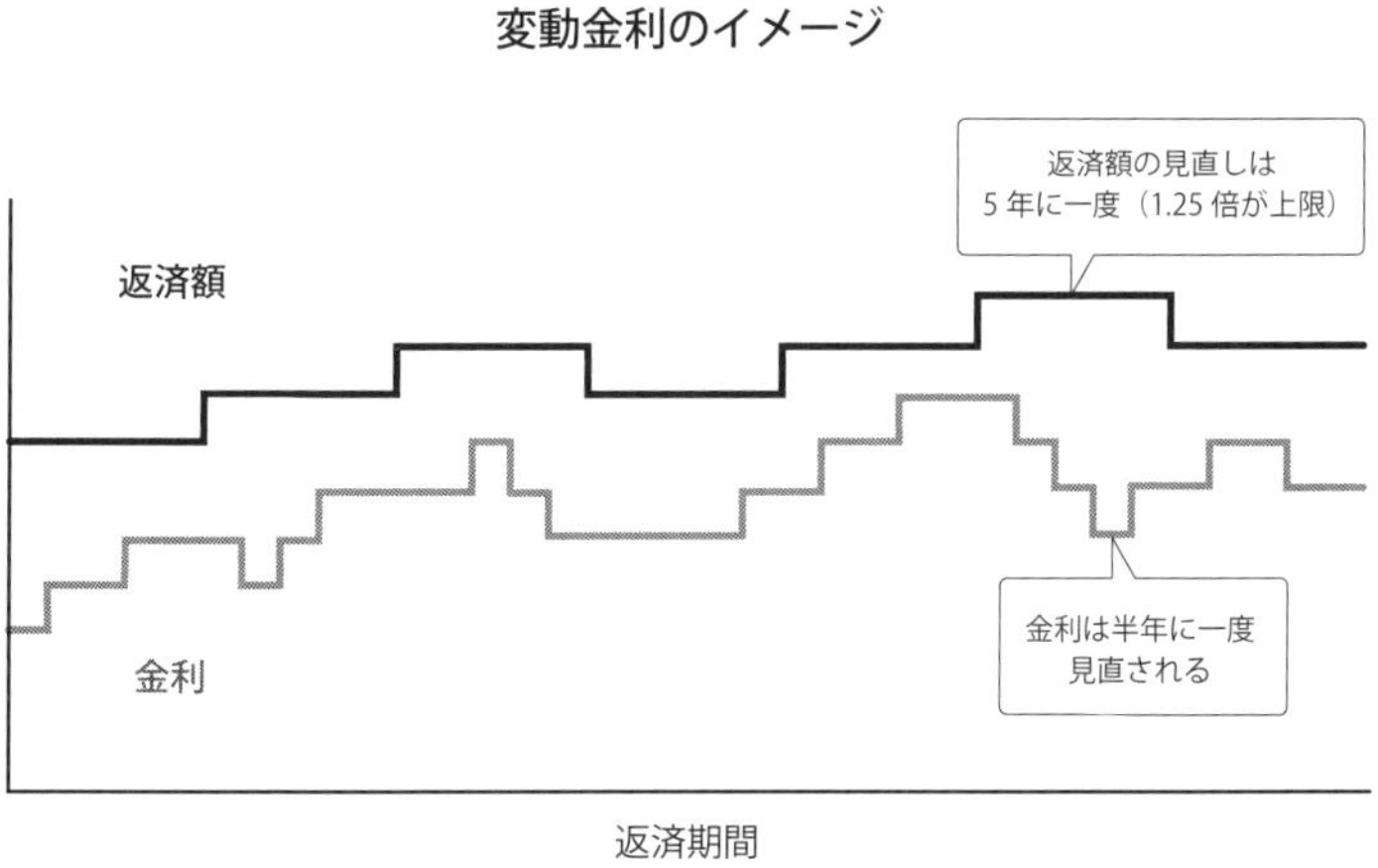

のいわゆる短期プライムレート（短プラ）に連動します。つまり短期プライムレート＋αという形で金利が決まっています。毎年４月と10月に金利の見直しがあり、その時点の短期プライムレートを使って金利がリセットされます。４月に決まった金利は同年７月から、10月に決まった金利は翌年１月から適用されます。なお、金利は半年毎に見直されますが、毎月の返済額は５年毎に見直されます。したがって、金利が変わっても、すぐに月々の返済額が変わるわけではなく、まずは毎月の返済額に占める金利支払いの割合が変化することになります。

現在不動産投資ローンを利用する人のほとんどが変動金利を選んでいます。これは単純に金利水準が一番低いからです。固定特約金利にすれば、金利は固定できるものの金利水準は上がります。日銀の金融緩和政策、特に短期金利に関する政策変更は当分行われないと思われますし、過去20年以上変わっていない短プラが上昇するのは相当の金利引き上げがないと起こらないと思います。さらに、そのような金融引き締めの状況に至る前提として、恒常的なインフレが顕在化していることが必要です。もしインフレになっているなら、賃料も上がっている可能性が高く、不動産価格も大きく上昇しているでしょう。よって、変動金利のリスクは、不動産投資においてはそれほど大きくなく、より金利水準の低い変動金利を選ぶという選択は間違っていないと思います。

4. ローンとセットの団信は超お得な生命保険

ローンに特有なのが団体信用生命保険

不動産投資ローンにおいて忘れてならないのが「団体信用生命保険」です。

団体信用生命保険（団信）とは、住宅ローンや不動産投資ローンを借りる際に加入する生命保険で、その特徴は以下のとおりです。

・ローン借り入れ時に加入が義務付けられている（団信に加入できないとローンが借りられない）
・ローン利用者しか加入できない（ローンを借りないのに団信だけ入ることはできない）
・死亡や高度障害時に保険金でローンが完済される
・保険料は金利に含まれている

団信に加入していると、借主がローンの返済中に死亡や高度障害になった場合、その時点のローン残高と同額の保険金が保険会社から金融機関に支払われ、ローンの残高がゼロ

投資用ローンと団体信用生命保険に関する図

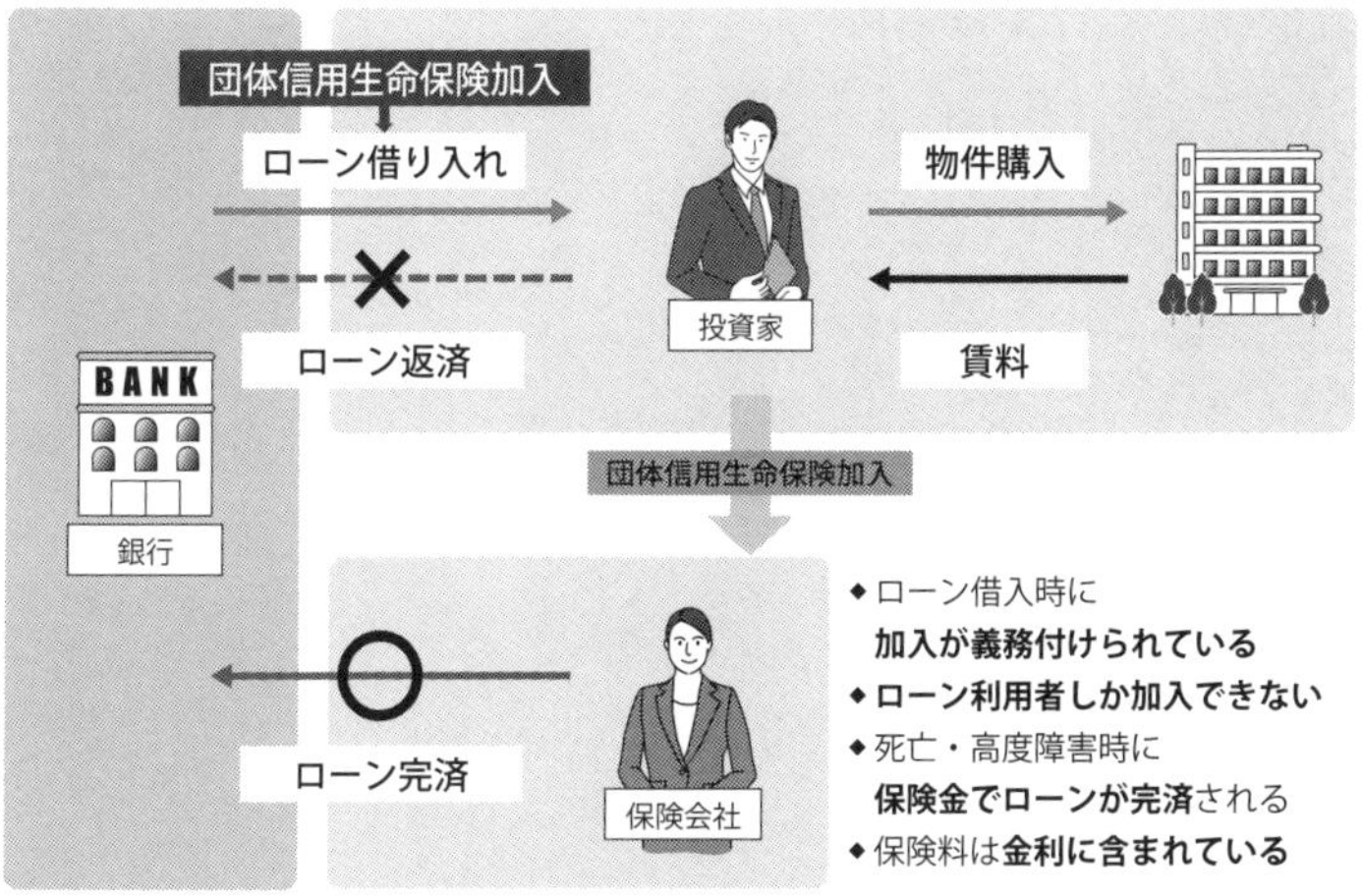

になります。

最近はがん・脳卒中・心筋梗塞などの3大疾病や、要介護状態になった場合を対象とする特約が付けられるなど内容も充実してきています。

実は団信は一般の死亡保険や医療保険に比べ圧倒的に有利な条件で保険に入ることができます。その理由は団信のユニークな構造にあります。

団信が有利な保険である理由（1）

第一に、団信には保険目的で加入してくる人がいないということです。

団信はあくまでもローンに付随した保険であり、保険目的にローンを借りる人がいないため、リスクの高い人が入ってきません。一般的に、健康に不安を感じる人や危険な職業に就いている人ほどリスク回避のインセンティブが高く、保険に加入しようとする傾向があります。ただ、このようにリスクの高い加入者が増えると、当然支払う保険金も増え、保険料を上げないと保険が維持できなくなります。保険料を上げるとますますリスクの高い人しか加入者にならず、さらに保険料を上げなくてはいけなくなる、いわゆる「逆選択」の問題が発生します。団信の加入者はローンを借りる人であり、保険に入ろうと思う人ではありません。従ってこの逆選択の問題が起こらないのです。

団信が有利な保険である理由（2）

第二に、団信はローンが借りられる人しか入れないということです。

通常の保険では、加入前に加入者の健康状態をチェックするかもしれませんが、加入者の収入や勤務先を審査することはありません。しかし、団信の場合はまずローン審査があり、それをパスした、つまりローンを借りられる人しか加入できません。実際世の中には住宅ローンや不動産投資ローンを利用できない人は多くいます。特に不動産投資ローンの場合は住宅ローン以上に金融機関の審査が厳しく、年収や勤務先が一定以上の限られた人しか利用できません。そのような人は生活基盤がしっかりしており、生活水準も高いため、健康状態も良い人が多いのです。このように団信がローンに付随していることで、ローン審査という形で意図せず健康リスクの少ない人が選ばれているのです。

団信が有利な保険である理由（3）

第三に、多くの人がローンを繰り上げ返済するということです。

前にも説明しましたが、日本人は概してローンに対してネガティブで、借りたローンは繰り上げ返済などでできるだけ早く返そうとします。40歳の時に35年の返済期間で借りていたとしても60歳までに完済しようとする人が多くいます。ローンを借りていることへのネガティブな気持ちと払っている金利がもったいないという理由からこのような行動をするのですが、病気になったり亡くなったりするリスクはまさに60歳辺りから急増します。その時には既にローンを完済して団信から離脱している人が多いため、保険加入者の年齢

団体信用生命保険に関する図

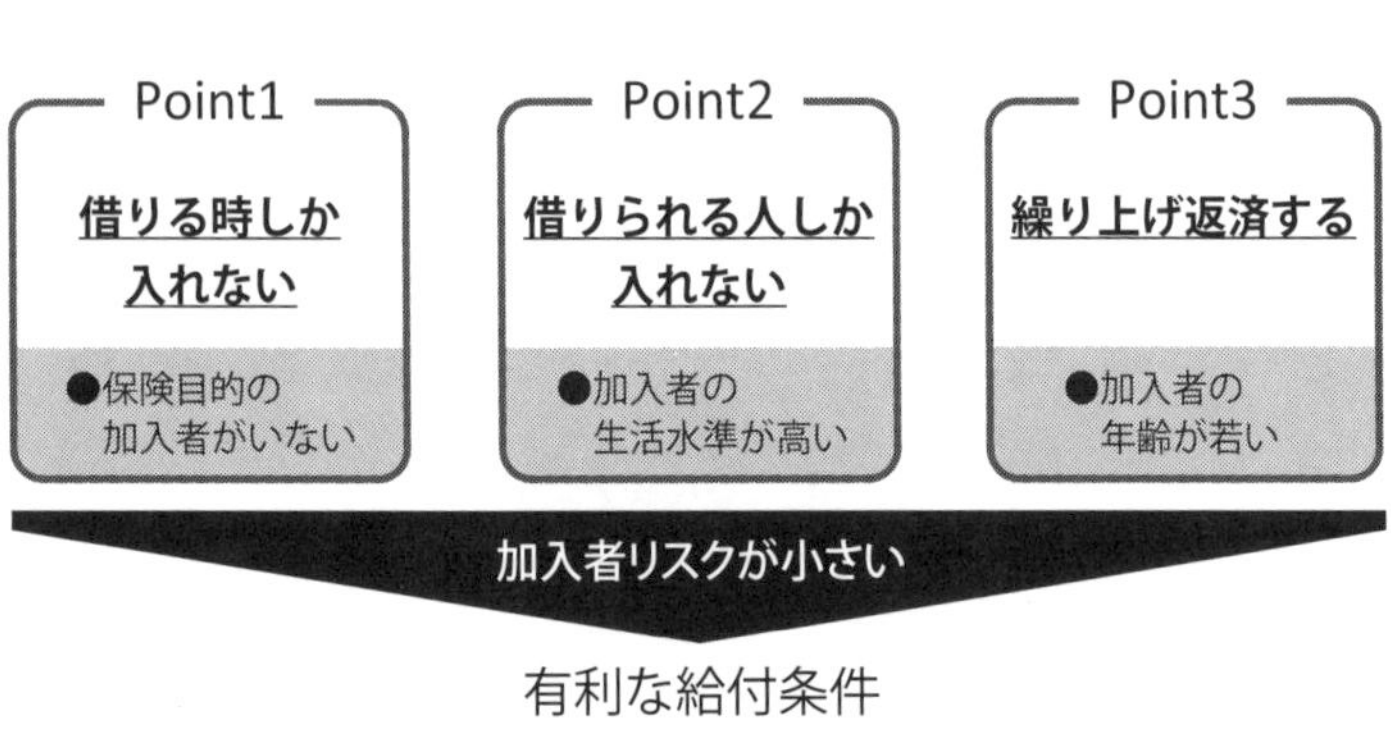
Point1
借りる時しか入れない
●保険目的の加入者がいない
Point2
借りられる人しか入れない
●加入者の生活水準が高い
Point3
繰り上げ返済する
●加入者の年齢が若い
加入者リスクが小さい
有利な給付条件

団体信用生命保険は投資用ローンを借りられる人しか入れない特別な保険

が若く、結果としてリスクの低い人のみが加入者になっているのです。

以上、団信は、①保険目的で加入してくる人がおらず、②ローンが借りられる人しか入れず、③繰り上げ返済する人が多い、ために加入者の病気や亡くなるリスクが低く、一般の死亡保険や医療保険より手厚い保険が提供されているのです。これを利用しない手はありません。

団信でがんのリスクをカバーする

団信が保険として非常に優れている理由を説明しました。では、実際どれくらい有利な保険になっているのでしょうか。がんに罹患した場合に保険金が下りるがん保険について、一般の医療保険と団信を比較してみましょう。医療保険としてのがん保険は多くの保険会社が提供しており、条件もさまざまで一概に決められませんが、35歳の成人男性が終身で入るがん保険は毎月5000円程度の保険料でがん罹患時に100万円の一時金、入院一日当たり1万円の給付金があるといったところがおおよその条件ではないでしょうか。一方、3000万円の不動産投資ローンを借りて、金利を0・2％の上乗せしてがん保障を利用したとすると、当初の保

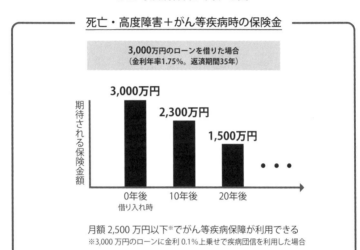

がん等疾病保障に関する図

死亡・高度障害＋がん等疾病時の保険金

3,000万円のローンを借りた場合
（金利年率1.75%。返済期間35年）

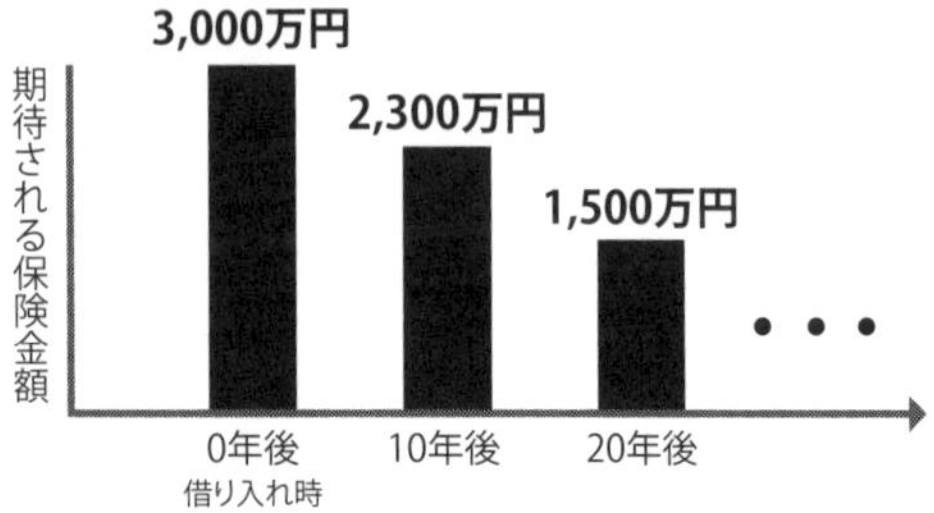

月額 2,500 万円以下※でがん等疾病保障が利用できる
※3,000 万円のローンに金利 0.1%上乗せで疾病団信を利用した場合

険料は同じ（借り入れ後はローン残高の減少に伴い保険料も減っていく）でがん罹患時にはローン残高と同額の保険金が下りることになります。借り入れ時３０００万円あったローン残高は、10年後で２３００万円、20年後でも１５００万円あります。一般的ながん保険の給付条件（がん罹患時に１００万円の一時金、入院一日当たり１万円）と比べると、団信の方が圧倒的に有利なことが分かります。これは保険加入者のリスクが一般的な医療保険の加入者より低いから実現できていることで、これこそが団信のメリットなのです。

不動産投資は生命保険を見直すタイミング

もともと日本人は世界で一番保険好きな国民だといわれています。

ちなみに、生命保険文化センターが実施した「生活保障に関する調査」（個人調査）によると、年間払込保険料（個人年金保険の保険料を含む）は男性で平均23・4万円、女性で平均16・8万円となっています。月に直すと1万円から2万円程度にもなります。

一般的な死亡保険や医療保険に比べて団信が有利である理由は先ほど説明したとおりです。なので、保険を考えるのであれば、まず団信でできるだけ充

年間払込保険料（性別）

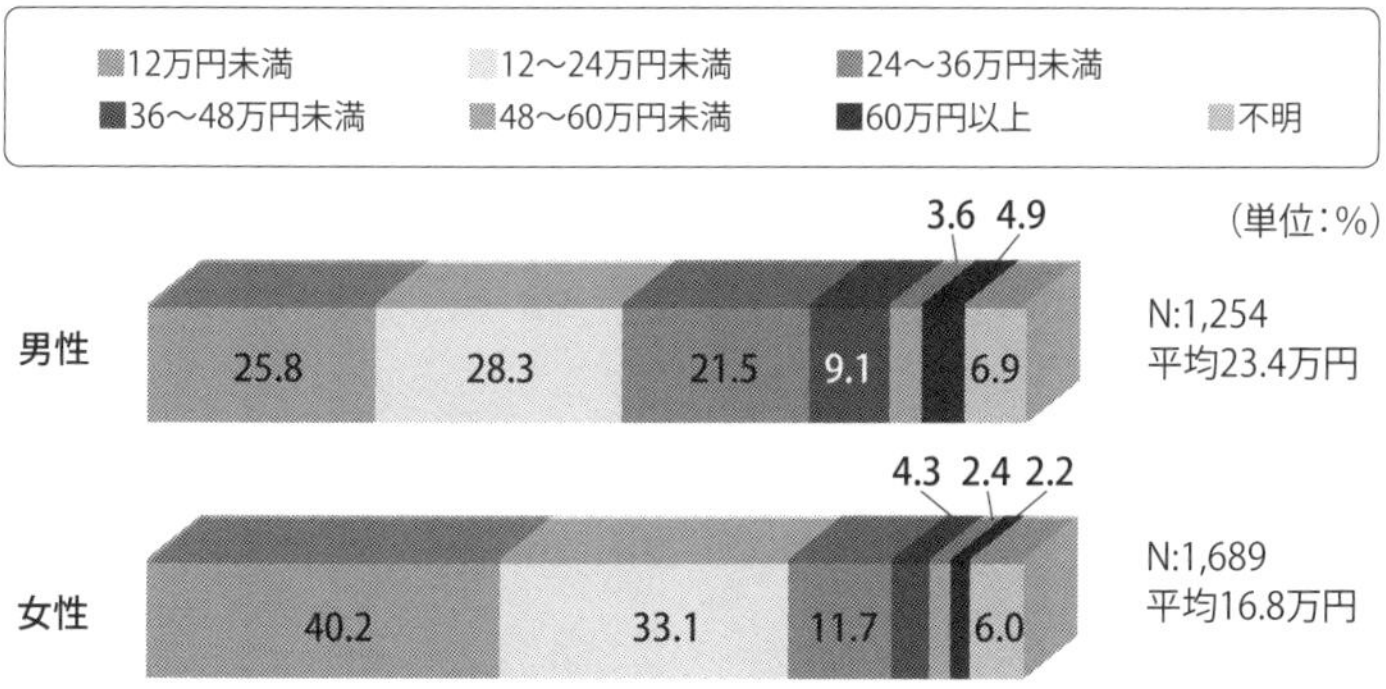

集計ベース：生命保険・個人年金保険加入者
※生命保険文化センター「生活保障に関する調査」（2019年度）

不動産と資産運用に関する図

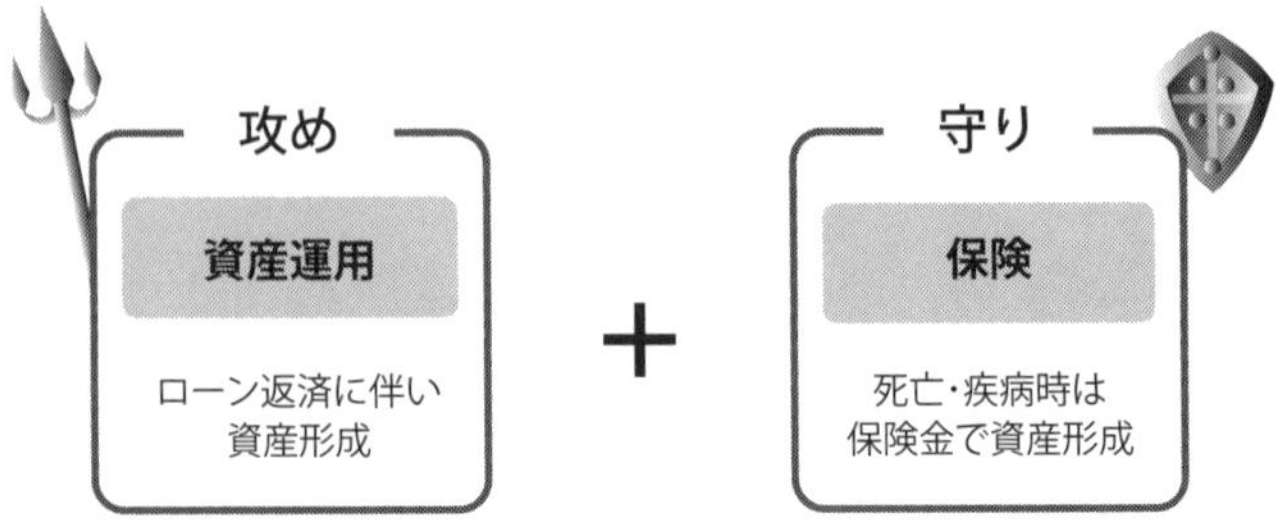

実した保険に入り、それを前提にほかの保険を検討すべきです。すでに一般的な生命保険に加入している人が不動産投資でローンを借りる場合は、そこで団信に入るので、余計な保険を見直すいいタイミングです。

フルローンで不動産投資を始めて毎月のキャッシュフローが赤字になったとしても、保険を見直すことで保険料も含めたトータルでキャッシュフローを黒字にすることができるかもしれません。

例えば、生命保険には保障のみに特化した掛け捨てタイプと、保障と資金運用を組み合わせたタイプがあります。加入しているのが組み合わせタイプの生命保険であれば、掛け捨てタイプに切り替えることでかなり保険料は安くなるはずです。あるいは、複数の生命保険に加入しているケースも多く、それらの一部を解約するという方法もあります。いずれにしろ、不動産投資を始め、ローンを借りるタイミングは、生命保険を見直す良いタイミングです。

以上、説明したとおり、不動産投資ローンにも住宅ローンと同様、団信という保険が付いており、いざというときに保険金が下りてローンが無くなることで、リスクヘッジができます。この団信は加入者のリスクが低く、保険としては非常にお得な保険です。この保険のメリットは通常の株や債券といった金融商品への投資では得られないもので、不動産投資の大きな魅力の一つです。不動産投資はインフレやローンの返済で資産形成されていく「攻め」の部分と、いざという時に保険でローンが無くなり資産形成される「守り」の部分の両方を兼ね備えた稀有な資産運用方法なのです。

金融商品として考える
不動産投資戦略
5つの実践例

第6章

1. 実家を賃貸に出したのをきっかけに区分マンションで不動産投資をスタート

副業禁止でも一定規模の不動産賃貸はＯＫ

私たちのサービスを利用して区分マンションを購入したAさんは40代の公務員です。仕事は順調で役職も上がっています。

しかし、定年後のことを考えると次第に不安が募ってきたそうです。民間では近年、副業や兼業が認められるようになっていますが、公務員は基本的に禁止です。投資をしようと思っても日々の業務が忙しく、株式投資などとてもできそうにありません。

そんななかで、事業的規模（5棟10室基準）に満たないなど一定範囲の不動産賃貸業については明確に禁止されているわけではないということに気づき、不動産投資に興味をもつようになりました。

きっかけは実家の持ち家を賃貸に出した経験です。地方都市で長年、両親が暮らしていまし

物件購入者の情報

プロフィール	年　　齢：40代 職　　業：公務員 性　　別：男性 家族構成：3人（配偶者、子供） 年　　収：1,000万円 保有資産：700万円
目的ときっかけ	目　　的：資産形成　　購入時期：2022年5月 きっかけ：実家の持ち家を賃貸に出した経験から。副業が禁止されている公務員でも一定規律の不動産賃貸は認められていることや、不動産投資で収入を得ている知人の話を聞いたことから。手元資金を大きく使わず物件を保有でき、毎月の収支がマイナスになったとしても、月数千円～数万円のマンションを運用できるレバレッジ効果に魅力を感じた。
物件概要	物件種別：区分マンション 所 在 地：東京都港区 築 年 数：築15年 専有面積：25.96㎡ 物件価格：3,300万円

資金計画	金融機関：大手金融機関 借入金額：3,290万円 自己資金：10万円（諸経費含め約100万円） 金　　利：1.875% 返済期間：34年 返済月額：110,000円 団　　信：団信あり
収支計画	月額賃料：12万円→表面利回り4.36% 管理費等：12,000円 固定資産税等：76,500円 保 険 料：10,000円（5年間） 減価償却：約150,000円
シミュレーターによる参考値	Ｐスコア：3.03 適正利回り：4.03% 適正価格：3,570万円

たが、5年ほど前と昨年、相次いで他界しました。まだまだ十分住める状態でもあり、売却するより賃貸に出したらどうだろうと考えたそうです。

最初は兼業禁止規定にひっかかるのではないかと少し心配していましたが、役所内で確認したところ問題ないということでした。また、賃料収入について不動産所得として確定申告をしてみたところ、実家を見に行く際の交通費が経費として処理できました。不動産投資に詳しい知人から話を聞いたりするうち、公務員でも不動産投資を通じて、一定程度自分の裁量で資産形成できるということが分かったそうです。

こうして物件探しを始めたAさんは、東京の港区や品川区など自分が住みたいと思うようなエリアに絞り、また手元資金をあまり使わずローンを活用したレバレッジを最大限活用できる物件を探したといいます。

いろいろ見るうち、毎月の収支が多少マイナスとなったとしても、月数万円の持ち出しで好立地の区分マンションを所有できるほうが魅力的に感じたそうです。実際、具体的な候補も決まって、仲介会社を通してローンの打診をある金融機関にしたのですが提示された条件が悪く、自己資金を400万円ほど入れないといけないというので諦めざるを得ませんでした。

４社での物件探しを通じて経験したこと

その後Aさんは、新たに4社の仲介会社を通じて物件探しを続けることにしました。そのときの経験はほかの投資家にもとても参考になる話なので、少し詳しくご紹介します。

1社目は不動産テック系の仲介会社です。

この会社はサービスから提案内容まで洗練されており、惹かれるところがありました。具体的に3つの物件を提案され、なかでも品川区内の物件が良いと思ったとAさんは言います。

ところが、現地を見に行くと外観の写真と実物とのギャップが大きく、そのほかの条件も希望に合わず、購入までには至らなかったそうです。

2社目は地場の不動産会社です。

インターネットで物件を探しているなかで、三田駅から徒歩5分、築10年ほどのサブリース付き物件に興味をもちました。問い合わせをしてみてつながったのが、60歳を超える老夫婦が経営している地場の不動産会社でした。

対応に遅さがあったものの、地域への貢献を大事にしているところや地元ならではの情報力に期待して内覧を申し込みました。ところが当日、待ち合わせ時間や部屋番号を間違えたり、説明もちぐはぐなところが多かったりしてがっかりしたそうです。

その後も対応の遅さが続き、別に提案された物件もぱっとせず、この会社での購入は見送ることになりました。

3社目は、首都圏でメジャーセブンと呼ばれる大手不動産会社系の仲介会社です。担当者は30代前半の係長で、説明も分かりやすく知識も豊富で、知りたかった内容の回答もすぐ得られました。ところが、投資用ローンについてはなんと、「自分でネットで調べたりは絶対しないでください」と言われました。

Aさんとしては、プロにすべて任せようと思うより、むしろ担当者が自分たちに有利に事を運ぼうとして何か隠しているのでは、と感じました。

これ以外にも、素人だから何も分からないだろうといった感じの発言が何度かあり、担当者への信頼が次第に薄れていきました。結局、この仲介会社での購入も見送ることになりました。

4社目は、大手フランチャイズ系の仲介会社です。

いくつか紹介された物件のなかに、今回購入に至ったものがありました。ちょうどAさんの自宅の目の前にあるマンションで、以前から情報収集をしていたもののそこで中古が売りに出されているとは知らず驚きました。

この会社の担当者は50歳くらいの人で、以前サブリース付き物件を検討していたことを伝えると、サブリースのデメリットや起こり得るトラブルを丁寧に教えてもらい参考になりました。ただ、丁寧に説明してくれたのはサブリースのことだけで、その後の対応は信用に欠くものだったそうです。担当者はあまり信頼できないものの物件には魅力を感じていたAさんは、ローン申し込みのために紹介された金融機関を担当者と一緒に訪ね、面談しました。しかし、そこでの対応もまた不信感を募らせるようなものだったそうです。

さらに、金融機関の事前審査では想定以上に必要な自己資金が大きく、もしかするとほかに良い条件で借りられる銀行があるのではないかと、改めてインターネットでいろいろ探してみました。

こうしてたどり着いたのが私たちのサービスだったのです。

同じ物件ながら必要な自己資金は100万円に

ネットに売出広告が掲載されたり仲介会社から紹介されたりする中古物件には、基本的に特定の仲介会社（1社）を通して売主と交渉し契約するケースがありますが、別の仲介会社を通して交渉し契約できるケースも多くあります。

これは、中古物件の売主が特定の仲介会社にだけ買主を探したりする権限を与えているかどうかの違いです。

Aさんのケースは、大手デベロッパー系の仲介会社が売主から買主を探す依頼を受けていましたが、ほかの仲介会社でも紹介できる物件でした。そこで、私たちが買主であるAさんの側に立ち、売主の側に立つ大手デベロッパー系の仲介会社を通じて売主と交渉するという形をとりました。

Aさんからは、私たちの担当者の説明がとてもロジカルで、さまざまなデータを用いた分析も分かりやすく、また相談の場で売主の登記簿謄本等の情報をリアルタイムでネットから取得するといったスピード感にも納得いただけたようです。

特によかったのは、フランチャイズ系の仲介会社で紹介された金融機関でのローン審査では自己資金が400万円ほど必要でしたが、私たちが紹介した金融機関では必要な自己資金が100万円ほどで済んだことです。それ以外の条件についてもとても満足されていました。

最後に、Aさんに自身の経験から不動産投資を検討している人へのアドバイスをお願いしました。

一つは、不動産投資はレバレッジが効くので、自己資金がそれほどない若い世代ほど有利だということです。もう一つは、借金はこわい、自己資金が貯まってからでないと、といった先入観を取り払うことが大切だということでした。

2. 足かせとなっていた7戸の区分マンションをいったん売却、自宅購入後に再び将来の年金目的で挑戦

セミナーで営業マンから勢いよく提案され気づいたら7戸購入

金融機関にお勤めのBさんが不動産投資に関心をもったのは30代前半の頃です。金融機関は高年収で社会的なステータスも高いですが、場合によっては50歳前後で役職定年（管理職のポジションを解かれること）となり、取引先企業や関連会社への転職を勧められたりもします。

なんとか早いうちから将来に備えた資産形成のために投資を行おうと思ったAさんは、ビジ

物件購入者の情報

プロフィール	年　　齢：40代 職　　業：会社員（大手金融機関） 性　　別：男性 家族構成：4人（配偶者、子供2人） 年　　収：1,200万円 保有資産：3,000万円
目的ときっかけ	30代の頃に年金に不安を抱き、ビジネスや資産形成に関する本を読み漁った。不動産投資ローンが完済する35年後にはちょうど賃貸が年金代わりになると思い、30戸のうちに3戸の新築分譲マンションを購入し不動産投資を開始。その後4戸を買い増して計7戸を運用。
物件概要	物件種別：区分マンション 所 在 地：東京都大田区 築 年 数：新築 専有面積：25.80㎡ 物件価格：3,200万円

資金計画	金融機関：ノンバンク 借入金額：3,200万円 自己資金：0円（諸経費含め100万円） 金　　利：1.7% 返済期間：34年 返済月額：103,000円 団　　信：がん団信
収支計画	月額賃料：104,500円→表面利回り3.9% 管理費等：7,000円 固定資産税等：100,000円 保 険 料：10,000円（5年間） 減価償却：約150,000円
シミュレーターによる参考値	Pスコア：3.22 適正利回り：3.94% 適正価格：3,170万円

ネスや資産形成に関する本を読み、不動産投資こそ年金不安の解消に最適だと思ったそうです。30代前半で不動産投資を始めれば、35年返済でローンを組んでも65歳前後には完済でき、あとは賃料収入がそのまま手元に残ります。場合によっては早期退職の割増金などでローンの一部を繰り上げ返済すれば、キャッシュフローを黒字にすることも可能です。そして年金受給の年齢までいけばひと安心と考えました。

こうしてBさんは不動産投資の本格的な勉強を始めるとともに、もっと深く知りたいという思いから不動産投資の勉強会をネット検索し、３社のセミナーに参加したそうです。

そのうちの1社の営業マンから勢いよく提案をされ、都心の新築区分マンションを3戸まとめて購入しました。さらに別の会社でも4戸購入したといいます。

勤務先や年収といった属性が良いためここまで一気に保有物件を増やすことができたと思いますが、あまりに急ぎすぎという印象は拭えません。しかも全物件、サブリース付きです。

サブリースがすべてダメということはありません。しかし最初に購入された3戸は都心の新築であり、サブリース付きでなくても空室の心配はほぼ皆無です。むしろ、新築ならではのプレミアムがついた賃料収入が得られるのにサブリースでそれを放棄してしまっています。

自宅購入のために全物件をいったん売却

その後、Bさんは自宅の購入を検討しましたが、7戸の区分マンションとその借り入れが住宅ローンのネックになりそうなので、いったんは自宅購入を見送る判断をしました。

その頃、私たちのセミナーに参加されたことをきっかけに相談を受けました。私たちのアドバイスは、投資用の7戸をいったん全部売却するということでした。それによって不動産投資ローンをなくし、もともともっていらっしゃる不動産投資における高い属性と与信力をゼロから組み立て直すことにしたのです。

ただし、保有されている物件は中古のサブリース付きということで利回りが低く、買い手がなかなか見つかりません。売却活動は難航しましたが、結果的にバルク（7戸を一括しての売却）で、大きな手出しをすることなく売却することができました。

再度、不動産投資をスタート

７戸の区分マンションの売却と同時並行でＢさんは自宅購入を進め、こちらも希望どおりの物件を購入することに成功しました。そしてＢさんは、もう一度不動産投資に挑戦することにしたのです。

これまでの経験から分かったことは、新築デベロッパーは新築物件を、買取再販業者は買い取った中古物件しかないということです。そうではなく新築と中古、あるいは自社物件と仲介物件など幅広く、顧客の条件や意向に沿ったものをフラットに選べる不動産会社をパートナーに選ぶことが重要だと考えたといいます。

引き続き相談を受けた私たちは、新築・中古を問わず都内で10戸ほどの物件を紹介しました。ただ、Ｂさんはもともと、築15年くらいがちょうど価格も下がっていてお得に購入できるのではないかという発想でした。私たちが紹介したなかにも確かにそれくらいの築年数で値ごろ感のある物件がいくつかありましたが、いずれも浴室と洗面台がセットになっている「2点ユニット」です。

また、私たちは街と建物によって、この10年で賃料が上がっている物件とそうでない物件を丁寧に比較し、条件整理を行いました。

こうしたカウンセリングを通してBさんは、一見値ごろ感のある中古物件が実は設備面で競争力は低く、これから修繕や改修も必要であることから疑問に感じるようになりました。むしろ10年先、20年先を考えると新築や築浅の物件が良いと考え、大田区で竣工後半年程度の物件を購入することにしました。

もちろん、Bさんには正直、不安もあったそうです。

不安に感じることとしては、購入した物件は築浅で設備面も申し分ありませんが、駅から少し遠いのが気になっていたそうです。ただ、周辺エリアはこれから再開発が進む予定であり、中長期で保有することを前提に購入しているので将来の出口に関しては期待感のほうが大きいとの結論に至りました。

過去の経験から不動産投資にあまり良い思いをもっていなかったBさんですが、別の言い方をすると不動産投資においては付き合う担当者が大事であり、いろいろ話を聞いて納得できるかどうかを大事にすべきとのことでした。

3．節税目的で1棟アパートを検討していたものの資産形成のため区分マンションに方向転換

1棟ものは利回りが高く節税効果が高い？

金融機関にお勤めで30代のCさんは職業柄、資産運用の方法に触れる機会が多く、なかでも不動産投資は資産形成としてレバレッジが効くため、以前から関心をもっていました。

特に、中古の1棟アパートは利回りが高いものが多く、また木造は建物の耐用年数が短いので減価償却費を当初は多く計上でき、節税効果が高いのも魅力だと思っていたそうです。

しかし、いろいろ調べていくと、中古1棟アパートといっても都内で探すとなると金額が高く利回りもその分低下することに気づきました。一方、郊外や地方になると利回りは上がりますが、その分空室や将来の値下がりなどリスクも上がります。特に将来、自分で管理も行うつもりだったので、そうなると郊外や地方は現実的ではないとの結論に達しました。

そして、都内で資産性の高い区分マンションを、じっくり時間を掛けながら着実に増やして

物件購入者の情報

プロフィール	年　　齢：30 代 職　　業：会社員（大手金融機関） 性　　別：男性 家族構成：4 人（配偶者、子供 2 人） 年　　収：1,000 万円 保有資産：1,000 万円
目的ときっかけ	仕事柄、資産運用について触れる機会が多く、会社員としての与信力の活用とレバレッジ効果を享受できる不動産投資について、以前から興味をもっていた。
物件概要	物件種別：区分マンション 所 在 地：東京都北区 築 年 数：築浅 専有面積：25.45 ㎡ 物件価格：2,680 万円

資金計画	金融機関：地方銀行 借入金額：2,680 万円 自己資金：0 円（諸経費含め約 100 万円） 金　　利：1.5% 返済期間：35 年 返済月額：82,000 円 団　　信：一般団信
収支計画	月額賃料：104,000 円→表面利回り 4.66% 管理費等：10,500 円 固定資産税等：100,000 円 保 険 料：10,000 円（5 年間） 減価償却：約 150,000 円
シミュレーターによる参考値	Ｐスコア：3.06 適正利回り：4.01 適正価格：3,110 万円

いく戦略に切り替えたのです。

新築、中古を見比べ竣工後半年の物件を購入

実査に物件を探すなか、私たちにも資料請求していただきCさんとのお付き合いがスタートしました。

Cさんは自分で不動産投資の書籍に何冊も目を通していましたが、実際の市場の動向や取引のポイントについては知識不足を感じていたため信頼できるパートナーがいる不動産会社で物件を買いたいと思っていたそうです。

その点、私たちは新築、中古を問わず幅広い物件情報を提供するほか、さまざまな金融機関とのリレーションをもっておりその融資動向に精通しています。また、区分マンションの資産価値や居住性を左右する管理についての知見も豊富です。

こうした点を評価していただき、新築、中古の物件をいくつか紹介したなかでCさんは都内で竣工後半年ほどの物件を購入することにされました。

ただ、初めての不動産投資だけに不安もあったようです。

不安に感じることとしては、購入した物件は築浅で賃料はしっかり取れるものの、この先賃料の下落が起きないかどうか、そうなったときどの程度リスクを抑えられるか、といった点が気になったそうです。ただ、最寄駅から2分程度の好立地ですし、街の再開発も計画されていて将来的には値上がりの期待もあります。

さらに、資金計画においてはほぼフルローンで、自己資金はほとんど使っていません。金融機関勤務という高い属性と与信枠を活用して投資用不動産を保有できるレバレッジ効果を改めて認識したとのことで、今後の買い増しも検討されています。

4. 法人設立2期目ながら節税対策として不動産投資をスタート

不動産投資に対していい印象はなかった

会社員時代から個人事業主として活動していた30代のDさんは2年前、事業の法人化に踏み

物件購入者の情報

プロフィール	年　　齢：30 代 職　　業：IT 業（代表取締役） 性　　別：男性 家族構成：4 人（配偶者、子供 2 人） 年　　収：1,500 万円 保有資産：2,200 万円
目的ときっかけ	購入時期：2022 年 7 月 目　　的：法人における資産形成 きっかけ：数年前のマイホーム購入時、知人のなかで不動産投資をしている人がいるのを知ったこと。
物件概要	物件種別：区分マンション 所 在 地：東京都大田区 築 年 数：新築 専有面積：25.80 ㎡ 物件価格：3,200 万円

資金計画	金融機関：信用組合 借入金額：2,500 万円 自己資金：700 万円（諸経費含め約 800 万円） 金　　利：2% 返済期間：35 年 返済月額：83,000 円 団　　信：なし
収支計画	月額賃料：104,500→表面利回り 3.9% 管理費等：7,000 円 固定資産税等：100,000 円 保 険 料：10,000 円（5 年間） 減価償却：約 150,000 円
シミュレーターによる参考値	Ｐスコア：3.23 適正利回り：3.93% 適正価格：3,200 万円

切りました。法人化したあとも業績は順調ですが、初めての決算時に法人税が想定以上に掛かることに気づきました。

法人の利益をもっとうまく活用する方法はないか、と考えたDさんは、別の企業を買収することや新しい法人を立ち上げることなどを検討したそうです。

法人における税金対策としては、不動産投資も考えられます。ただ、Dさんはこれまで投資としては株式やFXを手掛けていて、不動産投資は面倒なもの、不動産会社は信用できないといったイメージがあったといいます。

とはいえ、3年ほど前にマイホームを購入した経験があり、また知人で不動産投資をしている人から話を聞くなどして、結局は税金対策として不動産投資が最も適切であるとの結論に至りました。

もう一つ問題だったのは、法人として不動産投資を行う場合は事業融資としてローンを借りることになることです。事業融資について金融機関は通常、3期分の決算書類を求めます。Dさんの場合、1期目の決算が終わったばかりでした。

金融機関との交渉には入念な準備が鍵

そんなとき、私たちに相談がありました。私たちは多くの金融機関とのパイプがあり、その情報と経験からいうと、3期分の決算資料がなくても事業融資を検討してくれる金融機関はあります。ただし、それには健全な決算と財務状況であることが大前提となり、またオフィスが実在するのかどうかも重要です。オフィスがきちんとあり、金融機関の担当者が訪問できることは融資を受ける上で重要なポイントなのです。

こうした点をDさんの会社はクリアされており、結果的に法人2期目にもかかわらず、金利2％、返済期間35年でローンを借り、区分マンションを購入することができました。

今回の物件に関しては、立地、築年数、賃料相場などトータルバランスに優れているとDさんは考えています。今後、賃料収入を得ながら売却時にどうなるかが楽しみだともおっしゃっています。

私たちからみても、1戸目ということもあって手堅い物件をご購入されていること、そして今回の購入で法人として不動産賃貸の経験を積めたことから、今後も順調に物件を増やしていくことが期待されます。

なお、一般論として、法人で事業融資を受けるために準備しておくべきことを整理すると、次のようになります。

・商業登記上の「本店」のほか業務に従事するいわゆる「支店」を設置しておくこと
・融資審査に必要な法人としての決算書、登記簿謄本、定款などの書面を整えておくこと
・確定申告書類は3期分をそろえておくこと

法人での不動産投資では、事前に商業登記を整えておくことや書面の準備が必要になります。

5. 将来に向けた資産形成と年金対策として不動産投資は40代からでも可能

購入時はフルローン、定年退職時に一括返済

Eさんは都内の中小企業に勤める40代の会社員です。

物件購入者の情報

プロフィール	年　　齢：40 代 職　　業：会社員（雑誌編集者） 性　　別：女性 家族構成：単身者 年　　収：650 万円 保有資産：300 万円
目的ときっかけ	購入時期：2022 年 10 月末 目　　的：資産形成、年金 きっかけ：自宅マンションを賃貸に出した経験から不動産投資に興味をもった。
物件概要	物件種別：区分マンション 所 在 地：東京都北区 築 年 数：築浅 専有面積：25.45 ㎡ 物件価格：3,000 万円

資金計画	金融機関：ノンバンク 借入金額：3,000 万円 自己資金：0 円（諸経費含め約 80 万円） 金　　利：1.7% 返済期間：35 年 返済月額：95,000 円 団　　信：50%がん保障団信
収支計画	月額賃料：空室（119,000 円にて募集中） →表面利回り 4.7% 管理費等：7,300 円＋インターネット費用 980 円 固定資産税等：3,100 円 保 険 料：10,000 円（5 年間） 減価償却：約 150,000 円
シミュレーターによる参考値	Ｐスコア：3.13 適正利回り：3.98% 適正価格：3,580 万円

不動産投資を考えるようになったきっかけは、もともと自宅として住んでいた区分マンションを賃貸に出したことです。分譲マンションの管理会社の変更に伴い、ルールが厳しくなったことで生活利便性が下がったため、賃貸マンションに引っ越しました。

そうすると毎月、貸したマンションの賃料と住んでいるマンションの賃料の差額が副収入になります。将来の資産形成や年金対策として、がぜん不動産投資に興味が湧いてきたそうです。

都心の区分マンションによる資産形成は、ローンの返済期間を考えると30代から始めるのが理想的ですが、40代でもまだまだ間に合います。

不動産投資ローンの多くは完済時の年齢制限を80歳としており、45歳までであれば最長35年返済で借りることが可能です。そして、定年退職などでまとまった資金ができた際、繰り上げ返済することでその後は賃料収入を私的な年金として得ることができます。

Eさんもそうした考えで40代から不動産投資を始めました。

Eさんはまず、自分がどれくらい不動産投資ローンを借りられるかを知るため、私たちのサービスを利用することにしました。それがきっかけで物件の問い合わせもいただき、面談がスタートしました。

東京都北区にある2つの物件をご紹介したところ、すぐ近くで居住歴もあり土地勘のある赤羽の物件を選ばれ、借り入れを打診した金融機関からはフルローンが可能との返事で、とんとん拍子に契約へと進みました。

現在のところ、賃料収入とローン返済額はほぼ同じです。さらにがん特約の付いた団信に加入されたことでこれまで加入していた生命保険の見直しも行い、キャッシュフローは安定しています。

今後はインフレのほか周辺の再開発が予定されており、賃料や物件価格の上昇も期待できそうです。

なお、自宅を賃貸に出している場合、自宅のローン返済がすでに終わっているのであれば、レバレッジを活用するため自宅を共同担保に入れるという方法もあります。特に購入物件の評価や借主の属性によってフルローンが難しい場合は有効です。

そのほか、不動産投資ローンを上手に活用することは不動産投資の成否を左右する重要なポイントです。不動産投資ローンに詳しい専門家に相談することをお勧めします。

おわりに

これから訪れるであろうインフレの時代に家計を守り資産を増やしていくため、不動産はとても魅力的な投資対象です。

しかし、不動産投資の世界にはまだまだ怪しげなサービスや間違った情報、前時代的なマーケティングがはびこっています。

その原因としては、個別性が高くリスクを判断しにくい不動産そのものの特性や、情報をなかなかオープンにしない業界の体質などがあります。

結果的に不動産投資の可能性が正しく認識されず、投資方法としてうまく活用されていないのではないかというのが私たちの問題意識です。

こうした状況を変えるため、私たちにできることは何なのか。

私自身は長年金融の世界に身を置き、複数の金融機関で住宅ローンの証券化などに携わってきました。また、個人的にも複数の不動産に投資し、資産を作ってきました。さらに、当社グループ内にはさまざまな不動産の売買、賃貸、管理に精通した不動産マニアと呼ぶにふさわしいメンバーや、金融とＩＴの双方に詳しくＡＩを使ったビッグデータの分析を得意とするメンバーなどがいます。

そこで私たちは金融×不動産×ＩＴ（ＡＩ）の融合によって、日本初の不動産のリスクを可視化するスコアリングモデルである「Ｐスコア」を開発しました（Ｐスコアは現在ビジネスモデル特許出願中）。また、「Ｐスコア」を多くの人に利用してもらうため「INVASE価格・利回りシミュレーター」という無料サービスをネット上に公開しており、下のＱＲコードからログインできます。

※「Ｐスコア」および「INVASE価格・利回りシミュレーター」は現在のところ、東京23区と横浜市、川崎市にある50㎡以下のコンパクト型区分マンションのみを対象としています。

私たちが目指しているのは、不動産のリスクとリターンを可視化し、多くの人が株式や債券といった一般的な金融商品と同じように安心して不動産に投資できる環境を作り出すことです。

市場参加者が多くなれば、売買が活発になり、流動性が高まります。それにより投資のリスクが下がり、さらに多くの人が参加できる市場になります。

不動産投資には、この本で説明してきたとおり、さまざまなメリットがあります。まず、自己資金をほとんど使わずに資産形成できるレバレッジ効果、インフレ時に価格が上昇するインフレ耐久性、ローンに優れた保険が付いているセーフガード機能、など、ほかの金融商品ではなかなか実現できないメリットがあるのです。あとはほかの金融商品並に流動性が付与されれば最強の投資手段になるのではないでしょうか。

投資ですからそこにはもちろんリスクがあります。誰でも簡単に儲かるというわけではありません。重要なことは何らかのリスク指標があり、必ずしも不動産の専門家ではない多くの人が、自分が取っているリスクとリターンを客観的に正確に理解し、安全に投資できる環境が用意されているかどうかということです。

本書を通じてぜひ不動産投資の可能性について理解を深め、うまく不動産投資を活用するきっかけとして頂けたらと思います。

最後に、本書の作成において多くの人の協力をいただきました。まず第3章で説明した日本初の投資用不動産のリスク指標である「Ｐスコア」は、株式会社ＭＦＳのモーゲージ・リサーチ・アンド・アナリティクスチームに所属する堀江勇介さんと村上未紗さんの協力のもと開発されたモデルです。お二人には、約230万件に及ぶ膨大なデータの抽出、クリーニングから分析、AIツールを使ったモデル作成およびその調整などさまざまな作業を担当していただきました。

さらに第4章の不動産に関する情報や第6章の事例は、コンドミニアム・アセットマネジメント株式会社の代表取締役である渕ノ上弘和さんから多くの情報を提供していただきました。この貢献なくしては、本書は成立しませんでした。ここに深く感謝します。

なお、本書の内容についてはすべて私の責任となることを明記しておきます。

2023年2月吉日

中山田 明

〈著者紹介〉

中山田 明（なかやまだ あきら）

1967年大阪府出身。東京大学経済学部卒業後、1991年三井物産株式会社へ入社。退職後、1993年キダー・ピーボディ証券株式会社にて外国債券営業部、1994年SBCウォーバーク証券株式会社にて金利派生商品部、1996年モルガン・スタンレー証券株式会社にて外国債券営業部に所属。
1998年ベアー・スターンズ証券株式会社に入社し証券化グループVPとして日本初の住宅ローン証券化案件に関わる。その後2000年より約9年間株式会社新生銀行（現SBI新生銀行）キャピタルマーケッツ部部長および住宅ローン証券化チーム責任者として5000億円以上の住宅ローン証券化案件を組成する。2011年SBIモーゲージ株式会社（現ARUHI）入社、翌年CFOに就任。2014年MFS創業、代表取締役CEO就任。

本書についての
ご意見・ご感想はコチラ

金融商品として考える不動産投資

2023年2月20日　第1刷発行

著　者　　中山田 明
発行人　　久保田貴幸

発行元　　株式会社 幻冬舎メディアコンサルティング
〒151-0051　東京都渋谷区千駄ヶ谷4-9-7
電話　03-5411-6440（編集）

発売元　　株式会社 幻冬舎
〒151-0051　東京都渋谷区千駄ヶ谷4-9-7
電話　03-5411-6222（営業）

印刷・製本　中央精版印刷株式会社
装　丁　　弓田和則

検印廃止
©AKIRA NAKAYAMADA, GENTOSHA MEDIA CONSULTING 2023
Printed in Japan
ISBN 978-4-344-94160-1 C0033
幻冬舎メディアコンサルティングＨＰ
https://www.gentosha-mc.com/

※落丁本、乱丁本は購入書店を明記のうえ、小社宛にお送りください。
送料小社負担にてお取替えいたします。
※本書の一部あるいは全部を、著作者の承諾を得ずに無断で複写・複製することは
禁じられています。
定価はカバーに表示してあります。

JN006083

借金地獄寸前の
サラリーマン大家だった僕が、
月収300万円になった「4つ」の投資術！

40万円の資金からはじめる令和の不動産錬金術！

元サラリーマン大家

KENJI

はじめに

無知な平凡サラリーマンＫＥＮＪＩが、不動産収入でセミリタイアするまで！

読者の皆さん、はじめまして！

今年3月までサラリーマンだったＫＥＮＪＩと申します。35歳、既婚で息子がいます。

私は**副業で不動産投資を行い、中古アパート３棟、戸建て５戸、旅館を１軒、レンタルスペース12室を運営**してきました。

そして、２０１９年の年末には、**毎月の副業収入が約３００万円、キャッシュフロー（収入からローン返済や経費を引いた金額。税金は加味しません）が１００万円となり、給料なしでも経済的自由を得ることに成功し、夢にまで見た脱サラを実現しました！**

この「４つ」の不動産投資のおかげで家賃収入は安定しているものの、月々のローン返済や一部家賃以外の事業収入（レンタルスペース・旅館など）があるため油断はできません。それでも、専業大家としてストレスなく毎日楽しく暮らしています。

前述の通り、私は数カ月前までずっとサラリーマン生活を送っていました。

ただし、**就職する前はバンド活動をしつつフリーターをして**おり、いわゆる型にはまるのが嫌いというか、ちゃんと勉強していい大学に入って、安定的な企業に就職するという意識がまったくないタイプの人間でした。


つまり、サラリーマンに向いてない人間だったのです。そういうタイプもいるのです。


就職してからは勤め先や上司に恵まれず、転職を繰り返しました。元バンドマンで転職ばかりというと、だいぶ破天荒な印象を与えてしまうかもしれません。

しかし、自分でいうのもなんですが、いたって穏やかで真面目な性格でコツコツと努力を続けるのが好きなタイプです。


そんな私が不動産投資を知ったのは5年前、2015年のことでした。

パワハラ上司に心も身体も追い詰められて、サラリーマン人生に限界を感じた私は、藁にも縋る思いで、不動産投資をはじめたのです。

はじめは見よう見まねで戸建てを現金購入。仕事もこなしつつ、夫婦で力を合わせてDIY、側で眠る赤ちゃん（息子）の面倒を見ながらと、とても大変でしたが、念願の不動産投資を始められたことでとても幸せな気分でした。
ここまで話すと順調そうに不動産投資をスタートしたように見えますが、世の中そんなに甘くはありません。

翌年、私は無知や焦りのため「地獄」行きの恐怖を味わうことになります。

当時は2018年に話題となったスルガ銀行の不正融資事件（スルガショック）前ということもあり、簡単に高額融資が出ており、「ハイレバレッジこそが最高の不動産投資手法だ！」という考え方が横行していました。

簡単にいえば、サラリーマン属性（社会的な信用）を利用して、借りられるだけお金を借りて、短期間で資産規模を増やしていく・・・そんな今では信じられないような投資法ができた時代だったのです。

素人だった私も、その波に乗ります。戸建て投資ではスピードが遅いと考えたのが理由ですが、リスクをまったく自覚しないまま、ハイレバレッジ投資に突っ走ってしまったのです。

結果・・・私はスルガ銀行を中心に**1年間で2億円の借金を背負うことに・・・。**

順調ならまだしも2号・3号物件では、契約直前に1部屋空室という話が、さらに

3部屋の空室が増えて、合わせて4部屋もの空室を抱えてしまいました。私は**この空室をどうすることもできず、キャッシュフローを得るどころか、利益は0**となってしまいました。

かろうじて持ち出しはありませんでしたが、**今後もっと空室が増え、さらに修繕費などもかかることは予測できました。そうなると完全に赤字です。**

万が一、そのような事態が続けば、破綻しかありません。「甘かった」「勉強不足だった」どんなに悔やんでも後の祭りです。

「地獄行き」寸前の私は、**毎晩ベッドでのたうち回り、全く眠れない苦しい日々を送るハメになりました。**仕事も手につかず、絶えず妻と息子の悲しむ顔がよぎります。

「このままではダメだ・・・なんとかしないと！」

そう考えた私は死ぬ気で行動に出ました。ゼロからではなくマイナスの逆境からの再スタートでした。

まずは、半年以上も空室が続いたアパートの空室原因を探り、必死に埋めました。

そして収入を増やすために原点に立ち返って高利回りのボロ戸建てを現金購入。**現金**

が尽きてからも足を止めず、元手のかからない転貸でのレンタルスペース事業をスタート。また、わずかに残った融資枠をフル活用して、観光地の飛騨高山で利益率の高い旅館業も開始しました。

２０１８年から**約２年間、来る日も来る日も大家業。仕事どころではありませんので、出来る限りの有給を使い全てをかけて**挑みました。

すると、ある月から徐々にキャッシュがまわりはじめたのです。それでもさらにエンジンをかけて収入を増やすために、余剰収入を突っ込んでレンタルスペースを12室まで増やし続けました。

その後、決済日に**通帳を眺めていると、多少の空室など全く気にならないほどのキャッシュフローが得られる収入になっていた**ことに驚きました。

その時、**私は「地獄行き」から逃れられたことをようやく実感**しました・・・。

そして、冷静になって考えてみると、もうサラリーは不要、ストレスをかかえてまで会社に行く必要もないことに気がついたのです。**翌日には会社に退職届を出していました。**

もちろん、私はまだまだ途上中で、悠々自適に過ごすというようなステージではありません。

レンタルスペースや旅館は大家業というよりは不動産を利用した事業ですから、今のところは、まだ私も現場を駆け回っています（妻や有能なスタッフさんの力も借りています）。

とはいっても、**会社勤めの時間はなくなりましたので、家族と夕ご飯を楽しんだり、のんびり旅行を楽しんだり、車で１０００キロの旅にトライしたり、平日の大家さんの集まり**に行ったりなど毎日を楽しんでいます。

また、「地獄行き」から解放された時、**どうにかしてこの私の経験を同じ境遇である「不遇なサラリーマンの方」「不動産事業で苦しむ大家さん」「もっと自由に生きたい方」など、多くの方に伝えたい気持ち**がわいてきました。もちろん、私自身を反面教師として、今だからこそわかる「地獄行き」にならないような上手なやり方をお伝えしたかったのです。

そして、本にしようと文章にまとめたものを、出版社さんに認められ晴れてこの本が世に出ることになりました。

私のやり方に、とくに難しいことはありません。

サラリーマンと兼業でもできますし、今のような融資を受けにくい時代には、現金だけの投資手法を選んでいただく手法もあります。

資金ゼロでも、初期費用のかからないレンタルスペース投資なら数カ月の貯金だけですぐにはじめられます。どんな方でもどれかの不動産投資をはじめらるような内容を盛り込みました。

また、世の中には不動産投資に大成功しているスーパー大家さんもたくさんいますが、私と同じように失敗をしている方も多くいるのではないでしょうか。

もしくは、これからはじめる方で「ＫＥＮＪＩみたいな失敗はしたくない！」という方もいることでしょう。**ぜひ私の失敗体験を笑いながら、「地獄行き」を逃れていただければ本望**です。

本書をきっかけに、みなさまが「天国行き」の乗車券を掴んでいただければ嬉しい限りです！

ＫＥＮＪＩ

◆目次

第2章 地獄の毎日から復活! 不動産月収300万円大家KENJIが誕生するまで

第3章 私の不動産投資の原点「ボロ戸建て投資」

第4章 一歩間違えば地獄行き！「一棟中古アパート投資」

第5章 利回り100％超え！初期費用30万円からはじめる「レンタルスペース投資」

第6章　たった1泊で5万円!?　大きな夢を抱ける「宿泊業」

第7章 ＫＥＮＪｉの師匠たち！ 各分野の著名投資家さんに聞いた〝極秘〟不動産術

第1章

ブラック企業勤務に加え、不動産投資で失敗して**地獄行き寸前**に・・・

第1章では自己紹介を兼ねて不動産投資を開始するまでのストーリーと、なぜ不動産投資をするようになったのか？

また、不動産投資を始めたものの、なぜひどい失敗をしてしまったのか。その理由についてお伝えします。

２０１８年に起こった「かぼちゃの馬車」事件に代表される「スルガ（銀行）スキーム」の被害者は、勉強せずに始めた投資家が圧倒的に多いようです。

しかし、私の場合は数10冊の本を読んで勉強し、セオリー通りのスモールスタートで、１棟目はそれなりに成功してからの失敗です。その点は非常に珍しいかもしれません。

1 妻と結婚するために就職

私は愛知県で生まれ育ちました。

サラリーマンの父と専業主婦の母、弟の４人家族という、ごく普通の家庭です。

両親から、「しっかり勉強をして一流大学に進学し、立派な企業へ就職するように」と言い聞かされながら育てられました。

人とのコミュニケーションは苦手でしたが、勉強はそこそこできる方でした。小学校では児童会長を務め、周囲からもてはやされて過ごしてきました。

しかし、中学生になってから状況が一変します。私が進学した地元の公立中学校は、周辺学区にも名をとどろかすヤンキー中学だったのです。

それまで唯一のよりどころにしていたテストの点数の良さが、むしろこの学校では「ガリ勉」とマイナスのレッテルを貼られてしまったのです。

そこで負けず嫌いの私は、「それなら自分もヤンキーになろう！」と思い立ちました。

さっそく勉強を放棄して髪を茶色に染め、眉毛も細く整えて粋がってはみたものの、どうもうまくいきません。

自分なりに悪ぶって授業中に黒板を目がけて投げたつもりの消しゴムが、ヤンキーの後頭部を直撃してしまい、思い切り顔面を殴られたりと・・・なんとも情けない思いをしました。

そんなボンクラ中学生活も卒業する日が迫ってきました。

私はヤンキーにはなれなかったのですが、高校に行っても地味だとバカにされるのはイヤだったので、「それなら校則の緩い進学校に通えばいいや」と思いつきました。やめていた勉強も再開、その結果なんとか進学校に合格できたのです。

入学さえすればこっちのもの。私は早速ピアスを開け、当時に流行っていたツイストパーマをかけました。ところが、ここでも持ち前のコミュニケーション能力の低さのせいで、彼女はおろか友達といえる仲間もつくれませんでした。

これは何かがおかしい。私なりにいろいろと思いめぐらしてみると、「社会が悪い」という結論に到りました。

そして私はパンクバンドを始めるのです。

このバンド活動は大学に進学してからも続けていたのですが、アルバイト先のマンガ喫茶で音楽好きの女性に出逢いました。お互いにロックが好きで意気投合しますが、その彼女が現在の妻です。

それからは人生が楽しくなりバンドにものめり込んでいったところ、なんとスポンサーが現れ、あるレーベルからCDが全国発売されました。これが大学4年生の時です。まわりが就活で忙しくしている中、私はもみあげだけ金髪にして尖らせる奇妙な風体をしていました。当然ですが就職はせずフリーターになり、中古CD屋でアルバイト生活をする日々に明け暮れます。

しかし、鳴り物入りでリリースされたCDは一向に売れる気配もなく、やがて彼女（妻）にはお見合いの話が舞い込みます。

現実を突きつけられた私は目が覚め、ようやく就職を決意したのです。金髪のもみあげも剃りました。

2 罵声を浴びせられる日々

初めて就職したのは、ＩＴ系のソフト販売の会社です。

ハローワークで応募し、とても優しい営業所長に採用していただいたので、ここで一生勤め上げるつもりで初出社の朝を迎えたのですが、社内の雰囲気がやや私のイメージとは違いました。

男性社員の髪型が、なんと全員オールバックもしくはリーゼントだったのです。私の嫌な予感はすぐに的中し、それからは理不尽な日々が始まりました。

・若いヤツは勉強する必要があるから21時前に帰ってはならない
・営業カバンは先輩より重くなくてはならない
・先輩の誘いのキャバクラを断ると社内で居場所がなくなる

挙げ出したらキリがないのですが、どうして守らなくてはならないのか理解できない厳しいルールが無数にありました。

とにかく上司から毎日のように人格否定の罵声を浴びせられ、辛い日々が続きました。私はパンクどころではなくなり、すっかり打ちのめされてしまったのです。

それからというもの「私の居場所はここではない」と何度も転職を繰り返すのですが、行く先々の全てが今でいうブラック企業でした。

20代の中盤は常に追い詰められ、楽しかった記憶がほとんどありません。


中小企業は、オーナーの独占企業の場合が多いものです。

例えば、3社目に在籍した会社を例に挙げると、創業者の娘（60代）である副社長が社内で一番権力を握っていました。少しでも彼女のご機嫌を損ねると倉庫担当に左遷されてしまうなど、理不尽なパワハラが横行していたのです。

中には、赤い柄の入った靴下を履いていただけで「問題社員」と認定されてしまった同僚もおり、社内ではひと時も心が休まりませんでした。

3 大企業への転職へ成功！

それがある時、大企業へ転職ができました。

自動車メーカー系の大手商社だったのですが、事業拡大につき中途社員を大量採用するタイミングで滑り込めたのです。

その会社の社員は、私とは程遠い高学歴で輝かしい経歴の人ばかり。入社当初はキャリアもなく仕事もできない自分が情けなく、コンプレックスで押しつぶされそうになりました。

しかし、私はその会社で粘り続け、同僚が尻込みするような大型プロジェクトにいち早く参画して成功に導いたり、それまでは全くできなかった英語も、わずかな隙間を見つけて勉強したりと全力で取り組みました。

努力の甲斐もあり、数年後にはプロジェクトの成功で社長賞を受賞します。

また、海外営業として東南アジアを飛び回り、数億円規模の案件で契約に成功し、社内でも一目置かれる存在になっていきました。

それでもサラリーマンとしての栄光を手にしたのは、ほんの半年ほどしかありません。

転機は、ある日突然に訪れました。

新しく私の部署に配属されたのが、とんでもないパワハラ上司だったのです。まるで『ドラえもん』のジャイアンで、自分の思い通りにならない部下に対しては権力を振るって強制的に従わせます。

一方で彼の上司に対しては、映画版ジャイアンのように人情派で憎めないキャラクターへと変貌するのです。

彼が考えることは自分の保身のみでした。

彼の上司に報告するための対策会議、その対策会議の事前打合せ、事前打合せのすり合せ。すり合せに用意する資料作成など、本当に意味があるのかよくわからない仕事が雪だるま式に増え、過酷な労働環境になっていきました。

社内にいる時は、午前9時の出社から定時の午後5時半まではひたすら会議と打合せに追われ、定時から夜中の11時までは翌日の会議の資料作成というのが定番でした。

その過密なスケジュールを遂行しながら、自動車メーカーを含めた30社以上の顧客対応をこなし、1カ月のうち1週間は東南アジアへ出張してハードな交渉を行わなければならず、ただただ疲弊する日々が続きました。

そんな激務の中で、会社だけに依存する人生はあまりにもリスクが大きすぎ、「このままでは身が持たない！」と危機感に苛まれました。

4 会社依存する人生からの脱出を決意

もともと私はビジネス書などを読むのが好きでしたが、評価の高い書籍を探して読んでいる中で、ロバート・キヨサキ氏の『金持ち父さん 貧乏父さん』（筑摩書房）と出会いました。

そして、私が会社の給料に依存し、身体と心をすり減らしながら働いている今の姿は、まさにこの本で描かれてあるラットレースそのものだと感じたのです。

「従業員としての労働収入に頼っていては、自由に生きられない」と考え、「どうにかして副収入を得たい！」という想いが日に日に強くなっていきました。

それ以降、空き時間には副業や投資、マネー系の本を読み漁り、移動中にもオーディオブックを聴くようになりました。

ある休日、車で移動中に坂下仁さんの『いますぐ妻を社長にしなさい』（サンマーク出版）のオーディオブックを流していました。助手席の妻と一緒に聴いていたのですが、二人とも「これ良くない？」と意見が合致したのです。

妻が社長になれば会社の副業規定を気にする必要がなく、法人をつくることで副業に関するさまざまな費用を経費計上できるからです。夫婦で協力して副収入づくりに取り組むには打って付けの方法です。

次の休日も妻とドライブをしている時、加藤ひろゆきさんの『ボロ物件でも高利回り激安アパート経営』（ダイヤモンド社）を聴きました。二人して「これなら私たちにもできるね！」と意見が合いました。

どうせ行うのなら夫婦でできる副業が良かったので、激安物件をＤＩＹリフォームする手法は、初期投資も少なくシンプルで始めやすいと思えたのです。

5 戸建て投資で不動産投資スタート

それからは戸建て投資の書籍を読んで勉強しました。激安物件もいろいろありますが、まずは中古戸建てから始めようと考えたのです。

何冊か読んだ中で、「これだ！」と思ったのが、パート主婦なっちーさん（現在パートはご卒業されています）こと、舛添菜穂子さんの『パート主婦、〝戸建て大家さん〟はじめました！』（ごま書房新社）です。

クロスの張り替えや塗装、ウォールステッカーなどの高度な技術を必要としないDIYリフォームでも物件が生まれ変わるんだと知り、業者さんや入居者さんとのやりとりから、戸建て投資家がどんな行動をしているのかがリアルにイメージできました。

トラブルや失敗事例も多く紹介されており、それを乗り越えて数々の苦労がしっかり家賃収入となって報われているところに心を打たれました。

また、私は妻を社長とした会社を起こすつもりだったので、女性投資家が行っている投資にも惹かれました。それは妻も同様だったようで強く共感していました。

こうして狙いを不動産投資に定め、戸建てをＤＩＹリフォームして大家さんになると決意したのです。

それ以降は中古戸建ての物件情報を毎日チェックする日々が始まったのですが、いかんせん私の本業が忙しくなるばかり。内見に行く時間もろくに取れません。

職場での私は組織のサブリーダー的立場だったので重い責任がありました。自宅から徒歩通勤できる距離が逆に災いし、毎日終電を気にせず夜中の12時を過ぎるまでオフィスで残業していたのです。

週末の土日は本当なら禁止されているのですが、業務が終わらずよく休日出勤をしていました。当然パフォーマンスが落ち業績も悪化していきます。

上司のパワハラも日を追うごとに酷くなり、私は現実逃避で酒に溺れ、家族にも辛くあたるようになり、とうとう体を壊してしまいます。これが２０１５年12月のことです。

体調を崩し、私の業務量は大幅に軽減されました。

私がやらなければ回らないと思い込んでいた組織も、不思議と回っていくものです。

それからは定時で帰れるようになり、土日も休めたので物件探しに本腰を入れることができました。

物件探しで主に見ていたのは不動産情報サイト「アットホーム」(https://www.athome.co.jp/)です。

検索条件に当てはまる物件情報が毎日メールで流れてくる設定にしており、希望条件に近い物件は資料請求し、内見しに行く日々が続きました。

6 2016年、念願の戸建てを購入

会社の仕事納めも終わった2015年12月28日のことです。

朝起きていつものように「アットホーム」の新着情報を眺めていました。年末でもあり、物件情報はいつもより少なく、たしか2件くらいしかなかったと記憶しています。

そのうちの1件がとても気になりました。

価格は300万円。掲載写真は比較的キレイに見え、立地も岐阜市の中では商業施設や学校、病院などの集まる便利な地域にあったのです。

天命を感じた私は、すぐさま業者さんに電話をかけて内見を申込みました。内見の希望日はもちろん「今日」です。

お互いに年末の忙しい時期だったのですが、逆にライバル投資家が動いておらず良いタイミングでした。

不動産業者が既に買い取っている売主物件（売主が直接販売している物件）で、室内は３００万円という価格としては良い状態に思えました。

ただトイレが和式でした。ここだけはプロに頼んで洋式にしてもらい、あとはＤＩＹでリフォームしようと考えました。

建物の前は庭があるのですが、そこに立派なキンモクセイの木と、大量の鉢植えや灯篭、陶器の置物などで鬱蒼としていました。これを全て撤去すれば車を一台停められるのですが、そうすると隣地との境界を越えてしまうのです。

そうしたマイナス条件も説明を受けたうえで、私は書籍を読み知っていた指値をしてみました。２５０万円を希望したところ、少し押し戻され２６５万円で購入に成功しました。

これが私の不動産投資デビューを飾った戸建て1号物件です。

この物件は、トイレ工事と畳の表替え以外は夫婦でＤＩＹリフォームをして完成させました。土日を全てＤＩＹに費やしても、半年以上の期間がかかりました。

クロスは汚れていたので上から塗装し、砂壁も塗装で塗り固めました。大変だったのは天井で、顔に向かって跳ねてくるペンキに苦労しました。

芸大卒の妻のデザイン感覚をフルに詰め込み、白を基調にして一部にブルーグレーを使ったところかなり見栄えが良くなり、古家っぽさを上手く消すことができました。若い夫婦や家族に住んで貰えたらとイメージして、内装は主張しすぎないけれども全体的におしゃれな感じが漂い、清潔感のある仕上がりとなりました。


また、庭に生えているキンモクセイも自力で撤去しました。

チェーンソーのような器具は素人が扱うには危険なので、普通のノコギリで切りました。特に大変だったのが、しっかり地に張り巡らされた根っこの処理です。

幹の下の部分は根っこごと撤去しないと地面が平らにならないので、スコップで根の周りを掘り、１本ずつ切り落としていかなければなりません。この作業は腕の筋力を酷使するので一度では終わらず、少しずつ進めたところ３カ月もかかりました。

その後、近くの客付け業者（賃貸仲介店）を全件回り、入居募集を依頼しました。半年ほどかかりましたが、無事に入居者さんも決まりました。

入居していただいたのは70歳と68歳の年金暮らしのご夫婦で、入居の決め手となったのは「想像していたよりもキレイだったから」と、豪快なご主人は満足気です。

想定していた年齢層とは違いましたが、喜んで住んでいただけて私たち夫婦もとても嬉しくなりました。

この戸建て1号に入居者さんが決まったことにより、毎月のキャッシュフローが生まれることになりました。キャッシュフローとは、家賃収入からローンや経費の支払いなどを差し引いた、手残り金額のことです。固定資産税・都市計画税などの税金を差し引いても、1カ月5万円ほどのキャッシュフローが残る計算です。

7 軌道修正して一棟投資へシフト

続いて私は一棟物のアパートへと目を向けました。

戸建ては安くてリスクが少ないものの、手間と時間がかかりすぎる割に家賃収入が数万円単位なので効率が悪いと判断したからです。

後になって、その考えは一部誤りだったと気づくのですが、その当時はとにかく焦っていました。

というのも、体調を崩して毎日定時に帰る私に対し、当初は腫れ物を扱うように接してきた上司の風当たりが再び強くなってきました。そんな環境から一刻も早く逃げ出したい・・・そのためには、とにかく毎月のキャッシュフローを増やして不労所得をつくるしか方法がありません。

こうして私はキャッシュフローを増やすことだけを目標に、一棟物件に目を向けるようになりました。

書籍を読むと、「中古アパートの場合は利回り15％以上が良い」などと書かれていますが、２０１７年当時はまさに不動産投資ブームの真っただ中です。

価格も高騰しきっており、そんな高利回り物件は出回っていません。築古でも表面利回り10％を超える情報は極めて稀でした。

それでも「何とかして物件を買いたい！」と情報を集めるのですが、情報源はネットの広告や、収益不動産を扱う業者ばかりでした。当時の私に大家さんの仲間は一人もおらず、親身に相談に乗ってくれた業者さんの提案が素晴らしいものに思えました。

その結果、危うくサラリーマン向けに資産形成を謳う新築アパートに手を出しそうになりました。

場所は名古屋市内の好立地でしたが、利回り5％を下回る明らかに利益の低いプランです。「35年のローンを支払った後で、一等地に土地が残りますよ！」という営業トークに、なぜあの時納得しそうになってしまったのか今となっては不思議なくらいです。

そんな低利回りの新築アパートを紹介された同時期に、中古の築浅アパートを紹介されました。

同じく一等地の物件で、なおかつ年間キャッシュフローが100万円以上残るので、新築アパートより圧倒的に魅力的な物件に見えて購入を決断しました。これがアパート1号物件です。

オリックス銀行のアパートローンという、当時はサラリーマン属性さえあれば比較的に借りやすかった融資を利用しました。

購入後にわかったのは、その周辺には同じような間取りの単身者向け物件が多数あり、また単身者ゆえに入退去のサイクルが短く、客付けの苦労を強いられたことです。

そこで20代の社会人女性をターゲットにステージングしたところ、それまでのように空室で悩まされなくなりました。たとえ退去されても、2カ月以内には入居が決まる状況に落ち着いたのです。

8 岐阜で重量鉄骨アパートを2棟同時購入

こうしてアパート1号が手に入ってキャッシュフローも得られるようになると、気持ちにも余裕が生まれるものです。できればもう一棟買えないものかと、物件情報を送ってくる業者さんに問合せました。

ある時、少し気になる情報が流れてきました。岐阜県にあるその物件は、当時としては珍しく利回り9%を超えていたのです。

前述したように当時は融資が出やすい状況です。

物件を買えるサラリーマン投資家が多ければ多いほど物件の値段は上がっていき、かなりマイナーな地方物件であっても利回り9%は高利回りだったのです。

私はすぐに物件を見に行きました。

同じ敷地に築14年と24年の重量鉄骨アパートが2棟並んで建っており、2棟まとめて売りに出ているのですが、築24年の方にクラック（ひび割れ）やチョーキング（塗装面が劣化した状態）が見受けられました。

その点を指摘して指値を試みたところ、売主様から相当に怒られたと前置きがあったうえで、100万円だけ下げてもらえました。

後にこの業者は「三為（さんため）業者」だったと知るのですが、三為業者が売主に100万円の価格交渉をして怒られるシチュエーションなど存在するのか、今となってはやや疑問です。

ご存じない方のために「三為業者」について説明します。

「三為契約」とは「第三者の為にする売買契約」を指し、三為契約を行う不動産業者を一般的に三為業者と呼びます。

通常の不動産売買の場合は、売主と買主を宅建業者が仲介して売買が成立します。

一方で、三為契約の場合には、売主から買主に所有権を移転する際に、三為業者が「第三者の為にする売買契約」業務を行います。この契約業務は売買仲介ではありま

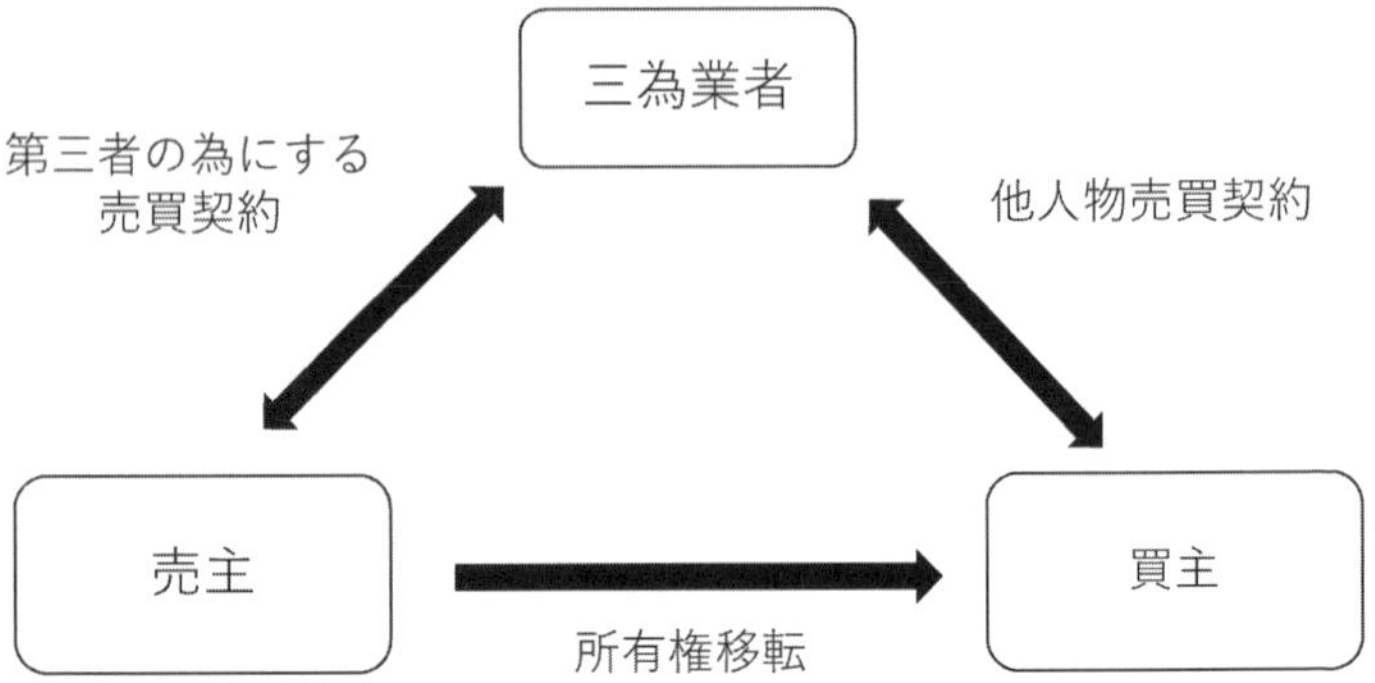

せん。そして、この中で第三者は当然ですが売主と買主を指します。

三為契約の大きな特徴として、売主と三為業者、三為業者と買主がそれぞれ別個の契約を結びます。

その結果、「売主は買主がいくらで買ったのかわからない」「買主も売主がいくらで売ったのかわからない」状態が生まれます。つまり、三為業者は自社の利益を好きなように乗せられるわけです。

その後、三為業者が指定したヒルトンホテルで待合せ、何度か打合せを重ねました。

融資はスルガ銀行とのパイプが太いそうで、最近、融資を受けたばかりの私でも「あと1億円くらいならいけるでしょう」とのことでした。

スルガ銀行は他の金融機関と比べると、金利が高くて有名なのは知っていたので不安はありました。

それでも「キャッシュフローが十分に残り、後々に金利交渉をすれば下がる」との説明を受けて、あまり心配はいらないだろうと納得してしまいました。

ちなみに、当時の私は「出口」に関する認識など、ほとんどありませんでした。

9 アパートを買っても儲からない現実

こうしてアパート2号、3号は順調に購入が決まりました。ところが、決済日の直前になり恐ろしい事実が判明します。

16室中15室が入居中と聞いていたのが、「3室、退去した」というのです。

もともと2棟合せて満室時のキャッシュフローが20万円の物件です。そこに4部屋も空いてしまえばフローは1円もありません。

この状況に激しく動揺しましたが、業者さんから4室分については半年分の家賃を前金で一括払いすると言われました。

ここでも私は「半年もあれば満室になるだろう」と安易に考えて、そのまま決済は完了し、16室中4室が空室のアパートオーナーとなりました。


当時を振り返ると、もしかしたらカーテンスキームを使われていた可能性もあります。カーテンスキームとは、入居者のいない空室にカーテンをつけて、いかにも入居中に見せる不正な手口です。

本来は悪質な業者が金融機関を騙すために行われているものです。しかし、私は物件を見に行った際、ちゃんとそこに入居者がいるのか、しっかりと見ていませんでした。

こうして2017年の間にアパート3棟のオーナーになれたものの、そこから地獄の苦しみが始まります。

アパート2号と3号を買ったのが2017年4月ですが、8月までの3カ月以上、内見どころか問合せすら一件もない状況が続いたのです。

夏は閑散期なので仕方がないともいえます。それにしても、まったく問合せがないなんて、さすがに「これは異常ではないか?」と焦りました。

もちろん、この3カ月の間に何もしていなかったわけではありません。管理会社を何度か訪問し、状況をヒアリングして、どうにか空室を埋めるようお願いしていたのですが、結果としてはまったく動きがないのです。

より多くのキャッシュフローを得ようとアパートを買い増やしたのにも関わらず、このままではキャッシュフローを得るどころではありません。4室空いても何とかローンは支払えますが、もしもまた空室が増え、修繕が発生すれば完全にマイナスなのです。補填された家賃は半年分なのに無為な3カ月が経って、完全に「このままじゃ、やばい」状況に陥りました。

不動産投資で得られる利益にはインカムゲイン（運用益）とキャピタルゲイン（売却益）がありますが、ここではインカムゲインを得ることを目的としているのに、利益を1円たりとも生んでいない現実。それどころか下手すれば赤字がかさんでいくような状況に追い込まれてしまったのです。

何とかして改善しなければ、どん詰まりになってしまう・・・そんな逼迫感に私たち夫婦は追い詰められ、焦りと恐怖で夜も眠れない日々が続きました。今でもこの当時の心境を思い出すとぞっとします。

HANAコラム① 戸建て1号の客付けエピソード

私たち夫婦が初めて購入した戸建て1号を客付けしてくれたのは、岐阜の客付け業者の営業マンMORIさん（仮）でした。

当時はまだ「ジモティー」を使った客付けはしておらず、「地名　賃貸」で検索して上がってきた客付け業者さんに片っ端から電話をして、入居募集をしてもらうというアナログな方法をとっていました。

最初、MORIさんはキョロキョロしていて頼りない印象で「大丈夫かな？」と少し心配になりましたが、ちゃんと入居者さんを見つけてくれました。

入居してくれたお爺さんが、毎朝玄関前に犬のフンが落ちていると怒ってしまい、呼び出された時には、MORIさんも駆けつけてくれました。MORIさんは、その時も相変わらずキョロキョロしていましたが、一緒に来てくれてとても心強かったのを覚えています。

あとから聞いたのですが、MORIさんはその年に入社したばかりの新入社員だったそうです。

大家さん一年目の私たちと一緒で、MORIさんも一年目。一生懸命にがんばってくれていたのですね！

物件の入居を決めてくれたので、しばらくMORIさんと連絡を取ることもありませんでしたが、最近、岐阜で戸建ての客付けに困っている知り合いの大家さんがいたので、MORIさんを紹介しました。

すると、その大家さんはMORIさんのことを、「すごく人柄が良くて仕事ができる人！」と言ってくれました。そして、「すぐに入居が決まったよ！」とのご報告も来ました。

頼りなかった新人さんが立派に成長して褒めてもらえたことが、まるで自分のことのように嬉しかったです。私たちもMORIさんに負けないよう、まだまだ頑張りたいと思います！

第2章

地獄の毎日から復活！
不動産
月収300万円
大家
KENJIが誕生するまで

第1章で取り返しのつかない大失敗物件を購入してしまった私たち夫婦ですが、今では幸いなことに月額300万円の家賃収入＋事業収入（キャッシュフロー100万円）を得ています。

そこにいたるまで約2年半の時間がかかりました。

空室対策、戸建て買い増し、レンタルスペース、宿泊業・・・。

ブラック状態の私は、銀行融資が使えないので、小さな投資をして現金を貯めての繰り返しです。

振り返ってみるとあっという間ではありますが、その時々で自分たちができる精一杯の行動をしています。

第2章では私が、いかにして復活してセミリタイアまで果たしたのか？　を時系列でお伝えしていきます！

1 空室を埋めるため必死で動く

危機感を感じた私は、管理会社に任せきりにせず、自分でも動こうと考えました。

まず実践したのは室内に姿見をつけるなど、お金がかからない範囲での一般的な空室対策です。コストと手間がかからないソフトな空室対策から始めて、さらに2棟目のアパートの鉄階段の塗装をＤＩＹでして、自販機と太陽光発電装置を設置しました。

その間も管理会社と電話やメールでやりとりをして、敷金などの契約条件を見直しました。家賃は調査の結果、適正だったので特に下げていません。

そうして夫婦で工夫をしながら3カ月を動きました。

この時点で購入してから6カ月が経っており、いよいよ家賃の補填はなくなるわけですが、それなのに相変わらず何も動きはありませんでした。

ここからは空室が続けば続くほど赤字が続く可能性があります。もちろん空室が増えれば赤字はさらに拡大していくのです。

一生懸命に頑張るものの何一つレスポンスがなく、まるで穴の空いたバケツで水を組み続けているような感覚でした。

まったく好転しない状況に「どうしようか・・・」と悩んだ末、それなりに信頼関係のあった管理会社を変える決断をしました。２０１７年10月のことです。

当時は他に打つ手がなかった故の決断でした。今にして考えると、管理会社が客付け業者に対してのアプローチを怠っていたのだと思います。

2 8カ月後、初めての内見

11月末、一縷の望みをかけて、新しい管理会社に切り替えしました。

ヒアリングしたところ、この管理会社は客付けに強く、こちらの考えに対しても柔軟に対応してくれます。ここでようやく誠実に対応してくれる味方を得て安堵しました。

すると内見の問合せが入るようになりました！

物件を購入して8カ月後、この時の喜びは今でも忘れられません。夫婦で手を取り合って喜びました。

できることは全てやろうと、ご近所掲示板「ジモティー」（https://jmty.jp/）を使った入居募集も管理会社を並行して行いました。

「ジモティー」が合っていたのか、テンポよく4組の希望者が出たので、そこから先着順で決めました。

満室になったのは12月にスタートして4カ月後です。なんとか繁忙期に間に合う形で埋められました。

前述した通り、家賃はそのままで敷金だけ下げました。客付けのためのコストは「ジモティー」を使えば自己客付けとなりＡＤ（管理会社、客付け業者に支払う広告費）はかからないのですが、客付け業者に対してはＡＤを相場より多めの３カ月分積みました。こうして満室になった結果、毎月20万円のキャッシュフローが出るようになったのです！

3 初心に帰り戸建て投資へ

ようやくアパート2号と3号が満室になり一息つけたのですが、いつまた退去があるのか安心はできません。高額な修繕費がかかれば、あっという間にキャッシュアウトしてしまうでしょう。

そこで、もっと利益の出る物件を増やして、トータルで安定を図りたいと考えました。とはいえ、すでに2億円の融資を受けている私が、これ以上の融資を増やすのは難しいです。そうなるとキャッシュでできる投資を選ぶしかありません。

いろいろ考えた結果、原点に返って戸建て投資をしようと考えたわけです。

予算は100万円以内で安ければ安いほどよく、具体的には土地として販売されていて、建物部分に価値がない物件に狙いを定めました。

そして提示された価格から解体費を引いて指値する、これを繰り返しました。解体費の基準は、「簡単に壊せるなら100万円」「難しそうであれば200万円」のイメージです。

指値の結果、最初に買えた戸建て2号は70万円でした。その後、2018年の春から5月にかけて立て続けに4戸買っています。この時は借りられないと諦めていた融資も受けられました。

思い出の詰まった戸建て1号と2号ですが、途中でキャッシュを捻出するために売却しました。現在も持ち続けている戸建て3~5号のキャッシュフローは、合計で6万4000円です。

4 レンタルスペース始動

戸建て投資で結果が出はじめたので、このまま続けようとも思いました。

しかし、同時期にレンタルスペースという投資対象を見つけて一気に心が傾きました。2018年5月のことです。たまたま知ったhiro田中さんのセミナーがきっかけです。

その当時は、本当にキャッシュが枯渇していました。

ですが、レンタルスペースなら自己資金がそこまでなくても大丈夫で、所有物件からのキャッシュフローで貯めた数十万円の資金でも始められるとのことです。

さっそく自宅から近い範囲で物件を探しました。仲介店をローラーした結果、翌日には最初の物件が見つかりました。

その後もテンポ良く借り進め、2018年に4軒、2019年は8軒と、現在は計12軒を運用中です。

レンタルスペースにも普通の賃貸物件のように管理会社はあるのですが、私の場合は収益を極限まで得たい事情もあり自主管理を選択しました。

結果、キャッシュフローは平均44万円まで上がりました。

5 スルガショックで知った現実

少し話が戻りますが、2018年の上半期は〝スルガショック〟で世の中に激震が走りました。いわゆる「かぼちゃの馬車」事件を発端にした不正融資問題です。

女性用シェアハウス「かぼちゃの馬車」をはじめ、東京都内で新築シェアハウス事業を展開していたスマートデイズが破綻して、あらゆるメディアで大騒ぎとなったことを覚えている人もいるかもしれません。

私はそのニュースでスルガ銀行の名前が出たのを知って、「もしかしたら自分も被害者なのでは・・・」と不安になりました。

正確にいえば、2017年の中盤から後半まではアパートの空室が埋まらず、必死で活動していましたが、その過程で気づいたのです。

この時期はまだ事件も起こる前で、金融庁から「地方銀行は不動産投資に融資しすぎている」とのレポートが発表されて、これまでジャブジャブ出ていた融資が少しずつ閉まっていったころです。

私が「自分もスルガショックの被害者なのかもしれない」と思った最初のきっかけは、とある大家コミュニティで聞いた情報です。

当時、アパートの空室を埋めるべくネットや本はもちろん、あちこちの大家の会に顔を出して情報収集していました。

その過程で、不動産投資上級者にとってのスルガスキームは「買うためのノウハウではなく、売り逃げて儲けるためのスキーム」だと知ったのです。

それまでスルガスキームは「高金利でリスクはあるけれど、それでも買うためには有効な手法」と考えていたので衝撃を受けました。

まさか自分たちが出口だなんて・・・膝の力が抜けて崩れ落ちてしまいそうでした。そして、収益不動産のババ抜きで最後に高値物件をつかまされた人の多くは、売るに売れない状況に陥る現実も知りました。

つまり、出口になってしまった投資家は、自分たちの出口が見えないのです。これにも絶望を感じました。

6 ローン借り換えにチャレンジして撃沈

こうして、スルガスキームの実態を知った私は、なんとか脱スルガを試みます。

スルガ銀行の金利は4・5%でしたから、これが地方銀行で金利2%ほどに借換えられれば収支は劇的に改善します。

ところが、ことごとくうまくいきませんでした。一般的な銀行は、物件の担保評価と、借りる人の属性（年収や勤め先など社会的信用力）の2つを基準に融資の可否を決めています。

しかしスルガ銀行の場合は、後者の「借りる人の属性」に対する比率が大きく、いわば住宅ローンのような性質があります。簡単にいえば、個人属性を重視して評価し、逆に物件に対する基準は緩いのです。

もちろん、物件評価もしないわけではありません。しかし、実際にはカーテンスキームや家賃の水増しなどをしていましたし、個人評価の部分も改ざんが行われ問題になっていました。

もし自分がそこに該当されていると見なされたら、かなり困ってしまいます。

また、首都圏で展開していた「かぼちゃの馬車」と地方物件を比較すると、地方物件のほうが「かぼちゃの馬車」よりも物件の収益性は往々にして良いものの、客付けに苦労する物件が多いのです。

さらに同じ家賃でも都会に比べて敷地も部屋も広くなり、建物の管理費用や修繕費もかさみます。

加えて、「かぼちゃの馬車」のような法外な違法行為は行っていないまでも、当時のスルガ銀行の融資条件に合わせて値付けがされています。

これは物件の価値に合った価格ではなくて、スルガ銀行でもっとも高額な融資が出る価格となっており典型的な「高値づかみ」をしているのです。そのため物件評価と残債を比べてみれば、明らかに残債がオーバーしてしまうのです。

更に耐用年数の問題もあります。一般的な銀行は法定耐用年数から築年数を差し引いて、残りの期間で融資を組むのですが、スルガ銀行は法定耐用年数を加味せずに長期の融資をしてくれます。

メリットを挙げれば融資期間が長くなるので、その分毎月のキャッシュフローが増えます。デメリットをいえば、残債がいつまで経っても減りません。

その結果、同じ年数で融資する金融機関がほとんどなく、出口の選択肢がものすごく狭まってしまう欠点があります。


そういう物件だからこそ借換えが難しいのですが、いくつかの条件がクリアできれば、不可能ではありません。

例えば、私のアパート3号、4号は築14年、24年の重量鉄骨ですが、重量鉄骨は耐用年数が34年なので、十数年で何とかなるような収益性があれば借換えも可能でしょう。

もしくは、評価が足りない分を埋めるだけの現金や、共同担保があれば借り替えはできるはずです。しかし、私はそのどれも持ち合せていませんでした。

7 金利交渉成功！キャッシュフローがさらにプラスに

2018年早々から借換えに奔走した結果、いくつかの銀行に断られてその難しさを思い知りました。

そこで私は、次の方法として金利交渉を行いました。

本来、スルガ銀行は購入してから2年以上経たなければ交渉のテーブルには着けないと言われていましたが、ダメ元で交渉をしてみたのです。

すると、ちょうどそのタイミングで「かぼちゃの馬車」事件が起こり、スルガ銀行への注目が一気に集まりました。そして金利交渉を行う人が増えたのか成功者も現れました。

これは当時だけの基準かもしれませんが、黒字で運営できていることを理由に、金

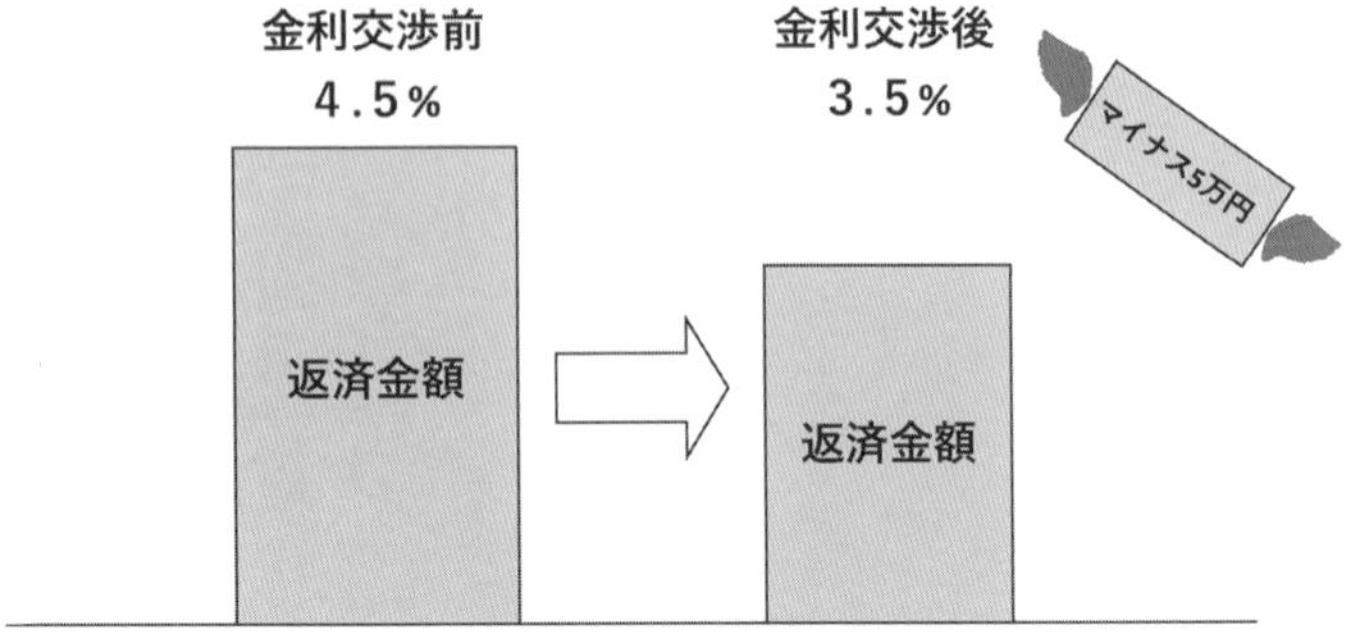

金利交渉によって
毎月の返済額がマイナス5万円、
イコール手残りプラス5万円に！

利1%程度を下げてくれたのです！

これにより、毎月のキャッシュフローは5万円ほどプラスになりました。これが2018年の夏ごろの話です。1部屋分の家賃が増えたことになり、かなりのインパクトがあります。

最新情報でいえば昨年、「かぼちゃの馬車」をはじめ新築シェアハウス投資で被害に遭ったオーナーに対して、物件を手放せば借金の免除を検討していると発表されました。

ただし、地方のスルガ物件では、そこまで収益が悪化するオーナーが続出しているような状況ではなく、金利交渉による収益改善がトレンドのようです。

8 ついにCF月額100万円超えを達成!!

そのころの私は、金利交渉が成功してリカバリーできたので、何か新しい投資ができないかと探していました。

その時に見つけたのが、飛騨高山の借地戸建てです。

高山といえば岐阜県高山市を指しますが、観光地としては一般的に「飛騨高山」と呼ばれています。

岐阜県の中でも雪が多い北部に位置し、中心地には江戸時代からの町並みが残っています。同じく飛騨地方にある世界遺産の白川郷にもアクセスが良いことから、人気の観光地として知られています。

飛騨高山に目を向けたきっかけは、とあるセミナーへ参加した際に、講師の白岩貢さんから聞いたインバウンドの話です。

それまでインバウンドといえば、東京や大阪、または京都や広島などメジャーな観光地に限った話だと思っていたのですが、じつは全国にチャンスがあり、「特に飛騨高山がすごい」という話を聞いて関心を持ちました。

高山がある岐阜県は、自分が住んでいる場所から比較的近いですし、岐阜県内には複数の物件を持っています。かつ祖父母の地元でもあり、「自分のルーツ」として親近感がありました。

そんな経緯で飛騨高山に興味を持った私は、物件情報をチェックしていたのです。古い借地の戸建てとはいえ、手ごろな価格で好立地にある物件だったので大興奮しました。

翌日は週末だったので、すぐに現地まで足を運んだところ、やはり抜群のロケーションで、建物の状態も良く気に入りました。

すぐ白岩さんに相談したところ、「ちょっと落ち着いたほうがいい」と言われました。まず用途地域を確認、そのあと役所と保健所と消防署に聞いて、旅館業ができるのかを確認するようアドバイスを受けて、さっそく動き出しました。

とても安く購入できたのですが、その物件は借地権付き（地代を払って、地主から借りた土地）でした。借地は市場にほとんど出回らず、地元の人も価格の良し悪しが判断できていなかった可能性があります。

この物件は最終的にはオープンできたものの、そこまでの道のりは容易ではありませんでした（詳しくは6章で解説します）。

というのも、この物件を見つけたのは2018年8月、購入したのは11月ですが、稼働したのは翌年2019年8月です。つまり、まるまる一年もかかっています。

苦労はしたものの初月から黒字で、毎月平均すると20万円、最高は経費を除いても30万円のキャッシュフローが出ました。

2017年の秋から2019年の12月までの間に、当初は月額10万円程度だったキャッシュフローが100万円を超えるようになったのです。

9 なぜ失敗しても行動し続けられたのか

こうして、なんとかリカバリーの道筋を見つけることができました。その過程でさまざまな学びと経験もしました。

最近、人から「どうして、スルガ物件を買ってしまったのか？」とよく聞かれます。

私はただ、「融資が出やすかった」という時流に甘んじて、大して勉強もしなかったせいで、多額の借金と収益性の低い物件を背負い続けなくてはならなくなってしまいました。

誰だって失敗はしたくありません。

また、失敗した後にどう動けば良いのか、なかなかわからないものです。思考停止になって立ちすくんでしまっている人、失敗したことにさえ気づいていない人もいます。

そうした中で、私がさまざまな投資を展開できているのは、そうしなければ経済的にも人生としても良くならないと自覚したからです。

なにより、そのまま立ち止まっていたら破綻に進む未来しかなかったでしょう。私には投資で現状を打破しなくてはいけない必然性があったのです。

しかし現状を変えたいと焦ったところで、簡単に儲かるうまい話などありません。

しっかりと地に足をつけて、自らが理解してコントロールできる方法で、着実に利益を積み上げていくのが重要だと考えています。

そして、「投資」といっても入居者や利用者、宿泊客といったお客様からお金をいただく意味では、れっきとした事業だと考えています。

アパートをはじめ、戸建て賃貸やレンタルスペース、宿泊業を通じて、価値のある場所を提供し、正当な対価を受け取る・・・そんな当たり前のことを繰り返しながら、これからも利益を積み上げていきたいと考えています。

HANA
コラム
②

初めてのDIYは大失敗（汗）

初めて購入した戸建ては、夫婦で週末を使ってDIYをしました。

子どもを連れて行ったり、おじいちゃんおばあちゃんに預けたりしながら、車で1時間かけて名古屋から物件のある岐阜までDIYをしに行っていました。

苦労したのは床にCF（クッションフロア）を貼る作業です。

1階にある10畳のリビングの床が傷んでいたため、上からCFを貼ったのですが、初めての作業で大変でした。何から手をつければよいのやらわからず、床に塗るボンドをドバっと広げすぎてしまったのです。

本来であれば、CFを貼りながら少しずつボンドを塗っていくものです。それが最初にボンドを広範囲に塗りすぎてしまったせいで、そのあとがとても大変なことになってしまいました。

床がボンドだらけになり、CFが少しでも触れると変な位置でくっついて、簡単に剥がせなくなってしまうのです。なんとか力づくで剥がそうと踏ん張っているうちに、靴下が貼りついて脱げてしまったり、足の裏にボンドがついてベトベトになったりと、もうネズミ捕りシート状態でした。

夫とも「あっちの方を引っ張って！」「足がくっついて無理！」「もうボンドが乾くから限界！」「どうにかして～！」と大ゲンカになりました。

それでもなんとか位置を合わせてキレイに貼り終えることができました。あの時はただただ必死でしたが、今となっては家族で笑えるよい思い出になっています。

第3章

私の不動産投資の原点
「ボロ戸建て投資」

第3章から私の実体験に基づいて、不動産投資のノウハウをお伝えします。

私の不動産投資の原点ともいえるのが「戸建て投資」です。夫婦で半年かけて行ったDIYがそのスタートでしたが、その後、なるべくリフォーム費用をかけずに戸建てを運営するやり方にたどり着きました。

また、地方で行う戸建て選定の指標も「勝てる！　地方戸建て5つの掟」と題して解説いたします。

1 私の戸建て投資

不動産投資を始めようと決意して、さまざまな不動産投資手法を学んでいた時、もっとも取り組みやすく思えたのが「戸建て投資」でした。

価格帯が手ごろなためキャッシュで購入もできますし、ファミリー向けということで長期入居が見込めるところも魅力的でした。

私の不動産投資スタートとなった戸建て1号の購入経緯については、第1章で詳しく解説しましたが、仕事納めも終わった2015年の年の瀬にインターネットで発見し、内見して買付けを入れ、購入することができた物件です。

ここに至るまでに10軒程度の戸建てを見たのですが、それまでの物件とはあきらかに違いました。はじめての指値も無事通り、買えたときは本当に嬉しかったです。

現金購入のため契約・決済は同時に岐阜の不動産業者さんで行いました。売主はその業者さんだったのですが、初心者の私に親切にしてくれました。

【戸建て1号】

所在地：岐阜県岐阜市、購入金額：265万円、表面利回り：23・5％、間取り：4K、延床面積：75・52㎡、購入年月日：2016年1月、築年数：43年、家賃：5・2万円／月

この物件はリフォームには約半年かけ、ほぼ全て夫婦でDIYを行いました。客付けには約半年かかりましたが、年金暮らしのご夫婦に入居していただけました。

初めての入居者さんということもあり、入居翌月には近況確認のため挨拶に伺いました。すると、ご主人は町内会の活動にも積極的に参加し、すっかり溶け込んでいるようでした。

この物件はお隣さんとは私道を共有するため、ご近所とは円満なお付き合いを心がけていました。また、都会では町内会が重視されていないところも多いかもしれませんが、古くからの住民が多いこの辺りは町内会の活動が盛んです。入居者さんがご近所とうまくやっていただけている姿に、とてもホッとしたのを覚えています。

その後、戸建てを買う資金をつくるために2018年4月に売却しました。

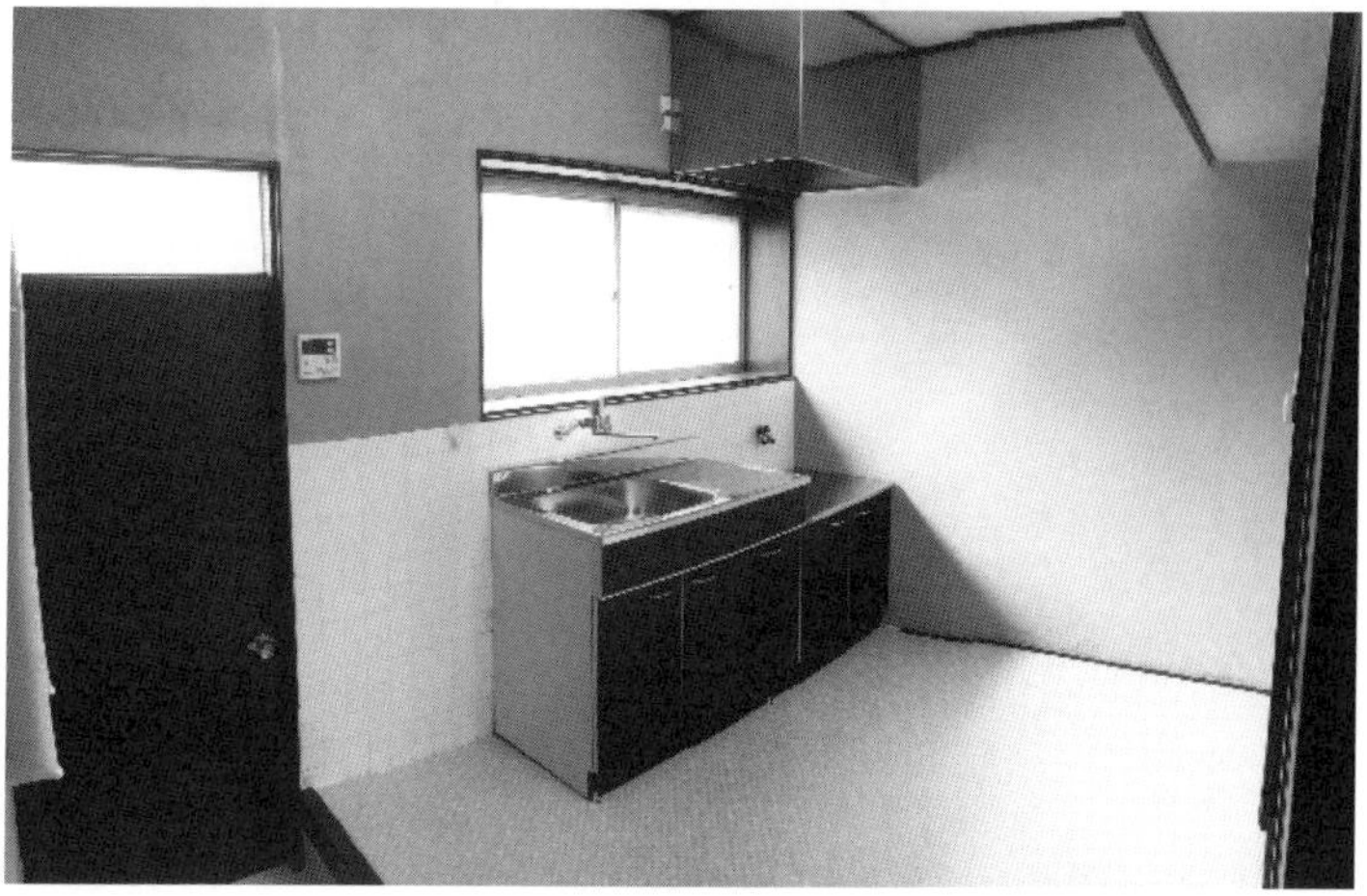

【戸建て2号】

所在地：三重県四日市市、購入金額：70万円、表面利回り：42・9％、間取り：7K、延床面積：72・7㎡、購入年月日：2018年3月、築年数：92年、家賃：2・5万円／月

賃貸物件には必ず空室が発生するもので、満室時のキャッシュフローがまやかしだと気づいた私は、再びボロ戸建てに着目しました。そして前回のセオリー通り、「アットホーム」で希望条件に近い物件を探し始めました。

そして、ほどなくして建物付き土地として250万円で売られている物件を見つけたので内覧しに行きました。

外観はいかにも古民家みたいな様相だったのですが、「古民家といえばカフェ」のイメージは幻想で、中の状態は昭和2年に建てられた築年数それ相応のものでした。

残置物はなく室内も湿気はなくカラッとしているので、「まあ住めなくはないか」とも思ったのですが、扱いが全くわからなかったのが、汲み取りのいわゆるボットン

便所です。
下水道に接続すると50～100万円程度の工事費用がかかってしまいますが、簡易水栓トイレであれば安く設置できると聞きました。安く買えればいいだろうと50万円で指値したところ、押し戻されて70万円で購入できました。

リフォーム費用として150万円ほどかける気持ちはあったのですが、まずは覚えたての「ジモティー」で「DIY可能物件」として募集しました。このままの状態でよければ2万5000円という条件です。

2万5000円とした理由は、出口を見据えた場合、このエリアなら表面利回り15%であればすぐに買手が見つかると考えられます。そのため、オーナーチェンジで2万5000円×12カ月÷15%＝200万円で売却可能。トータルで100万円は残り、投資として合格だと考えたのです。

正直ダメもとで載せたつもりだったのですが、掲載直後から問合せが相次ぎました。決済の3日後に問合せがあった人たちをまとめて案内して、一番支払い能力がありそうな人に入居してもらうことにしました。

そのまま仲介店まで一緒に移動し、申込み書を書いてもらい、後日、保証会社の審査が通ったので無事に入居が決まりました。この物件も自己資金を厚くするため、やむなく売却をしています。

【戸建て3号】

所在地：三重県四日市市、購入金額：260万円、表面利回り：24・0%、間取り：6DK、延床面積：95・85㎡、購入年月日：2018年5月、築年数：不詳、家賃：5・2万円／月

70万円の戸建てを買ったエリアで周りを見渡してみると、似たような造りの古民家がたくさん並んでいました。これはひょっとしたら似たようなお宝物件が見つかるかもしれないと、私はその町をくまなく歩いてみました。

いくつか売り物件の看板がついている家があったので、電話をかけていきました。

その家は古民家ではなく立派な築古戸建てでした。聞くと以前は税理士の先生が住んでいたそうで、家の中は古いながらも設備が整っており、しっかりした人の家とい

う印象を受けました。

気になるお値段は300万円でした。それでも安いと思ったのですが、指値をして260万円で購入できました。

この物件もそのままDIY可能物件として「ジモティー」で募集したら、すぐに入居者さんが決まりました。

【戸建て4号】

所在地：三重県四日市市、購入金額：300万円、表面利回り：20・8%、間取り：3DK、延床面積：95・85㎡、購入年月日：2018年5月、築年数：不詳、家賃：5・2万円／月

立て続けに同じエリアで物件を購入できたのですが、ご縁はまだ続きました。

今度は「アットホーム」の新着情報ですが、先の2軒と同じエリアでの物件情報が流れてきたので、すぐに内見に行きました。

この物件も300万円で、これ以上は下がらなかったのですが、業者の売主物件ということで、すでに壁や天井など傷んでいる箇所を修繕されており、畳は表替え済み、洗面化粧台も交換済みで、まさにそのまま住める状態でした。

仲介手数料もかからないので、これで300万円ならありがたいと購入しました。こちらも「ジモティー」ですぐに入居が決まりました。

【戸建て5号】

所在地：愛知県常滑市、購入金額：50万円、表面利回り：60%、間取り：3K
延床面積：47・93㎡、購入年月日：2018年5月、築年数：不詳、家賃：2・5万円／月

こうやって内見を繰り返していると、業者さんとの人間関係も築けるものです。

私がボロボロの物件でも買うとわかっているので、難ありの物件情報を流してくれる業者さんと仲良くなりました。

その時紹介された物件は、建物が未登記の平屋で、残置物だらけで汲み取りのボットン便所の物件でした。庭は鬱蒼としており大量の蚊とカタツムリが住み着いています。いらないいな・・・これが正直な感想でした。

しかし業者さんも引きません。「いくらなら買ってくれるか言ってください！」と、こちらに価格を提示させようとしてきます。

「では仕方ないので40万円でどうですか？」と伝えたところ、「そんなに安くては売主さんが海外旅行にも行けない。せめて50万円にしてあげて」と押し戻されてしまい、結局50万円で購入しました。

この物件は残置物が大量にあったのですが、「ジモティー」に2万5000円で募集したところ、すごい数の問合せがあり、「DIYをしたい」と希望する青年に住んで貰えました。

彼はバイク乗りなので、愛車を置いていじれる庭があるのも決め手となったようです。そもそもDIYが好きだそうで、世の中にはいろんなニーズがあるものだと視野が狭かった自分を反省しました。

2 戸建て投資の種類

前述した通り、戸建てはアパート・マンションなどの集合住宅と違って、ファミリーによる長期入居が見込め管理に手間がかかりません。

安定したインカムゲインが得られるため初心者から好まれる投資です。

融資を受ける方もいますが、基本的には現金で購入できる程度の安価な戸建てを購入して貸家にします。

また「出口」についても投資物件としてのオーナーチェンジの他に、空き家の状態でマイホームとしての売却、解体前提の土地としての売却といった選択が多いのも魅力です。

そんな「戸建て投資」には、いくつかの種類があります。

●エリア・・・都会・地方

まず都会型と地方型に分かれます。

例えば東京の場合だと、借地権物件・再建築不可物件・違法建築物件など一般に値がつきにくく、安くなりやすい物件を狙う投資家もいます。
もしくは下町エリアの再開発による、キャピタルゲインを狙う投資もあります。

いずれにせよ、普通の不動産投資が成立しない理由は、そもそも土地が高すぎてキャッシュフローを得るのが難しいからです。

また大阪の場合はテラスハウスと呼ばれる連棟式住宅が多く、区分所有と同様で建物の一部だけの所有になるため、それほど価値はありません。安価で買えるものの、築年数が経っていて間取りタイプが古くて使いづらく人気がないのです。

とはいえ生活保護者や高齢者、ペットの需要はあります。さらに大阪では、そうしたテラスで独自の民泊をやるのが流行っています。

一方で、地方投資は都心部よりも価格は安く、かつ供給が少ないエリアが多いです。なぜなら戸建ては賃貸向けにつくられていないからです。

賃貸用でいえば、今でこそ競争力を考えたメゾネット型のテラスハウスや、戸建て賃貸もあるかもしれませんが、多くは地主が相続税対策で建てた大手アパートメーカーの企画ものの物件です。

実際のところ、地方には無数の戸建てが余っています。それは賃貸用ではなく、不要になって人が住まなくなったような家です。

地方投資は、そこに目をつけて安く仕入れて賃貸用に居住性を高め、貸し出す手法です。

●建物の状態・・・ボロ再生、ほったらかし

中古物件の場合、当然「建物の状態」は重要な指標です。基本的には建物は古くて痛んでいるため、どこまで直すのかという話です。

主に「ボロ再生」と「ほったらかし投資」に大別できます。ボロ再生とは、ボロボロの物件をリフォームして価値を高めたうえで賃貸に出す手法です。設備を入れ替えて、新築同様にすることもできます。

ほったらかし投資とは、通常戸建て投資をする場合は見栄えを良くするべく、クロスを貼ったり畳の表替えをしたり、内装リフォームをするものですが、その逆で、一切手をかけず、そのままの状態で賃貸募集をして住んでもらう手法です。

ボロ再生もほったらかし投資も最近はトレンドになっており、知っている人も多い

著者 KENJI の活動紹介！

◎ブログ

「KENJIの高利回る不動産ブログ」
https://knj-space.com/
※KENJIのプラットフォーム。日常や全ての
情報をここから発信しています。

◎YouTube

「KENJIの高利回る不動産チャンネル」
http://u0u1.net/VyFr
※不動産投資に特化した
役立つ&おもしろ動画配信中！

◎メルマガ（週1回・無料）

「KENJIの高利回る不動産ブログ」
https://www.reservestock.jp/subscribe/120114
※KENJIの活動報告、おススメ大家さんのセミナー情報や割引情報！

◎Facebook　※友達申請受付中！

https://www.facebook.com/kenji.furuta.96

◎Twitter　https://twitter.com/kenji_shi_inv

※いつものKENJIとはちょっと違ったつぶやき！

◎LINE公式　※スマホでアクセス ➡

https://lin.ee/wy6ouu6
※KENJIへの質問やセミナー、CD等の募集・
割引情報を「独占」先行配信！

年間利回り150%超！

『KENJIのレンタルスペース投資はじめかたCD』

【本には書いていない!CDだけのマル秘ノウハウ満載!!】

KENJIです。本書をご購読いただき誠にありがとうございます！出版と同時期に私の最新ノウハウCDを発売いたしました。書籍では書ききれなかった部分も音声ではお伝えしています。レンタルスペースを始めたい方はぜひ本書と合わせてご活用下さい！また読者の皆様には特別価格の半額でご提供させていただきます。30枚限定ですのでお早めにチェックください！

<CD内容>

◎レンタルスペースとは
◎レンタルスペース投資の特徴
◎レンタルスペースの利用者
◎レンタルスペース投資のハードル
◎運営のコツ
◎備品について
◎予約サイトへの掲載
・・・ほか

音声補足PDF資料付き！

CD版 定価
¥4,980-(税込)

音声データ版
定価 ¥3,980-(税込)

→

読者限定特価（先着30枚のみ）
※お申込時にキーワードが必要です。

CD版(半額!) ¥2,980-(税込)

音声データ版 ¥1,980-(税込)

お申し込み・CDの詳細は
https://forms.gle/YbD2pC4q3s6 より
※スマホでアクセス➡
※読者キーワードは「KENJIHON」です

と思います。

私は両方の経験があり、1つめの物件が最初はDIYをして、途中からほったらかしに変えています。最低限の耐震基準や設備を保ちつつ、必要以上のDIYはしていません。

3 それぞれの特徴、メリット・デメリット

ボロ再生のメリットは、見た目が良くなるので客づけがしやすく、多少は家賃を上げられる可能性がある点です。

デメリットはお金と時間がかかることです。

また、都心であればリフォーム業者はたくさんあるのですが、地方だと業者の数が少なく割高になりやすい負の側面もあります。

ただでさえ地方物件は面積が広く、都会に比べてリフォームコストが高くなりがちです。それに加えて業者の選択肢が限られているので、より割高になってしまいます。

不動産投資本を読んでいて、その著者と同じリフォームをしようと思っても、同じ

価格でできないケースは多々あります。

ほったらかし投資のメリットは、リフォームコストが発生しないので、物件の購入価格＝仕上げ価格になります。また、スピードも速いです。

デメリットは何もリフォームしていないので、途中で不具合の起きるリスクがあります。

ただ、基本的にはＤＩＹ賃貸のスタイルをとっているため、ケースバイケースです。例えば壁を壊したら入居者の負担で、水道の故障・破損であればオーナーが手配するイメージです。

また、台風など災害による被害は災害保険が使えますが、経年劣化で壊れたらオーナー負担になります。

4 勝てる！　地方戸建て5つの掟

私の戸建て投資の特徴は、地方に特化していることです。

地方といっても政令指定都市、新幹線の停車駅、そもそも鉄道のない街であったりとさまざまです。

私自身は東海地方のそこまでメジャーでない地方都市にて、ドミナントで行っています。ここでは、私がどのような基準で、地方都市の戸建てを選んでいるのかを具体的に解説します。

(1) 動かない需要がある

これは地域特性になりますが、私が投資しているエリアには石油化学コンビナートをはじめ複数の企業があり、大学と違って移転・閉鎖の可能性が少ないのがメリットです。

一般的な閑散期でも決まるほど需要が高いのが特徴で、こうした強力な需要がある地域を狙うのがポイントといえます。

企業をターゲットにした需要は、4月に入社して1カ月後の5月でも普通にありますし、9月の下期スタートに合わせた8月の需要もあります。

つまり、一般的な地方都市と比べて、一年中まんべんなく動きがあります。

これが1社に依存しているとリスクは高いですが、複数の企業があるエリアであれば、突然の退去が発生してもすぐに埋まります。

（2）主要都市から1時間のアクセス

主要都市からのアクセスを重視するのも地方投資では重要です。

私の場合は、名古屋駅から電車で1時間の範囲と決めています。1時間圏内だと、勤務している人が多い工業地に通勤もできますし、都市部への買い物なども大きな負担になりません。

つまり、1時間圏内に職場と商業地域、学校などが入っていて生活が完結できればいいわけです。

東海エリアでいえば、私の投資する三重県四日市市なら工業地域はもちろん、買い物や映画など名古屋駅周辺の繁華街にも出やすく、賃貸需要も十分に高いといえます。これは他の地方であっても同様と考えます。

（3）ショッピングモールに近い

戸建てのエリア選びの基準として、強いニーズがあること以外にチェックしているのは生活利便施設があり、大手の飲食店や衣料量販店、大型家電店などが出店しているかどうかです。そこから入居者ニーズがわかります。

特にイオンモールなどのショッピングセンターが周辺にあればポイントが高いです。

具体的には車で10分圏内にあれば相当強みになるでしょう。

そうした立地だと、ショッピングセンターは大抵が国道沿いにあり、その周辺にはファミレスやコンビニ、アパレルのチェーン店、銀行などの便利な施設が集まっています。地方に住む人にとっては非常に価値の高い条件です。

（4）地域最安値の家賃で貸せる

戸建て投資において、地域最安値の家賃は大きな武器になります。実際、私も地域最安値にしたことで1週間以内に決まっています。

なぜ安い家賃が強力な武器になるかといえば、日本の給与所得者の給与が低いからです。

不動産投資をしていると年収1000万円は珍しくないのですが、現実の世界では数パーセントの限られた人たちです。ましてや地方の田舎だと、年収500万円以下が当たり前の状況です。

国税庁の「民間給与実態統計調査」（平成30年分）によると日本人の平均給与は441万円、ボリュームゾーンは300〜400万円の867万人です。加えていえば厚労

日本の相対的貧困率は、高水準で高まっている

図 18. 日本の相対的貧困率は、高水準に高まっている
2014 年、もしくは入手可能な最新年

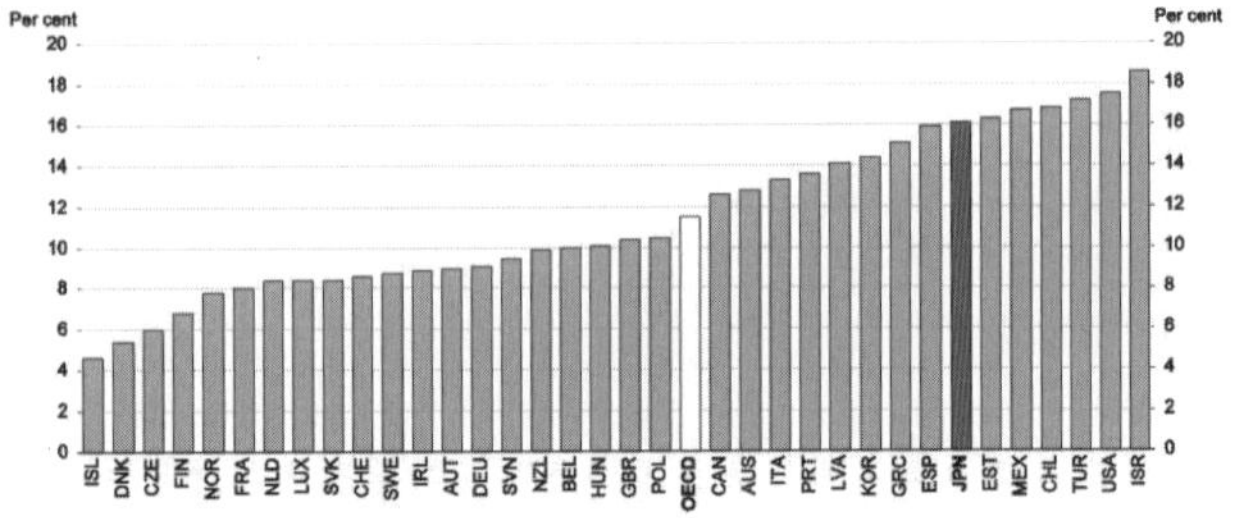

注: 家計の人数で調整された「等価可処分所得の中央値」の半分に満たない所得しか得ていない人の総人口に占める割合。日本の値は国民生活基礎調査（2012 年）に基づく。日本についてのもう一つの調査である全国消費実態調査によると、相対的貧困率は 2009 年の 10.1%から 2014 年の 9.9%に低下した。

出典: OECD (2017g), *OECD Income Distribution*（データベース）.

出典：OECD「経済審査報告書　日本」（2017年）
http://www.oecd.org/economy/surveys/Japan-2017-OECD-economic-survey-overview-japanese.pdf

省「国民生活基礎調査」（平成28年）では、日本の相対的貧困率は２０１２年が16・1％、２０１６年は15・7％もありました。つまり、６人に１人が貧困という調査結果なのです。

貧困率とは収入から税金・社会保険料等を除いた、いわゆる手取り収入である「可処分所得」が全国民の中央値の半分に満たない人の割合を指します。

ＯＥＣＤ「経済審査報告書」（２０１７年）によれば日米欧主要７カ国（Ｇ７）のうち、日本は米国に次いで２番目に高い比率になっています。

このことから、高い家賃の部屋に比べて、安い家賃の部屋のほうが圧倒的にニーズも高いのです。もちろん、私もパリッとした戸建てを高い家賃で貸してみたいのですが、現実

は地域最安値で貸し出すほうが客付けに強いです。

地域最安値を実現させるには、安く購入するのが不可欠です。そこで、次で紹介する項目が重要になります。

（5）地元住民が避けがちな要素がある

地元住民が避けがちなリスクをあえて取ることで安く購入でき、結果として地域最安値の家賃で貸し出せます。

例えば、海・高圧線・墓地が近いケースです。これらは地元住民だけでなく、投資家も避けがちなので、安く買えるチャンスがあります。

私はハザードマップに載っているような地域をあえて狙っていますから、マイホーム購入層からは人気がないので安く購入できています。

加えて、安い戸建ての条件である「築古」「汚い」「残置物がある」は積極的に受け入れます。ただし躯体はしっかりしていること。雨漏りやシロアリ被害があっても、それを修繕して採算が合うのなら問題ありません。

また、好まれない要素（安くなる理由）に、「駐車場がない」のも挙げられます。

たしかに「地方なのに駐車場がない物件で大丈夫なの？」とよく聞かれます。実際のところ、ないと不便だと思いますが、駐車場代を差し引いた家賃設定（地域相場によりますが、だいたい5000円引き）にすれば問題ありません。

物件は駅から近く、買い物にも困らないような地方にしては珍しく便利な立地で、車のない入居者さんが住んでくれていますが、そうでない地方であれば、近隣に月極駐車場があるほうが良いでしょう。

5 重要なライバルの存在

私は前項目の5つの掟を踏まえて物件探しをしていますが、もう一つ重視しているのはライバルの存在です。近隣のライバル物件の軒数をチェックして、少なければ少ないほど良いと判断します。

ですから私は県庁所在地や政令指定都市、新幹線の停車駅などにこだわりません。なお、ライバル物件の調査の仕方ですが、私の場合は「スーモ」の「なぞって探す」という機能を使って探しています。次のページにやり方をまとめましたのでご確認ください。

【スーモなぞって探す】

1．アプリ立ち上げ、「賃貸」をタップ

2．「なぞって探す」をタップ

3．「一戸建て・その他」をタップ

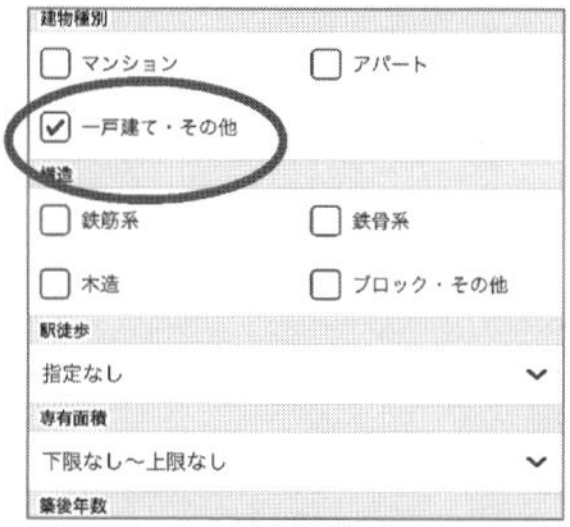

4．人差し指のマークをタップ、
調べたいエリアを指でなぞって
円を描く

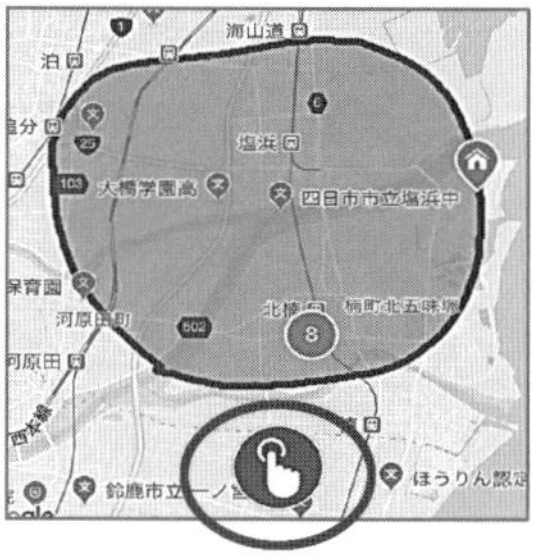

5．周辺エリアの物件が表示されました

そもそも、地方において戸建て賃貸は希少ですが、少ない軒数ながらライバル物件を参考にして家賃を決めます。

私の場合はＤＩＹ賃貸という手法をとっているので、地域最安値の家賃にしています（ＤＩＹ賃貸については次項で解説します）。

例を挙げると四日市の場合は70〜80平米で駐車場なしの戸建ては相場6万円程度ですが、私は5万2000円にしています。また、愛知県常滑市の物件は人口が少ない地域のうえ、崖の上に建つ駐車場もない再建築不可の戸建てです。そのため、約50平米で2万5000円といった激安の家賃にしています。

都会に住む方から見れば冗談みたいな家賃に思われるかもしれませんが、前述した通り、地方に住む大多数の人は日本の平均給与以下ですから、これが現実的な家賃設定なのです。

6 推進される「ＤＩＹ賃貸」

国土交通省が「ＤＩＹ賃貸」のルールを整備したのが2016年です。

それ以降、築古物件を中心にＤＩＹ賃貸を目にするようになりました。ＳＮＳをちょっと検索すれば、個性的にＤＩＹされた賃貸住宅を見られます。

国土交通省の「ＤＩＹ型賃貸借に関する契約書式例」と、活用にあたってのガイドブック「ＤＩＹ型賃貸借のすすめ」を参考に、私もＤＩＹ賃貸の運営にチャレンジしました。

改めてＤＩＹ型賃貸借を解説すると、国土交通省が作成したガイドブック「ＤＩＹ型賃貸借のすすめ」には、以下のように説明されています。

個人住宅を良好な状態で賃貸するためには、貸主（家主）が必要となる改修や管理・修繕等を行うのが一般的です。しかしながら、貸主には改修費用を独自に負担することは難しいが現状のままであれば貸してもいいニーズがある一方で、借主（入居者）には自分の好みの改修を行いたいニーズも見られます。こうした現状を踏まえ、国土交通省では、工事費用の負担者が誰かに関わらず、借主の意向を反映して住宅の改修を行うことができる賃貸借契約やその物件をＤＩＹ型賃貸借として定義し、その普及に努めています。

出典：国土交通省「ＤＩＹ型賃貸借のすすめ」http://www.mlit.go.jp/common/001127694.pdf

このガイドブックでは、費用を借主が負担してDIY工事を実施する場合を想定して、考え方や手順を詳しく紹介しています。詳細はガイドブックを見ていただきたいのですが、大家さんにも入居者さんにもメリットがあります。

●大家さんのメリット

・現在の状態で賃貸でき、修繕の費用や手間がかからない
・入居者さんがDIY工事を行うため、愛着が生まれ長期入居が見込まれる
・明渡し時に設備・内装等がグレードアップしている可能性もある

●入居者さんのメリット

・自分好みの改修ができ、持ち家感覚で居住できる
・DIY工事費用を負担する分、相場より安く借りられる
・DIY工事部分は原状回復義務をなしとすることもできる

２０１８年には「家主向けＤＩＹ型賃貸借の手引き」(http://www.mlit.go.jp/common/001228736.pdf) も作成されて、ずいぶんわかりやすくなりました。

しかし私の場合は、戸建て賃貸は自主管理で、客付け会社の理解を得るのが難しく、今は国土交通省の契約書のひな型は使わずに、従来の普通賃貸借契約書に特約を付ける形で対応しています。

その場合は、あらかじめ大家側の希望をはっきり伝え、特約に記載してもらう必要があります。例えば「奇抜なリフォームは禁止にする」や、「リフォーム前には必ず大家への相談を条件にする」ケースもあります。

これは都市型か郊外型か、さらには地域の不動産会社（主に客付け会社）の慣習によっても変わるところがありますので、自身の投資エリアはどうなのか、ＤＩＹ賃貸を始める前に確認しましょう。

7 チャレンジしよう、戸建て融資

基本的には安い戸建てをキャッシュで買うのがオススメです。ただ、どれだけ安く買えてもキャッシュが尽きてしまうのはよくありません。

そこで考えるべきなのが融資の活用です。その際には「取得資金の融資」と「リフォーム資金の融資」のいずれかの利用を検討します。

●取得資金

まず取得資金を借りたければ、キャッシュで買って2期の黒字をつくる必要があります。

基本的に初年度は赤字になりますが、きちんと運営できれば2期目は黒字になります。黒字になれば銀行が評価してくれるので、スルガスキームのように億単位の融資は難しいですが、数百万円であれば貸してもらえる可能性は高くなります。

加えて、最初の物件をキャッシュで買っていれば、それを共同担保に入れられます。

そういう意味で、事業融資を狙うのが戸建てではオススメです。この場合ですと属性は問われないので年収の低い若者、非正規社員、主婦でもできます。

私の場合、アパートは個人で借入れをしたのですが、戸建ては妻を社長にした法人です。最初は2016年に買っていたので2期を終えていました。1期目は赤字、2期目は黒字という状況でした。

●リフォーム資金

リフォーム資金では、政府系金融機関の日本政策金融公庫をオススメします。

現在、日本政策公庫の取得資金が借りにくい状況といわれています。かつては「新企業育成貸付制度」といって35歳までの人、または女性・シニアの新規開業に対して20年間など期間の長い融資を受けることができました。

今でもその制度自体はあるのですが、融資期間は長くても10年といったところで、取得資金では借りづらい状況になっているのです。

しかし、リフォーム資金であれば、5～7年の融資期間でも十分です。ですから、日本政策公庫はリフォーム資金での利用が向いていると考えます。

●金融機関開拓の仕方

地方の築古戸建ては金融機関が価値を認めにくいため、一般的なサラリーマンが使う銀行は見向きもしてくれません。

しかし地元に根付いた地銀・信用金庫であれば、融資を受けられる可能性はあります。まずは物件もしくは自分が住んでいるエリアの地銀や信金をリストアップしましょう。検索エンジンで地方の名前と金融機関を打つとピックアップできるので、順番に電話していきます。

その際には、ヒアリング項目を事前に決めておいて、漏れがないようにしっかりと確認するのが大切です。

金融機関へのヒアリング項目は次を参考にしてください。

・収益不動産への融資を行っているか
・顧客の居住エリアに制限があるか
・物件の所在エリアに制限はあるか
・耐用年数超えの物件にも融資をしてくれるか
・市街化調整区の物件にも融資をしてくれるか

・物件価格に対して何割の融資が可能か
・購入諸費用も含めた融資が可能か

信金の特徴として、営業エリアが限られていることが挙げられますが、物件の所在地があきらかに営業エリア外にあるなど、融資対象として該当しないケースであれば、電話の段階で言ってもらえます。

とにかく顧客として条件に合う金融機関を見つけましょう。

営業エリアの他には、その金融機関、またはその支店が、または電話で対応してくれた人が、融資に積極的かどうか、不動産投資への融資実績があるのかないのかなども関わってきます。

こればかりは運の要素も大きく、30行かけても1行しか進まない場合がありますし、数行が同時に進む時もあるでしょう。

そもそも近隣の金融機関が30行に満たないケースもあるかもしれません。まずは、片っ端からアタックしてください。そして感触の良い金融機関には面談を申し込みます。

また、地元の大家の会などがあれば、参加して先輩大家さんに金融機関を紹介してもらうのも一手です。

HANA
コラム
③

スペースのインテリアは「映え」が命

スペースのインテリアを考える時に意識していることは、予約サイトに掲載するお部屋の写真映えです。とにかく第一印象が大切。写真次第で予約の入り方が大きく変わってしまいます。

まず、大まかなインテリアのテーマを探り、それに基づいて2色のポイントとなるカラーを選びます。決める時は「補色」といって、お互いの色を引き立て合うカラーを意識しています。例えば黄色と紫、オレンジと青など、パッと目を引くのでよいと思います。

パーティー向けのスペースなら、普通のお部屋にはないような物を置いても面白いと思います。

「〇〇がある部屋」と印象付けることができるので、口コミやリピートにもつながりやすくなります。

これはあくまで私の個人的な考え方ですが、レンタルスペースは短時間の利用が多いので、住居用の部屋とは違い、内装に落ち着きや無難さを求めなくてもよいと思います。

自宅っぽさもありながら、ちょっとした非日常感のある空間を演出することを意識しています。お金や時間をかければもっと本格的なデザイナー空間をつくることもできますが、それだと採算が合わなくなってしまいます。

ニトリやIKEA、ネット通販など、安くておしゃれな家具を選んだり、DIYで剥がせるクロスを貼ったりして、他とは違うスペース造りを日々がんばっています。

第4章

一歩間違えば地獄行き！
「一棟中古アパート投資」

第4章では私にとって大失敗ともいえる「一棟中古アパート投資」がテーマです。収益性が低いうえに、空室がなかなか埋まらないアパートを所有するのは大変に高リスクです。ところが世の中には自分自身が失敗したと気づいていない投資家もいるようです。もしくは失敗に気づいても、どうしていいかわからない人も多いです。

失敗に気づいたのであれば、なるべく早く行動を起こすことをオススメしますし、これからお伝えするノウハウが私と同じ立場の方々のお役に立つことを願っています。

1 初心者の私が地獄に落とされた「魔の一棟中古アパート」

2016年に大家デビューを果たした私はレバレッジをかけて、よりハイスピードで投資を進めようと考えました。今でも、その考え自体は間違っていないと思います。

しかし、物件選定を誤ってしまいました。第1章でも述べましたが、当時は、今では考えられないほどサラリーマン大家にとって融資が受けやすい状況でした。

それにより多くのサラリーマン投資家は安易にハイレバレッジがかけられる状況となり、後に社会問題へと発展するスルガ銀行で、高金利の融資を借りて稼働率の悪い地方一棟物件を購入してしまったのです。

こうして夜もまともに眠れないくらい苦しい日々を送るハメになりました。

【アパート1号】

所在地：愛知県名古屋市、購入金額：8150万円、表面利回り：7・6%、構造：木造、部屋数：9部屋、間取り：1R（アンダーロフト）、延床面積：209・6㎡、購入年月日：2017年3月、築年数：6年、家賃：616・8万円／年

2017年に購入したアパート1号は名古屋市の中でも市内中心部へのアクセスが良い、いわゆる好立地の物件です。商業施設が豊富で生活にも便利なエリアです。築浅の好立地物件なので、入居付けに困らないだろうと高を括っていました。

たしかに、もともと空いていた空室が埋まるのには2カ月とかかりませんでした。

繁忙期は過ぎていたものの、まだ人の動きが多い4月だったのも一因でしょう。

しかし、その後が大変でした。1Rの単身者向け物件で頻繁に退去が発生し、2部屋の空室が3カ月以上続いてしまったのです。

焦った私は、物件エリアの客付け業者へマイソク（物件資料）を持って営業に回り

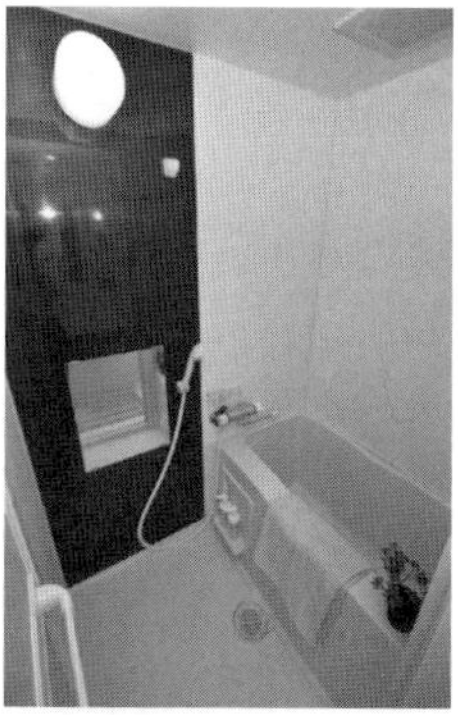

ました。

そこで恐るべき事実に直面します。なんと、そのエリアには新築の単身者向けアパートが次々と建設されている影響で、築浅アパートの空室率が上がっているのです。

そして、その空室を埋めようと周辺のライバル物件がＡＤの額を吊り上げていました。中には新築でも5カ月のＡＤを積まなければ埋まらない例を実際に耳にしています。

【アパート2号・3号】

所在地：岐阜県瑞穂市、購入金額：9200万円、表面利回り：9・1％、構造：重量鉄骨、部屋数：10部屋／6部屋、間取り：2ＤＫ、延床面積：273・78㎡／458・32㎡、購入年月日：2017年4月、築年数：15年／25年、家賃：840万円／年

物件があるエリアは、岐阜県の中では、岐阜市に隣接する郊外地域にあたります。

このような地方郊外の一棟物件は、スルガ銀行と三為業者が隆盛を極めていた時期

に、一定の属性をクリアするサラリーマンにどんどん売られたので、同じような物件を所有する方が多くいるはずです。

その当時は、ファミリータイプで駐車場もあるので、郊外であっても競争力のある物件に思えました。

しかし、購入してしまってから致命的な事実に気づくのです。都市部と違い、郊外では繁忙期以外には人の動きが少なく、長期間の空室が続いてしまったのです。

なお、アパート1号はオリックス銀行から融資を受けましたが、アパート2号と3号はスルガ銀行から融資を受けています。

オリックス銀行の金利が2・5%、スルガ銀行の金利が4・5%です。それに対して利回りは1号が7・6%で、2号と3号が9・1%、イールドギャップ（利回りと金利の差）がアパート1号は5・1%、アパート2号と3号が4・6%とあきらかにアパート2号、3号のほうが収益性が落ちるのです。さらに稼働率が低いとなっては致命的です。

第2章でリカバリーの経緯を述べましたが、とにかく私の一棟物件では「稼働率を高める」ことが最重要課題となりました。

2 なぜ一棟投資で失敗してしまうのか

さて、なぜ私が地方一棟物件で失敗してしまったのか。

地方で一棟物件を購入したからといって必ずしも失敗するわけではありません。むしろ、地方投資で規模拡大を遂げている投資家もたくさんいます。

しかし、実際に私を含めた多くの方が失敗の状況に陥ってしまっているのには、借りた融資の条件もあるのですが、それ以外にもいくつかの共通の理由が存在します。

●失敗理由① 借金が多額になりがち

一棟投資で失敗する理由として、借金額があります。当然ですが戸建てに比べて金額が高いです。

スルガ銀行のように独自の融資基準がある金融機関もありますが、銀行によっては積算評価(土地や建物の価値による銀行評価)を基準にして融資するケースがあります。

地方では国道沿いなど路線価の高い地域が多数存在しています。すると、実際の収益性よりも高額の評価がつき、その物件が持つ本来の価値よりも高額の融資が受けられるのです。

ハイレバレッジをかけるのは諸刃の剣です。少ない元手で大きな資金を調達できるわけですから、成功した際の儲けは拡大しますが、失敗した際の損も拡大するのです。その結果、ハイリスク・ハイリターンの投資になってしまいます。

ある程度の経験を積んだ投資家であれば、そこを利用して規模拡大ができるのでしょうが、私のような不勉強な初心者にとってはただひたすら高リスクとなってしまうわけです。

●失敗理由② エリアを知らない

これは業者が紹介してきた物件を数字だけ見て、鵜呑みにして買ってしまうと起こるリスクです。特に遠隔地の場合、エリアを知らずに買ってしまうと大きな失敗の原因につながります。

本来であれば地縁があったり、もしくは地元であったりなど自分が知っているエリアが望ましいのですが、そうでない場合はヒアリング・リサーチが欠かせません。

しかし、多くのサラリーマン投資家は物件を見てもおらず、購入して初めて現地に行った人が多いようです。私自身も購入前に現地まで足を運びましたが、地場の客付け業者へのヒアリングなどは怠っていました。

●失敗理由③ 物件に関心がない（自ら動かない）

これもサラリーマン投資家にありがちです。机上の数字ばかり追いかけて、リアルな不動産に対してはまったく関心がない人もいます。

しかも、興味がないから自分で何かをする気持ちになりません。もしくは、圧倒的な知識不足でどうしていいかわからなくなり立ちすくんでしまうのです。

私自身は空室が続いた段階で危機感を抱いて動き始めましたが、空室が続くことに対して何の対策もしなければ、赤字がどんどん増えて立ち行かなくなってしまいます。

●失敗理由④ 規模がでかい

地方投資は、「借金が多い＝物件単価が高く、大きな物件が買えてしまう」となりがちです。

例えば、同じ1億円でも東京と地方で比べると、地方のほうが建物は倍くらい大きくなります。

規模が大きくなると、自分で管理し切れないですし、人に任せるにしても管理会社がしっかりしていなければ手に負えなくなります。こうなると、逆レバレッジが利いてしまい、これもまた失敗がどんどん広がってしまう要因となります。

●失敗理由⑤ 危機感がない

これはそもそも失敗に気付いていない、あるいは今後に訪れるリスクを感じ取れていないケースです。

私の場合は前述した通り、最初に4部屋の空室が出たのでキャッシュフローが0でした。これが若干でもプラスになっていると、変な安心感を抱いてしまうのです。

例えば、「満室なら月20万円の家賃が入るところ、空室が2室あるので10万円になる。でも10万円入るんだし・・・まあ~いいか」と安心してしまうのです。

もしくは多少マイナスでも「大きな修繕が発生していないし、本業の収入から補填できるから大丈夫だろう」と軽視している人も実はかなりいます。

その場合、退去が重なって新たな入居者を付ける際には、原状回復費やADがかかるのでどんどんキャッシュアウトしてしまいます。このように危機感がないと傷が大きく広がってしまうのです。

3 大切なのは稼働させること、私が行った空室対策

アパートの空室に苦しんでいた私がいかにして空室を埋めていったのか、その具体的な方法をご紹介します。

●最小限のコストでイメージアップ

家賃収入が想定通りに入らずアパート2号、3号ではキャッシュフロー0円という状況で、とても空室対策にお金をかけられません。

そこで、数百円から数千円程度の低コストでできる空室対策を行いました。これらは脇田雄太氏の書籍『人生を切り開く「1億円」投資思考』（ごま書房新社）をはじめ、書籍で勉強しました。

・姿見の鏡を設置・・・2000円（IKEAで購入）
・ハンガー用フックの取り付け・・・2000円（IKEAで購入）

・芳香剤の設置・・・500円（ドラックストアで購入）
・入居者用プレゼント（高級ティッシュ・アロマ入浴剤・ハンドソープなど）・・・2000円（無印良品・ドラックストアなどで購入）
・錆びていた鉄階段のDIY塗装・・・2万円（ホームセンターでペンキ・刷毛を購入）

これらの空室対策は内見に来てもらえて初めて効果のあるものです。

私の物件の場合、内見がほぼゼロの状態が数カ月も続いていたので、いくら物件に手をかけたところであまり効果がないと徐々に気づきました。

●管理会社の変更

人口が減少し新築物件も乱立している現在において、空室は放っておいて埋まるものではありません。まずは周辺地域や競合物件について、しっかりリサーチし、適切な募集条件を設定する必要があります。

当然、家賃を下げれば決まりやすくなるわけですが、大家としては収益性を確保する必要があるので、さまざまな努力や工夫を凝らしながら客付けを行っていきます。

アパート2号と3号の場合、元々の管理会社のレスポンスが悪く、空室を埋めようと主体的に動いている風には思えませんでした。

しかしこの担当者は人柄が良く、電話で状況確認しても、すごく頑張ってくれているような口ぶりなので、あまり問い詰められませんでした。

それにしても恐ろしいほどに内見が無い状態が続いたので、心を鬼にして別の管理会社を探しました。

管理会社はインターネット検索で見つけました。

HPを見たところ、大家の利益を最優先に、受け身ではなく積極的な管理をしているとあったので、これは期待できると判断し、すぐに社長さんと面談しました。

話してみると感覚が合う方で、「満室になるまではいろいろと口出ししますよ」と冗談めかして言ってくれたのですが、まさに私が欲しかったのはプロからのアドバイスです。

これまでの管理会社との圧倒的な差を感じ、この管理会社に任せることに決めました。

そして、大家である私と一緒に近隣の客付け業者への営業を提案されました。

部屋の条件やアピールポイントは管理会社の社長から話していただき、私はあらかじめ買い込んでいたレッドブル（コンビニなどでおなじみのエナジードリンク）を営業マンへ渡して、労いの言葉と「何とかお願いします！」と想いを伝えました。
レッドブルは結構ウケたので、印象付けるにはオススメの手土産です。
そうした営業活動の甲斐もあり、仲介店からの問合せや内見の数が一気に増えました。

●ステージング

名古屋の先輩大家さんと空室対策について相談している時に、ステージングという客付け方法を知りました。ステージングとは室内をモデルルームのように装飾し、物件の印象を良くする手法です。

特に名古屋市内にあるアパート1号は入退去が多く、近隣にライバル物件も多いので、ステージングで差別化するのが良いと考えました。築浅で、もともと20代の女性入居者さんが多い物件だったので、ターゲットを20代で社会人の女性と定め、白とパステルカラー調の色でまとめたステージングを施しました。

ステージングのポイントは、ファッション好きの若い女性が好むような雑貨屋やカフェなどを参考にしています。

もちろん私にはセンスがないので、全て妻の受け売りです。

部屋の造りはどの部屋も同じなので、空室が出るたびにステージングした部屋の写

【ステージング】

真を使い募集しています。

●外国人の直接紹介

最後に紹介するのは外国人の直接紹介です。

地方には私たちが想像している以上に、外国人の入居需要があります。私の場合はたまたまブラジル人と知り合って仲良くなり、入居紹介を受けました。

彼の名を仮にロベルトとします。ロベルトは子どものころに故郷のブラジルから日本に移住してきました。それから一度もブラジルに帰っていないそうです。漢字は怪しいですが、話し言葉や気遣いは完全に日本人です。

彼の見た目は100キロ超えの巨漢でバッチリとタトゥーが入っており、街で見かけたら避けて通るレベルのいかつさではあります。

しかし彼は熱心なクリスチャンであり、家族思いのパパであり、現場では頼れる兄貴のような存在で私は信用しています。彼の家に招かれて、小柄でとてもかわいらしいブラジル生まれ、大阪育ちの奥さんに手料理をふるまってもらったこともあります。

そんなロベルトは日本に渡航してきて、住む場所が見つからず困っているブラジル人を外国人入居可の大家さんに紹介しているのです。私も、空室が出るとロベルトに相談し、ブラジル人の入居者を紹介してもらっています。

もちろん、既に仕事に就いており支払い能力がある前提ではありますが、外国人可にすれば入居者の幅は一気に広がります。

私の場合、日本人と同様に外国人入居者の場合も、必ず保証会社に加入してもらうようにしています。ほとんどの保証会社は緊急連絡先として日本人か日本語が話せる人を指定することが求められるので、それ自体がリスクヘッジとなっています。また、退去時の清掃費用を多めに請求しています。

4 効果抜群の自己客付け

第2章で簡単に触れましたが、私の行った客付けでもっとも効果があったのは、「ジモティー」で行う自己客付けです。前述した通り「ジモティー」とは全国各地域の地元情報を掲載するサイトで、不用品の売買によく使われています。ＣＭでご覧になった方も多いのではないでしょうか。

その「ジモティー」には「不動産」のカテゴリーがあり、そこで賃貸募集が可能です。私は客付け業者での募集と並行して、「ジモティー」にも掲載して入居募集をしました。

変更した管理会社さんは客付け業者系ではなく独立した管理会社でした。そのため、宅建業許可がなく賃貸仲介ができません。

しかし、大家が直接見つけてきた入居者の賃貸契約に関する実務は行ってくれることになりました。

その場合、「ジモティー」から申込んだ入居者側のメリットとしては、仲介手数料がかかりません。大家側からすると契約業務に対する手数料は発生するのですが、客付け業者経由の場合にＡＤを支払うことを考えると、実際に負担する金額はあまり変わりません。

管理会社とは「チャットワーク」というチャットアプリで、リアルタイムで情報を共有しながらコミュニケーションを取っています。「ジモティー」で問合せがあった場合は、お客様の了解をいただいた後、すぐに「チャットワーク」で情報を共有し、あとは直接電話でやり取りしてもらいます。

「ジモティー」に載せると反響はとても多い一方で、すぐに連絡が途絶えるケースもありますが、そのやり取りも含めて管理会社に対応していただけるのは大きなメリットではないかと感じています。

5 「ジモティー」客付け、遠隔操作法

多くの方が「ジモティー」による客付けは、自主管理の大家さんのやり方であると考えていますが、前述したように私は管理委託しながら遠隔で「ジモティー」を使って1棟物件の客付けを行っています。

ここでは私と同じように管理委託をしている、加えて物件の近隣でなく遠方に住んでいるサラリーマン大家向けの「ジモティー」客付けの方法をお伝えします。

まずは管理委託をしている管理会社に連絡して、「ジモティー」からの入居希望者を受け入れてくれるかを確認します。

私のケースは管理会社を変えるタイミングでもあり、その辺の対応が柔軟な管理会社でした。ただし、「ジモティー」客付け自体は初めてなので試行錯誤しながら進め

ていきました。

基本的に「ジモティー」への登録は自分でして、問合せ先も自分に設定します。入居希望者とのやりとりで、先方の電話番号を聞いたところで管理会社より電話をするように伝えます。

そこからあとは通常の客付けと同じで、お部屋を内覧して気に入ったら申込み、保証会社の審査を経て契約となります。

管理会社が「ジモティー」客付けを認めない場合は、対応してくれる客付け業者を探して、その客付け会社に対応を依頼します。

この場合は「自己発見取引」といって、大家さんが客付け業者を通さずに、自ら取引の相手（入居者）を見つけているため仲介手数料はかかりません。

その代わりに事務手数料として、大家から管理会社（または客付け業者）に賃料1カ月を支払います。広告はしてもらっていないのでADはかかりません。

なお、一般媒介契約と専任媒介契約では禁止されていませんが、専属専任媒介契約だけは自己発見取引を禁止しています。

【ジモティー客付けのフロー図】

一般的な賃貸客付けの場合

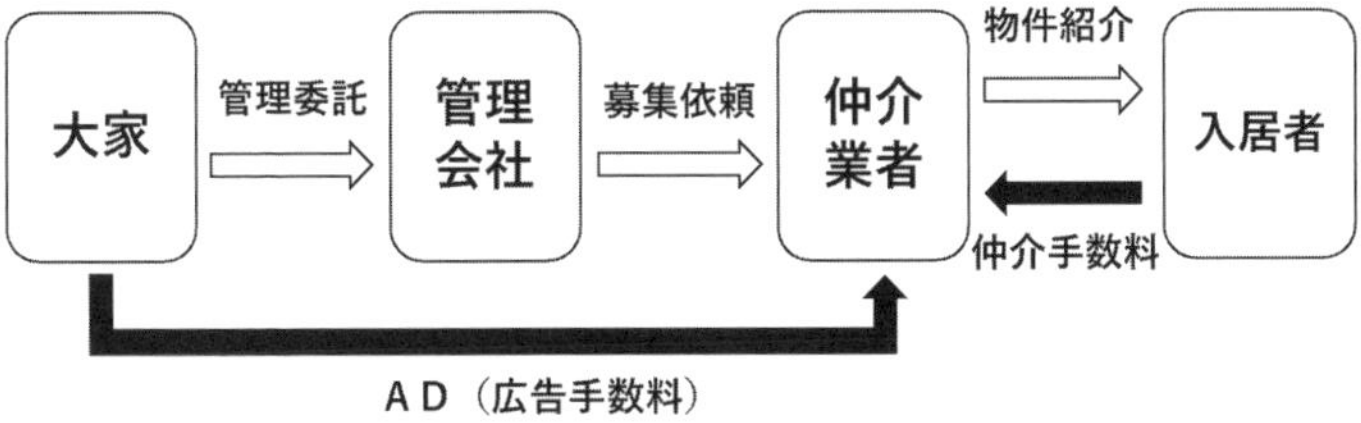

ジモティー客付けの場合

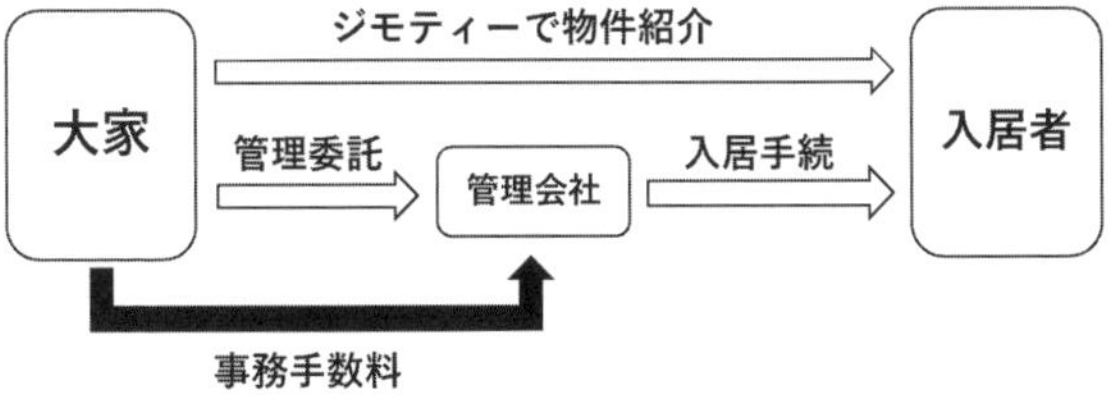

【スマホのオプション価格】

リフレッシュ	¥370(200pt)
リフレッシュ × 5	¥1600(1200pt)
定期リフレッシュ	¥2580(1800pt)
定期リフレッシュ × 5	¥11000(7500pt)
定期リフレッシュ × 10	¥17000(12000pt)
ハイライト	90pt
ハイライト × 5	¥610(375pt)
ハイライト × 10	¥980(600pt)

【PCのオプション価格】

選択	オプション	価格
	PR枠	空き枠・料金を見る
□	リフレッシュ	¥300 (200pt)
□	リフレッシュ × 5	¥1200 (1200pt)
□	定期リフレッシュ	¥1800 (1800pt)
□	定期リフレッシュ × 5	¥7500 (7500pt)
□	定期リフレッシュ × 10	¥12000 (12000pt)
□	ハイライト	¥90 (90pt)
□	ハイライト × 5	¥375 (375pt)
□	ハイライト × 10	¥600 (600pt)

※オプションの商品価格を一部変更いたしました。

「ジモティー」での募集をより効果的に行うにはオプション機能が有効です。

普通に掲載しているだけでは、他の新しい投稿がされるたびに表示順が下がってしまいます。それを新着投稿として再び上位に表示させるオプションが「リフレッシュ」です。さらに、それを7日間繰り返す「定期リフレッシュ」というオプションもあります。

とにかく私は早期決着させたい性格なので、必ず「定期リフレッシュ」のオプションを使うようにしています。

意外と知られていないのが、このオプションは買い方によって値段が異なることです。現在、定期リフレッシュをスマホアプリから購入した場合は2580円かかりますが、PCから購入すると1800円なので780円も安くなります。積み重なると大きな金額になるので、私は必ずPCから購入しています。

6 その他のリカバリーテクニック

空室対策には「これさえ行えば完璧!」というものはなく、複数の方法を次々に試していくのが王道なのではないかと思います。

物件タイプはもちろん、近隣のライバル物件の動向から、需要のあるシーズンなのか、また地域性といった複合的な要素が絡まるからです。私はとにかくできることを片っ端から行いました。

また、空室対策以外にも何とかして収入アップができないか検討しました。それについては次に記載します。

●家賃を上げる

まずは家賃を上げられないか検討します。そもそも地方の場合、簡単には家賃が上げられません。

東京であれば、例えばリフォームに300万円かければ月2万円上げられる可能性もありますが、地方はそうしたシンプルな相関関係が見込めません。ですからコストをかけたリフォームには慎重になります。

ただし、例外が一つだけあります。それは、「もともとの持ち主が家賃を安くした場合」です。

なぜかというと、田舎の地主は大規模な不動産投資をしているためか個別の物件に対して想いが希薄で、安い家賃で貸しているケースが多々あるからです。

その結果、一般には入居者が変わると家賃が下がってしまいがちですが、地方の場合は逆に上がることも珍しくありません。

よくあるのが、部屋のメンテナンスもいい加減で安く貸していたので、入退去のタイミングでキレイにして貸したら家賃が上がったケースです。

●別収入で増やせないか検討（自販機）

家賃を上げるのも限界があるので、別に収入を増やす道を考えるのも有効です。

まず検討したいのが自販機の設置です。

自販機は業者に頼めば無料で付けられます。

注意点としては、電気料金が発生しますし、業者によって1本売れた時のバック率も異なります。

また、立地によって人気のメーカーが来てくれるかどうかの問題もあります。いずれにせよ、素人でわからない部分も多いので、相見積もりを取って判断しましょう。

その他に、太陽光発電や携帯電話の基地、駐車場の台数を増やすのも家賃以外の収入につながります。

●プロパンガス会社の切り替え

もう一つオススメは、プロパンガス会社の切り替えです。ガス会社を切り替えると、給湯器の交換や洗面化粧台の設置、シャワートイレの取り付けなどサービスを受けられる場合があります。できれば紹介で、もしくは複数社に条件を聞いて比較するようにしています。

注意点として、プロパンガスの場合は都市ガスに比べてガス料金が高く、そのエリア一帯がプロパンガスエリアであれば問題ないのですが、都市ガスのエリアのファミリー物件ではプロパンガスの物件が敬遠されるケースもあります。

その他、プロパンガス会社から見ると、ファミリー世帯はガスをよく使いますが、シングル世帯はあまり使いませんので、そこまでのサービスを受けられないこともあります。

また、地方によってプロパンガスのサービスに差があるようです。東海エリアと関東エリアは総じてサービスが良いようですが、関西ではサービスにほとんど期待できないと聞きます。

いずれにしても近隣の先輩大家さんへ、そのエリアのサービスがどうなっているのかを事前にリサーチして、それからプロパンガス会社の紹介を受けることをオススメします。複数社あるようなら相見積もりをしてもいいでしょう。

HANA コラム ④

「映え」写真の撮り方、教えます！

スペースの写真を撮る時に、いくつか気をつけていることがあります。

プロのカメラマンなら光量を調整する露出やシャッタースピードなど、色々なことにこだわると思います。しかし、私は写真のプロではないので、カメラの細かな設定や機能について詳しくありません。

それでも私の経験から、スペースの写真を撮る時にはコツがあることがわかってきました。

まず、写真を撮るのは晴れた日の日中にしています。部屋の向きによって自然光の入りやすい時間帯が違うので、明るく写る時間を狙えばよいと思います。

それから、広角レンズを使って撮るようにしています。スペース全体がフレームに収められますし、実際より広く見える効果もあるので、広角レンズは私の必須アイテムです。

なお、私が愛用しているカメラは、見た目のかわいさと、持ち歩き易さで選んだ「OLYMPUS PEN E-PL8」です。「LUMIX G VARIO 7-14」という互換性のある超広角レンズをセットして使用しています。

私はメルカリでレンズとセットで約6万円と、だいぶ安く購入することができました。

価格ドットコムで確認したところ、現在であれば新機種のカメラ本体「OLYMPUS PEN E-PL9 EZダブルズームキット」が4万8590円と、現行品の同じレンズが5万4000円で購入できるようです。

また、スペースのいろんな方向から撮るようにしています。予約サイトにはなるべく多くの写真を掲載して部屋の様子をわかりやすくした方が、予約につながりやすくなるからです。

ただ、どうしても明るさが足りないと感じた時には、あとから加工する方法もあります。私はスマホの写真編集機能を使って明るくしています。利用者様の半数以上がスマホから予約をしているので、PCだけではなくスマホ画面で見た時にキレイに見えるかどうか、必ずチェックするようにしています。

第5章

利回り100%超え！
初期費用30万円からはじめる

「レンタルスペース投資」

私は現在、名古屋市を中心に12室のレンタルスペースを運営しています。

レンタルスペースは、時間単位で気軽に場所を借りられるサービスとして、ここ数年で大きく盛り上がりを見せています。

地方で行えることをご存じない方もいらっしゃいますが、東京・大阪のような大都会でなくても十分にニーズがあります。

第5章では、このレンタルスペースの仕組み、物件の探し方、始め方といったノウハウをお伝えします。

1 意外と知られていない「投資としてのレンタルスペース」活用

レンタルスペースには、貸し会議室・パーティースペース・キッチンスペース・撮影スタジオなど、いろいろなカテゴリーがあります。

その中でも、私は大掛かりな設備投資を必要とせず、少額からスタートできる「貸し会議室」と「パーティースペース」を運営しています。

レンタルスペースの大きな特徴といえば、物件を所有せずに賃貸物件を借りて始められることです。

賃貸物件を借りて家具や備品を置いて貸し出す点では、似た業態として民泊が挙げられます。転貸民泊との違いは、宿泊を伴わないので法令による制限が少なく、そのため消防設備等の大規模な工事が必要ありません。

それ以外にも宿泊を伴わなければ、利用者がそのスペースに対して清潔感への許容度が大きく異なります。ホテルや宿泊施設では、ベッドや洗面所などに髪の毛一本でも落ちていたらすぐにクレームになってしまいます。

しかし、レンタルスペースの場合は、その程度でのクレームは滅多にありません。これは利用者にとって、部屋そのものよりも会議やパーティーなど、そこで行われる「こと」に関心があるからだと考えています。

私自身、セミナーに行く時は、そのセミナーの内容に興味があるだけで、その部屋が汚れていたのか、机の色が何色だったのかと聞かれても答えられる自信がありません。

次に、実際にレンタルスペースの種類をまとめましたので参考にしてください。

●貸し会議室

その名の通り、時間貸しの会議室を指します。会議や打合せ、セミナーなどの用途で使われるのが一般的です。テーブルと椅子、ホワイトボードやプロジェクターといった設備が備わっており、ビジネス利用に適しています。

しかし、簡素な造りのため時間単価が比較的安く、ビジネス以外の会合にもよく使われます。

●パーティースペース

パーティー利用を前提としたスペースです。主な利用者層は学生や若年層の社会人、女子会やママ会を行う層が中心となります。飲食を伴ったり、映像を上映するなども多く、ハロウィンやクリスマスといった季節のイベント時には特に需要が高まります。

●キッチンスペース

パーティースペースと用途が重なりますが、キッチンスペースでは調理環境に重きが置かれます。その場で料理を作って食べるのが前提となるため、大掛かりなキッチン設備が必要となります。セミプロ料理人による料理会や、料理教室といった用途にも使われます。

●撮影スタジオ

撮影用のスタジオとして利用されるスペースです。個人の撮影会から商品撮影、動画撮影など、さまざまな撮影ニーズがあります。コスパが良く、おしゃれなスペースが好まれる傾向です。

このようなレンタルスペースは主に都会に集中しています。

人口が多くて地価が高い地域で、慢性的な場所不足のため、たとえ有料でも個室空間を求めるニーズが表れているといえるでしょう。

それでは、レンタルスペース運営に適しているのが東京や大阪など主要都市だけなのかといえば、決してそんなことはありません。それが私の辿り着いた結論です。

首都圏であれば、千葉県・埼玉県・神奈川県の主要駅近くなどでは高い需要があります。また、名古屋・福岡・仙台といった各都市部でも、多くの成功事例が存在しています。

特に主要駅の近辺なり、ビジネス街や商業地といった人が集うエリアには、必然的に利用者も集まって来るといえます。

加えていえば、東京は特に家賃が高いエリアとなるため、地方の中の都市部を狙ったほうが安い家賃で好立地物件が借りられます。その分だけランニングコストが抑えられ有利だと認識しています。

2 ビジネス以外に激増！多種多様化するレンタルスペースの利用用途

レンタルスペースを利用した経験がない方からすると、「本当に需要があるの？」「どんな人が利用する？」と疑問に思われるかもしれません。私も運営して初めて気づいたのですが、レンタルスペースにはとても幅広い需要があります。

会議やセミナー、パーティーといった、もともと想定している以外の実例を紹介することで、利用者層についてイメージしていただけたら幸いです。

●**動画配信**

動画配信のために利用される方は非常に多いです。これまでの利用者でいえば、FXでの稼ぎ方を教えるユーチューバーの方がいました。その他、ショールームでライブ配信する地下アイドルといった方々が、常連になって利用してくれるケースが多いです。

●コスプレ・オフ会

驚いたのがコスプレイヤーによる集まりや撮影、地下アイドルのオフ会・誕生会といった利用が非常に多いことです。私がオタクではなくこの業界の規模感について、あまり想像できませんでした。

しかし、この用途での利用はとても多いです。そして、確かに個室でなければ開催しにくい内容から、とても根強いニーズがあると感じています。

●タコパ・ボドゲ（たこ焼きパーティ・ボードゲーム）

主にパーティースペースが多いのですが、タコパ・ボドゲといった利用用途が挙げられます。タコパとは「たこ焼きパーティー」のことで、ボドゲとは「ボードゲーム」の略称です。

この2つを一括りにするのも不思議な感じがするのですが、若者がワイワイして遊びたい時に、タコパやボドゲは非常に相性が良いようです。そのため、調理可としているパーティースペースでは、たこ焼き器を必ず置くようにしています。他にもさまざまな用途で使われます。

●貸し会議室として	●パーティースペースとして
四柱推命講座	友達の誕生会
アロマ会講座	課題のＰＶ作成
コーチングレッスン	ブロマイド＆写真集撮影
耳つぼセラピスト養成講座	タロット占い勉強会
エアライン就職面接対策講座	カメラ撮影練習会
レイキヒーリングの実践、体験会	ポートレート撮影
ヘアアレンジのスタイル撮影	ネットフリックス鑑賞
プログラミング勉強会	ファッションブランドの商品撮影と物販
ＣＧ製作	アーティストのファンの集まり
太陽光メンテナンス勉強会	ランチ
バンドのグッズ紹介動画撮影	結婚式の余興練習
外資系企業との電話面接	ぬいぐるみの写真を撮る
ウェディング業界勉強会	メンタリズムのパフォーマンス練習会
画家の集客勉強会	起業女子会
すごろくノート術ワークショップ	スイーツパーティー
ゲーム実況の録画	コスメ好きオフ会
ファッション動画撮影	アイドルの誕生会
大学院メンバー勉強会	タコパ
通信勉強会	ホームパーティー
英会話講座	ブルーレイ鑑賞
起業家育成塾	料理パーティー
開業医向けマーケティング講座	プチ同窓会
アメブロセミナー	ドール撮影

前ページの一覧にあるレンタルスペース利用用途は全て実際に使われた方の事例です。これでもあくまで一部でしかありませんが、ご覧になって驚かれるでしょう。

このようにレンタルスペースには、とても多くの需要があることがおわかりいただけるかと思います。

3 転貸スペース投資のハードルとは?

私が行っているレンタルスペース投資は、まずは賃貸物件を借りて、それから時間単位で貸し出す方法です。手数料や家賃を差し引いてもプラスになるだけの売上をつくり利益を得ます。

この借りた物件を、また他の誰かに貸すことを「転貸」と言います。

借主は、貸主の許可なしで賃貸物件の転貸が法律で禁止されているので、転貸する場合は必ず大家さんの許可を得なければなりません。

この投資において大家さんの許可の取得が最大のポイントとなります。

そもそも「転貸」は一般の不動産賃貸契約では、標準で「不可」となっているケースが多いです。これは転貸によって、貸主と借主以外に第三者が介在すると、トラブルが複雑になってしまうリスクが高まるためと考えられます。

その結果、転貸可能な物件となると限られてしまい、その中でも家賃や立地などの条件が合う物件は一握りになってしまうのです。

4 転貸OK物件の探し方

前述したようにレンタルスペースができる賃貸物件はそれほど数がありません。なぜなら、利用者が入居者である「私」ではなく「不特定多数」になるので、抵抗を持つオーナーが多いのです。それではどのように探すのかというと、次のような方法があります。

●ローラー作戦

最初の物件を探していたころは、まだ名古屋にはレンタルスペースもほとんどなく、探し方がよくわかりませんでした。

とにかく賃貸物件の仲介店（客付け業者）をしらみつぶしに1店ずつ回って、「貸し会議室ができる部屋はありませんか？」と、問合せて回りました。

当時は、仲介店も貸し会議室の存在を知らず門前払いされました。今ではある程度広まってきたので、すんなりと紹介してもらえるケースも増えてきているように感じます。

●中国系の仲介店とつながる

積極的に物件を紹介してくれる業者に、中国系の仲介店が挙げられます。中国系のオーナーは部屋の使用用途については寛大なことが多く、何室か物件を紹介していただきました。

ただし、その場合に注意が必要なのは、その物件の管理組合がレンタルスペースを許可しているかどうかです。知り合いの例ですが、オーナーが独断で許可を出しても、運営を始めた後に管理組合からNGが出て撤退となったケースもあるので、入居前にしっかりと確認を取りましょう。

●テナントに強い業者とつながる

住居系よりテナント系を扱う仲介店の方が、物件情報を持っている可能性が高いです。特に住居用よりも事務所用の方が許可の下りる可能性は高いですし、店舗用だとなおさらです。

ただし、店舗用で家賃や初期費用の安い物件となると、スケルトン状態（内装など何もない状態）だったりするので注意が必要です。

●営業マンと懇意になる

同じ仲介店から何度も物件を借りていると、営業マンと仲良くなってきます。もともと共通点があれば親しくなれますが、何件か契約していると共通の思い出ができていくようです。

すると自然と仲良くなりますし、私が所有しているアパートの入居付けもお願いするなど、こまめに連絡を取り合うようにしています。

その結果、今では退去前でインターネットに載る前の情報まで教えてくれるようになりました。

5 スペースの選び方・作り方

次に開業するため、どんな部屋を選んで、どのようにスペースをつくればいいのかをお伝えします。

私が運営しているのは、1Rや1Kの1部屋タイプです。少額で始められることにこだわっている（それしかできないのですが）ので、どうしても家賃が安くて狭い部屋が中心になります。

20平米を下回るような狭い物件の場合は、テーブルも極力小さいものを選び、自由に移動させられるようにしています。スペースの使い方も選択肢が多いほど、利用者のニーズを満たせると考えているからです。

20平米以上の部屋でも、テーブルは小さく自由度を高くするのは基本なのですが、広い空間を利用して、見せ方を工夫するようにしています。

また、パーティースペースの場合には大き目のオブジェを置くなど、広いスペースを有効活用する工夫をしています。

続いて、スペースに必要なものをご紹介します。

●貸し会議室編

基本的に、貸し会議室に必要なものはシンプルです。簡単に始められます。しかし簡単ということは、裏を返せばライバルが現れやすく、どのように差別化をするのかも十分に考える必要があります。

【必要なもの】

・テーブル・・・なるべく小さくてレイアウトが変えやすいもの
・椅子・・・折り畳み、スタッキングができると良い
・ホワイトボード・・・ホーロー素材だと書き痕が残りにくい
・プロジェクター・・・明るい室内で使う場合2500ルーメン以上が推奨
・文房具などの備品etc・・・ハサミやホチキス、修正テープなど基本的な文房具

●パーティースペース編

パーティースペースの場合は貸し会議室と違って、リビングのように床やソファー

に座れるように、くつろげる空間が求められます。ダイニングテーブル等でスペースを大きく埋めてしまうより、足を伸ばして座れる空間作りがオススメです。

【必要なもの】
・ローテーブル・・・なるべく小さくてレイアウトが変えやすいもの
・ソファー・・・最近は低いソファーが人気
・ラグマット・・・部屋のアクセントになる
・テレビモニター・・・32インチ以上のものを選ぶ
・冷蔵庫・・・冷凍と冷蔵に分かれた2ドアタイプ
・電子レンジ・・・特別な機能は不要で温めることができればＯＫ
・剥がせるクロス・・・部屋のアクセントにオススメ
・装飾ｅｔｃ・・・おしゃれなフレームやイミテーションのグリーンなど

6 運営の肝はチームプレイ

運営に関しては、募集～予約～支払いまでをレンタルスペース専門の予約サイトの仕組みを使って行えます。スペースを借りて、あとはメールアドレス・電話番号・免許証などの身分証を登録すればすぐに始められます。主なサイトは次となります。

・「スペースマーケット」　https://www.spacemarket.com/
代表的なレンタルスペース予約サイト、パーティースペースの掲載数が多い
・「スペイシー」　https://www.spacee.jp/
ビジネス用途に強い予約サイト、貸し会議室と言えばスペイシーのイメージが強い
・「インスタベース」　https://www.instabase.jp/
ビジネスとパーティー用途のバランスが取れた予約サイト

複数のサイトを利用するとダブルブッキングが心配ですが、Googleカレンダーと連

動する仕組みがあります。その他は自分たちで行う必要がありますが、私は物件探しと登録作業、予約管理と対応を自分で行っています。

設営に関しては部屋のコンセプト決め、インテリアや家具選びなどは妻、実際の設営作業は私とスタッフが行い、写真撮影は妻が行います。そして、備品補充や清掃はスタッフにお願いします。

このような役割分担をするチーム制をとっているおかげで、スペースの数が増えても問題なく運営ができます。

なおスタッフの募集はいつも客付けでお世話になっている「ジモティー」で行いました。「ジモティー」はさまざまなことを掲載できるので重宝しています。

7 レンタルスペースで起こりがちなトラブル

レンタルスペースで起こりがちなトラブルといえば、「鍵が開かない！」というクレームです。鍵の件で電話をいただく場合がとても多いです。

鍵はダイヤル式のキーボックスをドアノブにつけて管理しており、予約確定の際にメールで暗唱番号を送っています。

しかし、番号を合わせたが鍵が開かない（鍵を取り出さずにドアノブをひねっている／キーボックスを開けられない）など、そもそも部屋までたどりつく前に、集合ポストのダイヤルを回しているケースも多いです。写真で説明したり、ポストやキーボックスにラベルを貼ったりと、できる改善策はいろいろとあります。

しかし、何も考えずに電話をしてくる人には対策のしようがありません。一定数はこのクレームがあるものと認識しておいたほうが良いでしょう。

その他、忘れ物をして退出してしまい、慌てて電話がかかってくることもあります。よくあるのは上着や傘、ケーブル類やペンといった類です。

時間外の無断入室はできないため、他のお客様が利用していない時間をお伝えして、ご自身で回収するようお願いしています。

またトラブルが起こりやすいパーティースペースには防犯カメラを設置しています。抑止力につながりますし、週一の清掃の際に何かあれば後から確認できます。Amazonで「ネットワークカメラ」と検索すると5000円位でヒットするのでレビューを見て購入しています。

8 利回り100%超え！私の「12室」のレンタルスペース紹介

ここからは私が実際に運営しているスペースの紹介をさせていただきます。

私が貸し会議室を出店している立地は、基本的に名古屋市の主要駅から徒歩5分以内を原則としています。特にビジネス利用が比較的多い貸し会議室の場合だと、立地の利便性が求められます。

将来、ライバル物件の出現を想定すると、当初から利便性の良い物件を確保しておけば、長期的に競争力が保てると考えています。

その中でも特に強いのが新幹線の駅です。名古屋なら、栄・伏見・大須といった中心市街地もありますが、それ以上に名古屋駅近辺の利用者の方が多いのです。なぜなら、新幹線で東京や大阪から来て名古屋に集まる需要があるからです。

これは名古屋だけに限らず、他の地方でも同様のケースがあるようです。例えば福岡の場合は貸し会議室の需要が一番強いのは博多駅付近です。

博多駅の場合は、福岡空港からのアクセスが非常に良いのも後押ししているといえるでしょう。

なおパーティースペースに関しては、新幹線の駅前が好まれるのかといえば、そうとも限りません。

パーティーをする利用者層は地元の方が中心になります。その場合なら新幹線の駅でなくても、賑わいのある商業地が好まれるでしょうし、帰るのに都合の良い複数路線が乗り入れる駅が選ばれるかもしれません。

また、パーティースペースを選ぶ基準には、立地以外の要素が加わってきます。それは、「写真映えするおしゃれなスペースなのか？」という点です。

パーティーのメンバーに女性がいる割合は多く、仲間と楽しんでいる模様をインスタグラムなどのＳＮＳに投稿する可能性も高いでしょう。

そのため、おしゃれで目立つスペースであれば、多少は不利な立地であっても十分に人気スペースになる可能性はあります。

それでは次項からは、各スペースの詳細となります。

【スペース1号】

所在地：愛知県名古屋市、初期費用：35万円、実質利回り：113・1％、間取り：1K、延床面積：21㎡、開始年月：2018年5月、平均売上：10万円／月、家賃＋固定費：6・7万円／月

私の場合、旅館業の存在を知るより少し早いタイミングでしたが、「転貸の貸し会議室が儲かる！」という話を耳にしました。そして名古屋には、ほとんど貸し会議室がないので、さっそく物件を探しに賃貸の仲介店回りをしました。

前途したとおり仲介店からすれば、貸し会議室の存在すら知らないので、不特定多数が出入りする時点で門前払いされることがほとんどでした。そんな中、ある仲介店オーナーが自主管理しているビルを紹介されたのです。

オーナーは70歳を超えているであろうご老人ながら、とても物腰の柔らかい紳士でした。そして、自分の物件を新しい試みに使ってもらえるのは喜ばしいと快諾いただけたのです。

第5章　利回り100％超え！

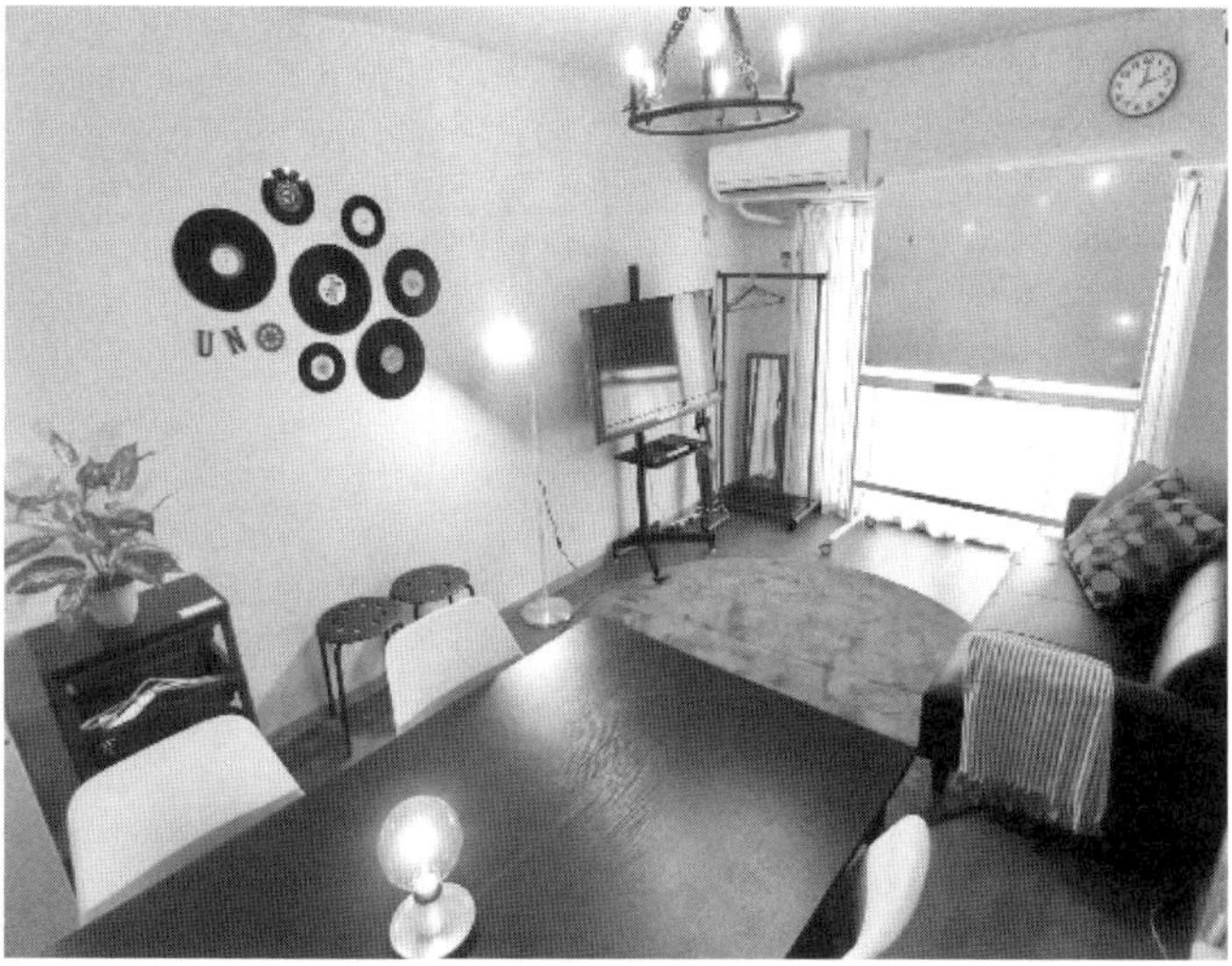

【スペース2号】

所在地：愛知県名古屋市、初期費用：35万円、実質利回り：123・4%、間取り：1K、延床面積：20㎡、開始年月：2018年7月、平均売上：10万円／月、家賃+固定費：6・4万円／月

2室目も仲介店を飛び込みで回っている中で紹介されました。

店員さんはややグリーンがかった茶髪で、ネイルがバッチリ決まったギャル風でしたが、とても礼儀正しく熱心に物件を探してくれました。

そして、一部に店舗も入っているようなマンションを紹介いただきました。もとからキレイな部屋だったのですが、差別化を図ろうとシルバーのマスキングテープで壁の一面をストライプ調にした結果、人気スペースとなりました。

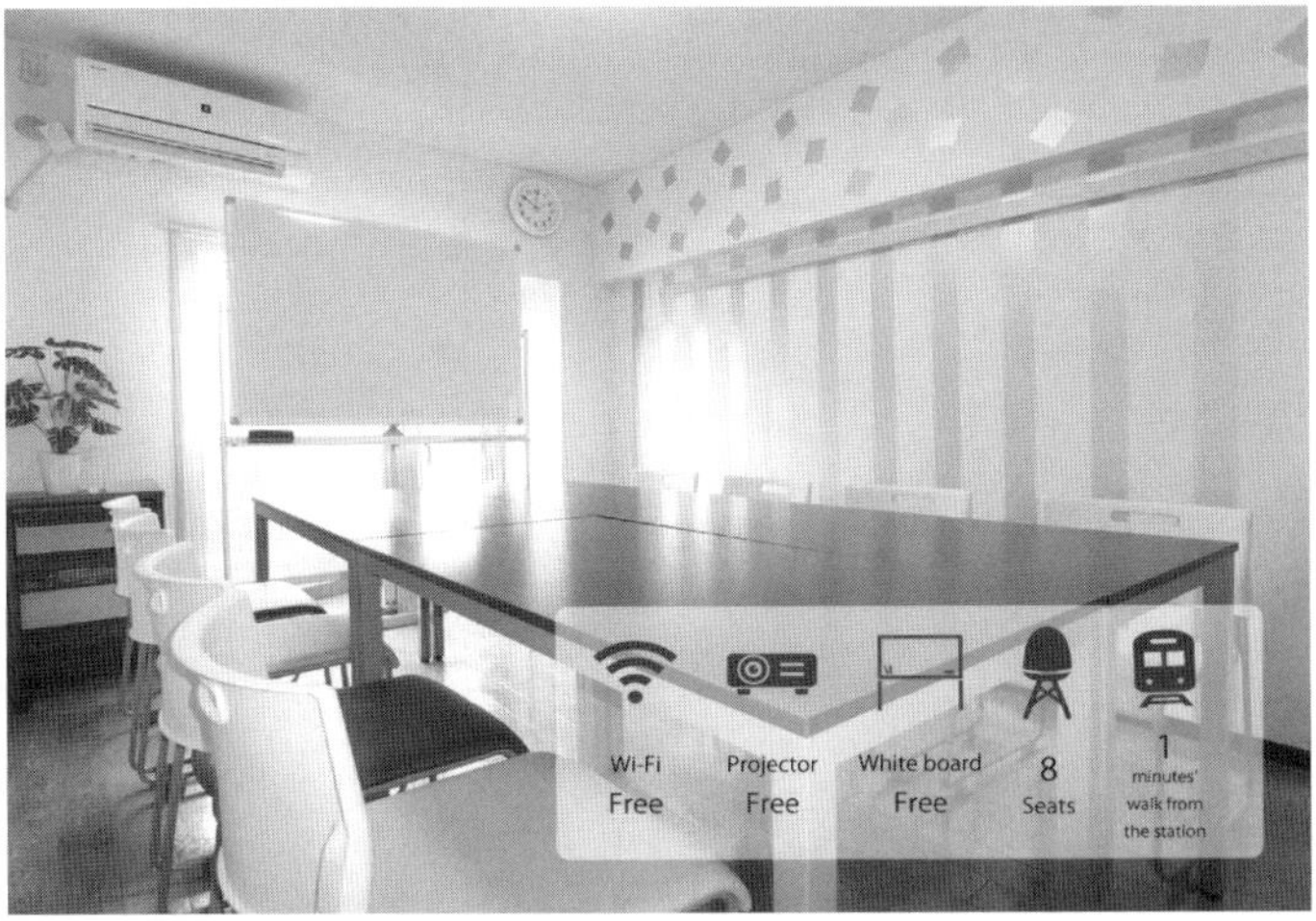
Wi-Fi
Free
Projector
Free
White board
Free
8
Seats
1
minutes'
walk from
the station

【スペース3号】

所在地：愛知県名古屋市、初期費用：35万円、実質利回り：78・9％、間取り：1K、延床面積：21㎡、開始年月：2018年9月、平均売上：9万円／月、家賃＋固定費：6・7万円／月

3室目を始めたのは、1室目のオーナーから電話があり、「空室が出たのでもう一室どうですか？」という持ち掛けがきっかけでした。

すでに1室目は順調に埋まっており、紹介された部屋は角部屋で明るかったので、これは人気が出そうな予感がしたのです。

結果、この部屋と1室目の部屋は、近くにアイドル専用のライブハウスがあるのですが、アイドルやバンド、コスプレイヤーといった方によく使われるようになりました。

第5章　利回り100％超え！
初期費用30万円からはじめる「レンタルスペース投資」

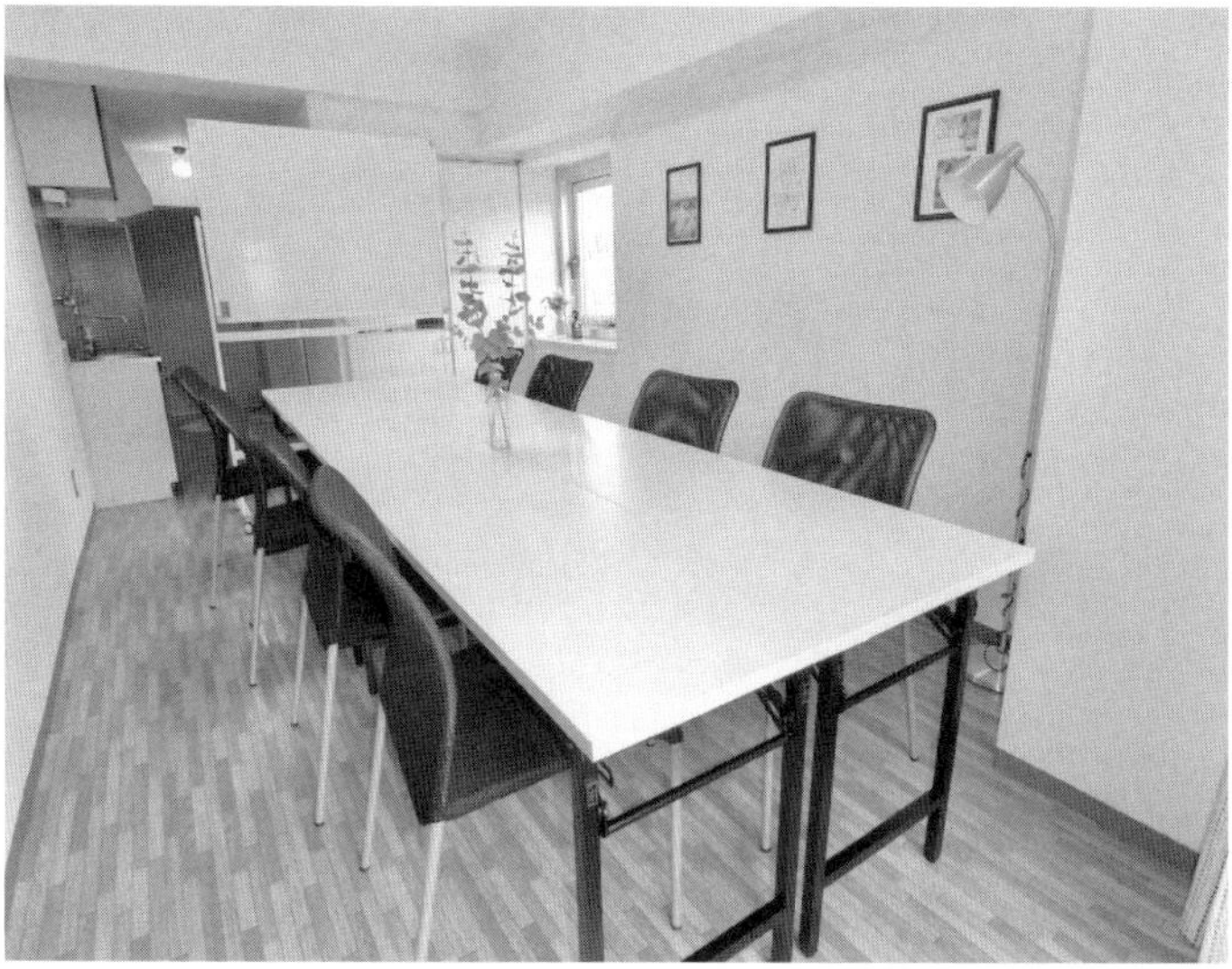

【スペース4号】

所在地：愛知県名古屋市、初期費用：35万円、実質利回り：192・0％、間取り：1K、延床面積：19㎡、開始年月：2018年12月、平均売上：12万円／月、家賃＋固定費：6・4万円／月

4室目は初めてのパーティースペースになりました。

ちょうど入居したのが12月のクリスマスシーズンだったのですが、今度は「パーティースペースは12月が儲かるらしい」という情報を耳にしました。それでせっかくなのでパーティーに振り切ってしまおうと考えたのです。

クリスマスツリーを置き、当時にインスタグラムで流行っていたコストコの大きな熊のぬいぐるみを模した、普通の熊のぬいぐるみを置きました。

すると、12月に入ってからのオープンだったのにも関わらず、予約は埋まり続け、なんと単月で20万円の利益を叩き出したのです。それによりパーティースペースの破壊力を知ることができました。

第5章　利回り100％超え！
初期費用30万円からはじめる「レンタルスペース投資」

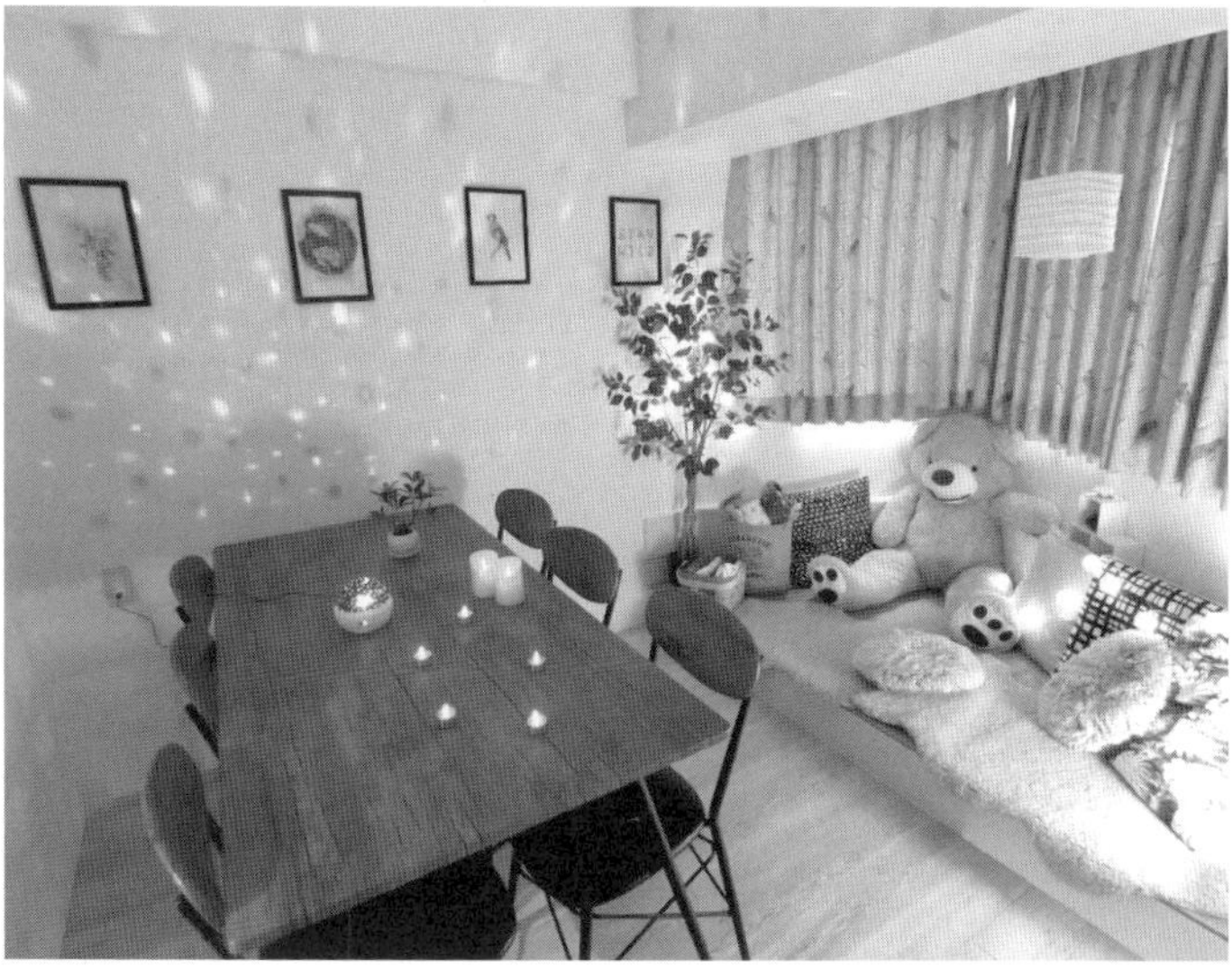

【スペース5号】

所在地：愛知県名古屋市、初期費用：35万円、実質利回り：181・7%、間取り：1K、延床面積：28㎡、開始年月：2019年2月、平均売上：12万円／月、家賃＋固定費：6・7万円／月

5室目からは、芸大卒の妻のデザイン力をフルに発揮し、女子のトレンドにフォーカスした部屋づくりへとシフトしていきました。

東京のパーティースペースでよく使われているキャノピー（ベッドなどにある装飾用の天蓋）を設置し、手作りのジャイアントフラワー（大きな花の飾り）を飾りました（章末のコラムに写真があります）。

これまでの4室と比べて広さがあるため、10名以上で利用することができます。タコ焼きパーティやボードゲームといった、パーティースペース定番の使い方をされることが多く安定稼働しています。

第5章　利回り100％超え！
初期費用30万円からはじめる「レンタルスペース投資」

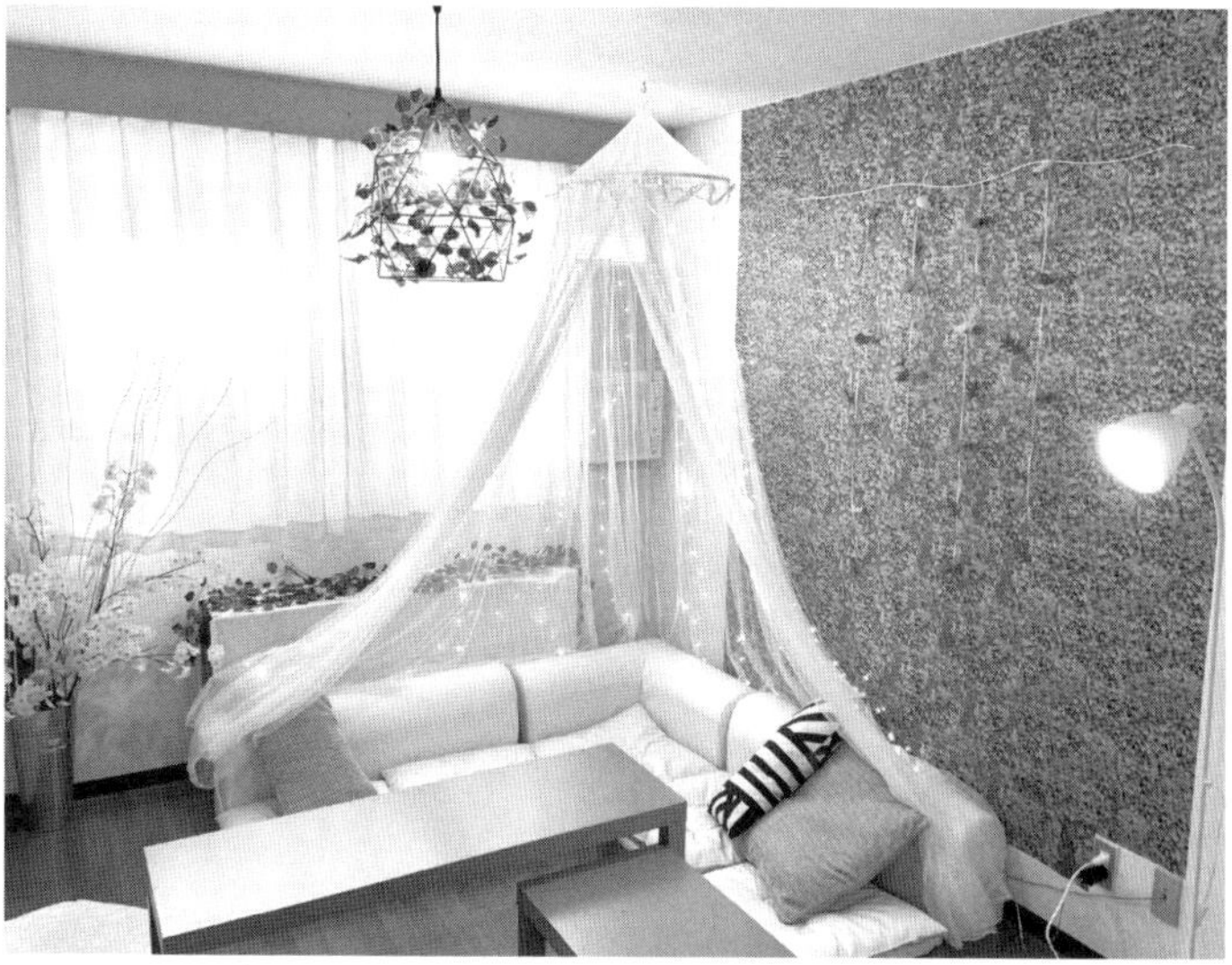

【スペース6号】

所在地：愛知県名古屋市、初期費用：45万円、実質利回り：149・3％、間取り：1K、延床面積：16㎡、開始年月：2019年3月、平均売上：13万円／月、家賃＋固定費：7・4万円／月

6室目は名古屋駅エリアで初めての貸し会議室にしました。ライバルとの差別化を図るべく、狭い部屋を有効利用できるように円のテーブルにしたところ、安定した人気スペースになりました。

このスペースはハーフでブロンド美女の大学生から、「年間利用したい！」と望まれ借りていただいています。

彼女は学生ながら英会話スクールを開き、非常に立派です。私が大学生だったころと比べると、あまりの違いに同じ人間とは思えないほどです。

第5章　利回り100％超え！
初期費用30万円からはじめる「レンタルスペース投資」

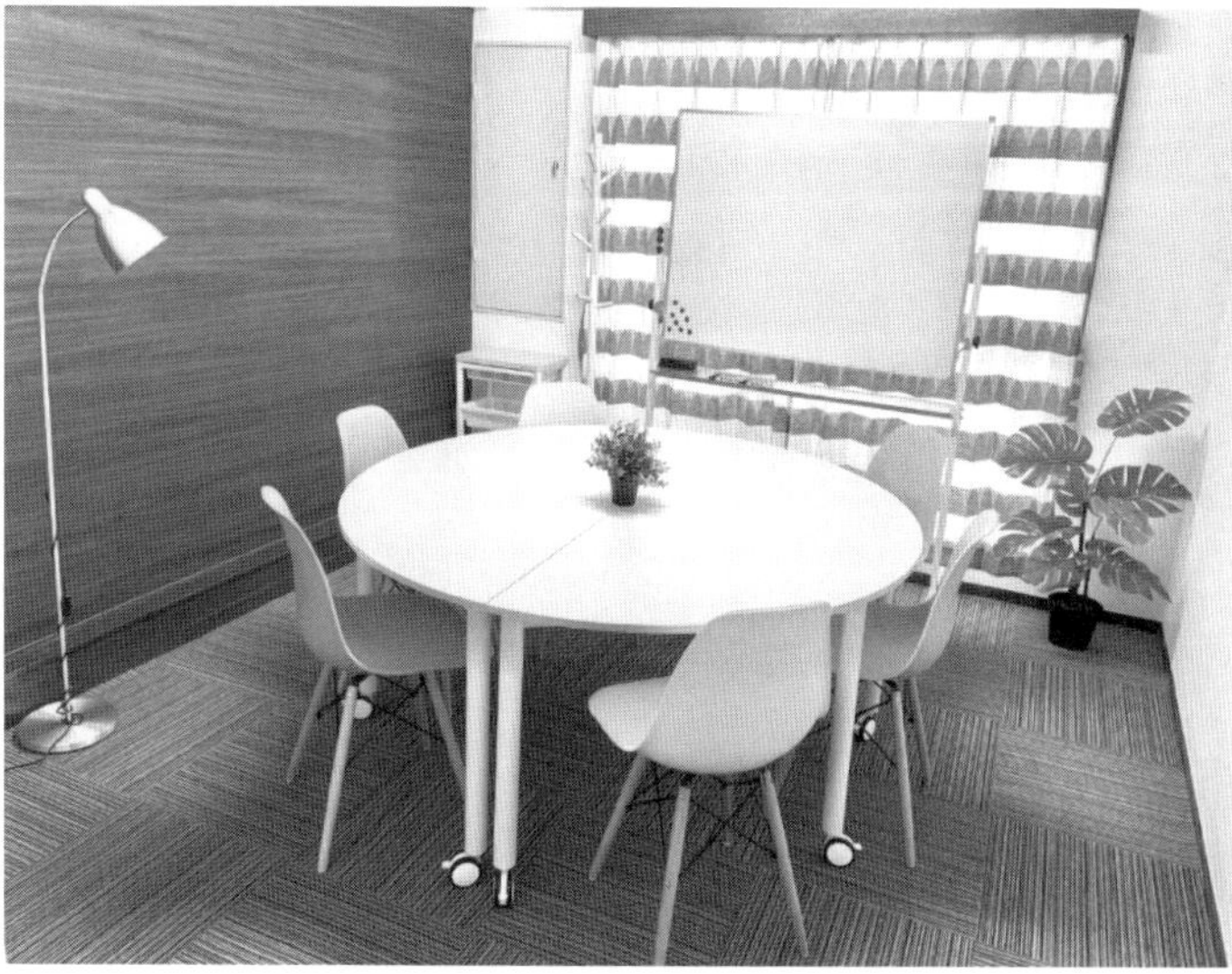

【スペース7号】

所在地：愛知県名古屋市、初期費用：35万円、実質利回り：75・4％、間取り：1R、延床面積：27㎡、開始年月：2019年3月、平均売上：9万円／月、家賃＋固定費：6・8万円／月

7室目は名古屋の栄という、商業地域にある1R物件です。ビジネスよりは買い物客など、お出かけに来る層が多く歩いているエリアです。

ここならビジュアルを尖らせ、写真映えを狙ったスペースに需要があると考えました。妻のアイディアで、三日月の形を模したベンチを置くことにしました。といっても既製品がないので、カインズホームで板材を買い、DIYコーナーで製作しています。

この椅子のおかげで、他のレンタルスペースと差別化することができました。インスタグラマーなど、撮影を伴う利用者の方に特に好評をいただいています。

第5章　利回り100％超え！
初期費用30万円からはじめる「レンタルスペース投資」

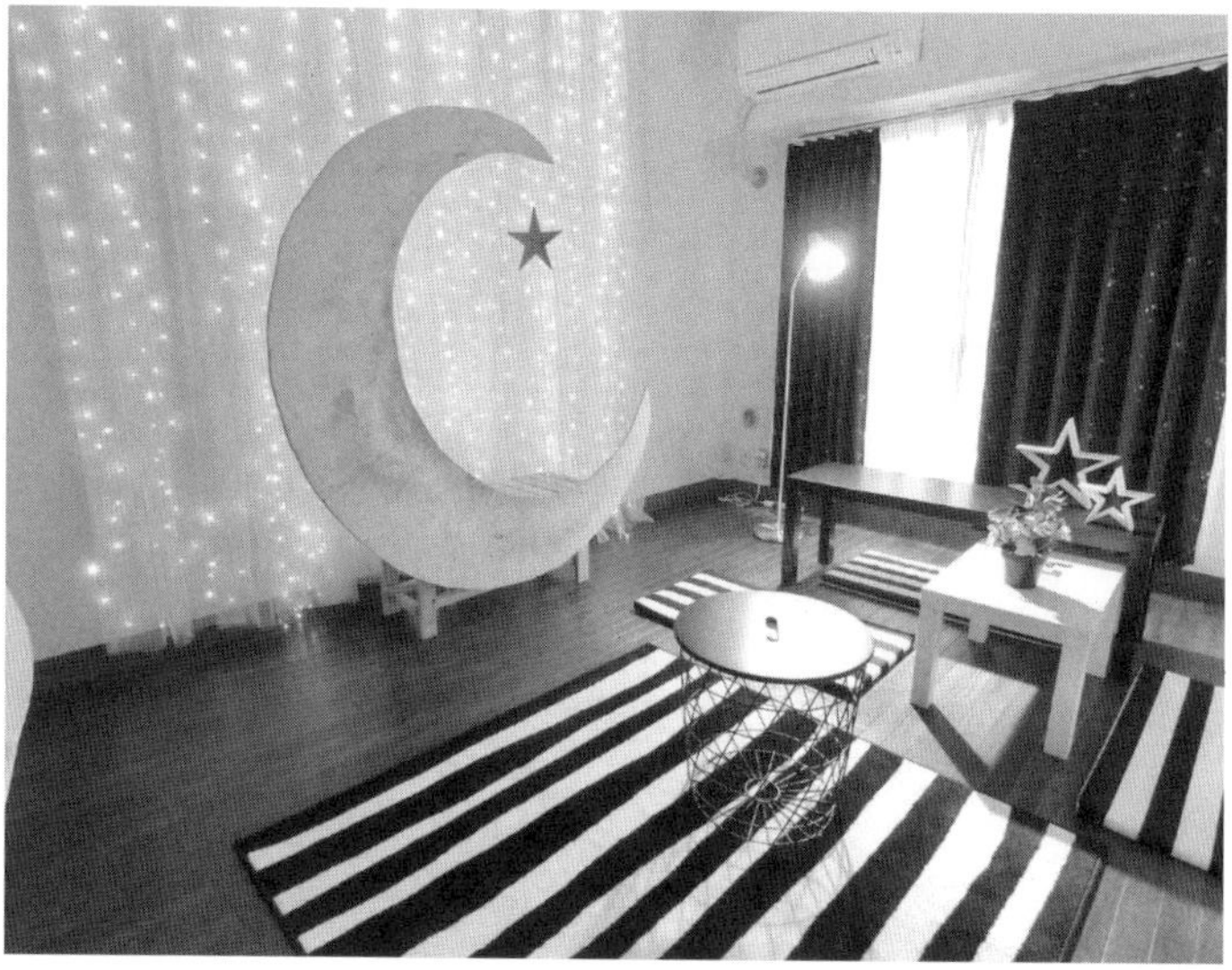

【スペース8号】

所在地：愛知県名古屋市、初期費用：35万円、実質利回り：89・1％、間取り：1K、延床面積：17㎡、開始年月：2019年3月、平均売上：9万円／月、家賃＋固定費：6・4万円／月

8室目は、4室目があるビルの管理人さんから声をかけられ入居が決まりました。管理人さんが大家さんと話していた時に、「この部屋が空いていて、ちょうどリフォームが完了したばかりだよ」と教えてくれたのです。扱っている仲介店を教えてもらい、すぐに内見して申込みました。

パーティースペースは他と被らない個性を持った写真が必要だと感じていたので、紫色を基調に部屋を仕上げています。

IHコンロが元から備えつけられているので調理可とし、たこ焼きやホットプレートでの調理もできるようにしました。

第5章 利回り100%超え！
初期費用30万円からはじめる「レンタルスペース投資」

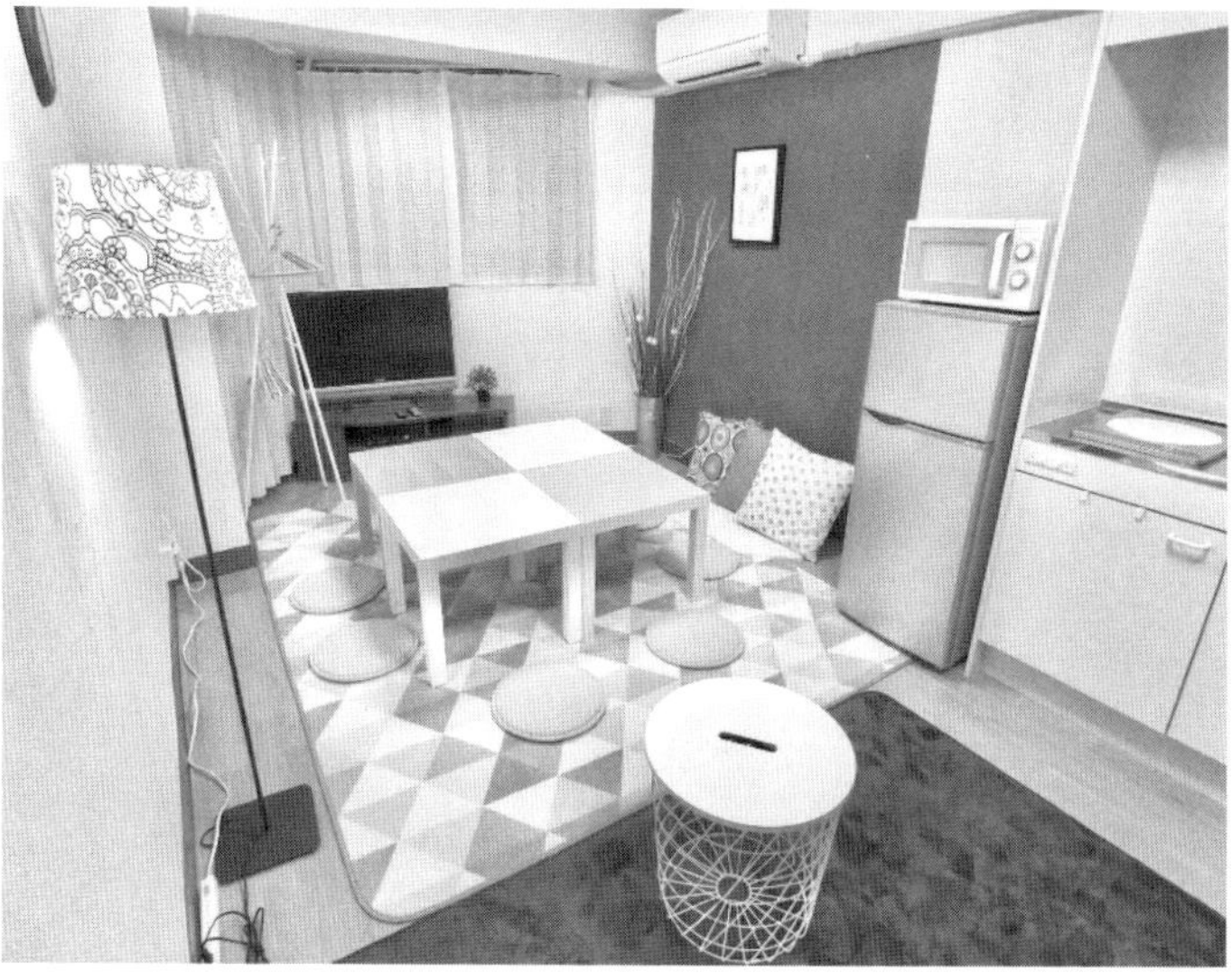

【スペース9号】

所在地：愛知県名古屋市、初期費用：25万円、実質利回り：278・4％、間取り：1K、延床面積：24㎡、開始年月：2019年3月、平均売上：13万円／月、家賃＋固定費：7・2万円／月

9室目の物件は、名古屋で貸し会議室を運営している仲間から引き継ぎました。彼は名古屋から転勤となり、遠隔での管理は負担が重いと考えたようで、私にこの部屋を譲ってくれたのです。

おかげで室内の備品はそのまま利用し、少し写真や募集ページを変えるだけで簡単に始められました。

シンプルな内装で使い勝手がよいためかセミナー利用が多いです。数カ月先まで予約してくれるお客様もいます。

第5章　利回り100％超え！
初期費用30万円からはじめる「レンタルスペース投資」

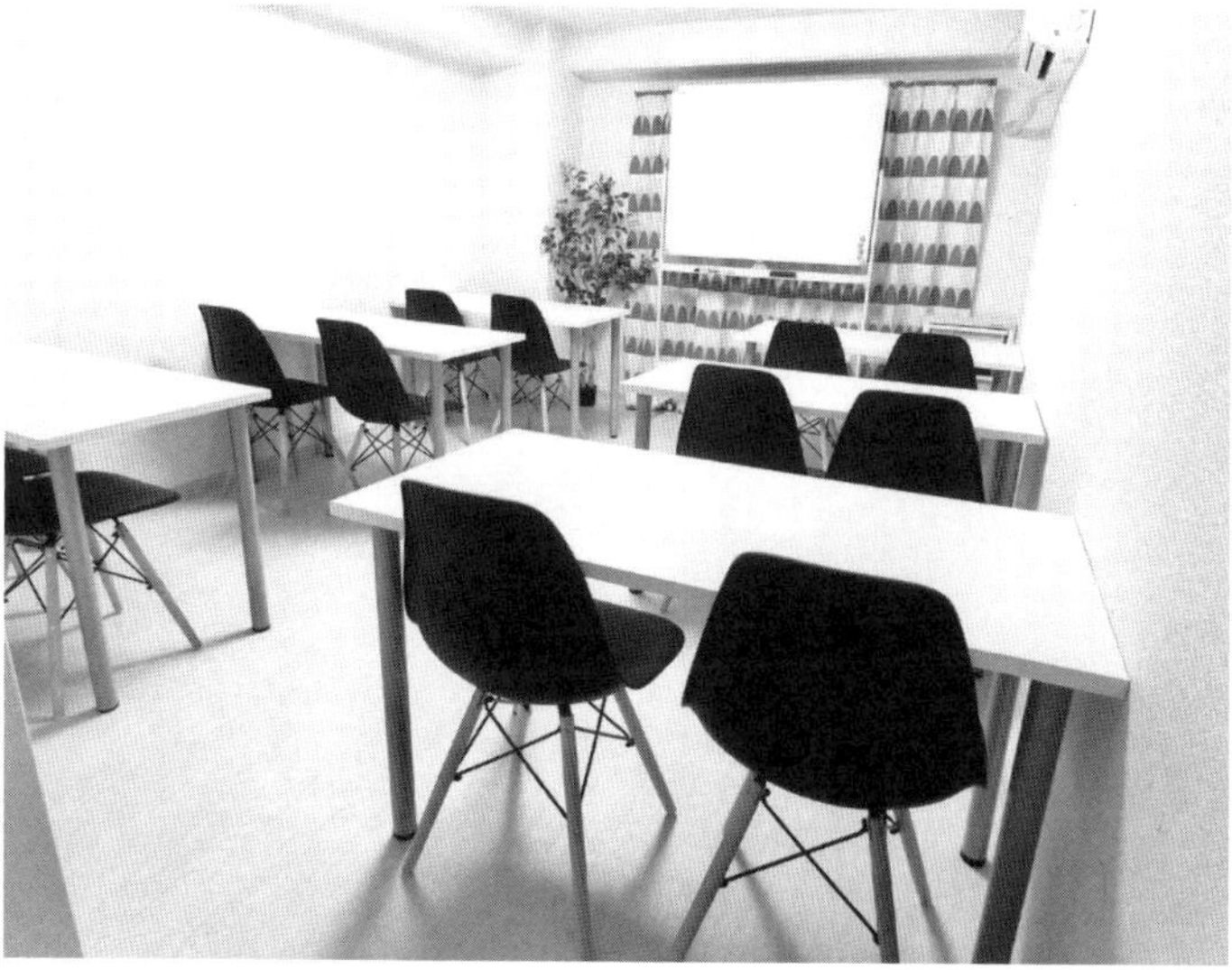

【スペース10号】

所在地：愛知県一宮市、初期費用：25万円、実質利回り：28・8％、間取り：1K、延床面積：14・4㎡、開始年月：2019年10月、平均売上：6万円／月、家賃＋固定費：5・4万円／月

10室目の物件は、初めて名古屋以外の街でオープンしました。

一宮市は私が生まれ育った街で、周りに競合物件がほぼありません。レンタルスペースへの認知は名古屋よりも更に遅れているはずです。

しかし、起業して個人で講師業をする人が想像以上に多く、今後も増えていくことが予想されます。少しずつ周知されていけば利用者は増えていくでしょう。

狭いスペースながら、清潔感がありホワイトボードやプロジェクターなどの設備を完備していることで、満足いただけるケースが多いようです。

第5章　利回り100%超え！
初期費用30万円からはじめる「レンタルスペース投資」

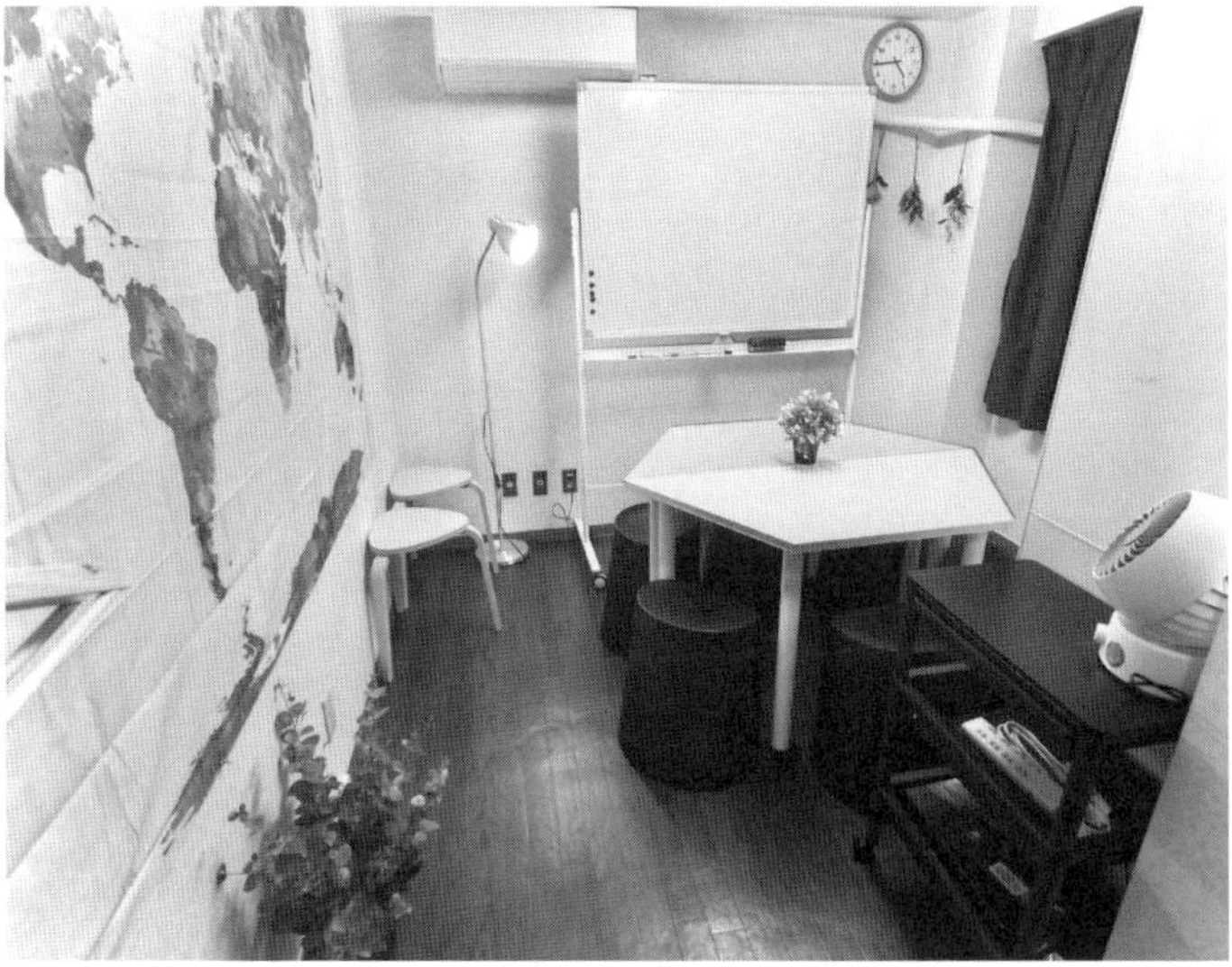

【スペース11号】

所在地：愛知県名古屋、初期費用：35万円、実質利回り：126・9％、間取り：1K、延床面積：14・5㎡、開始年月：2019年10月、平均売上：10万円／月、家賃+固定費：6・3万円／月

11室目は、8室目の仲介店からお話をいただきました。

空室の出たオーナーがリフォームを完了したということで、募集を開始した即日に連絡が入りました。

翌日に内見したところ、見事にフルリフォームされていました。その場で申込みをし、無事に入居することができました。

窓が多く明るい室内のため、狭さのわりに圧迫感がありません。初月から黒字スタートの人気スペースとなりました。

第5章　利回り100％超え！
初期費用30万円からはじめる「レンタルスペース投資」

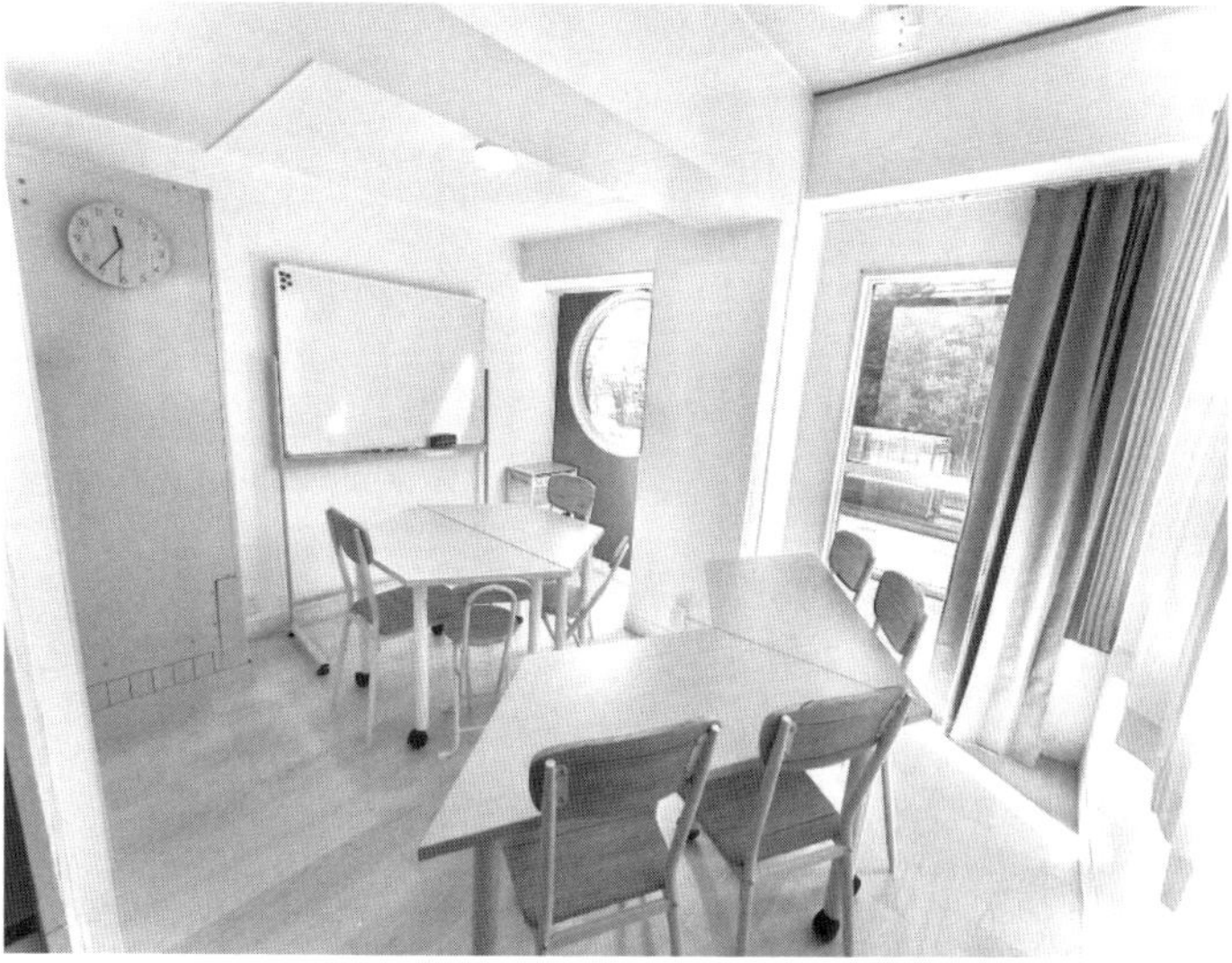

【スペース12号】

所在地：愛知県名古屋市、初期費用：35万円、実質利回り：116・6％、間取り：1K、延床面積：19㎡、開始年月：2019年12月、平均売上：10万円／月、家賃＋固定費：6・6万円／月

12室目の物件は、8室目と11室目でお世話になり、すっかり常連となった仲介店に紹介されました。この部屋は数年間も空室でオーナーに放置されていたそうです。「そろそろリフォームでもして誰かに貸してみるか」というタイミングで私に声がかかりました。当然インターネット掲載前の状態です。

賃貸仲介店経由でどんなリフォームが良いかと聞かれたので、「アクセントクロスを貼ってほしい」と伝えると採用されました。

家賃も希望価格を伝えたところ、その条件で入居することができました。

第5章　利回り100％超え！
初期費用30万円からはじめる「レンタルスペース投資」

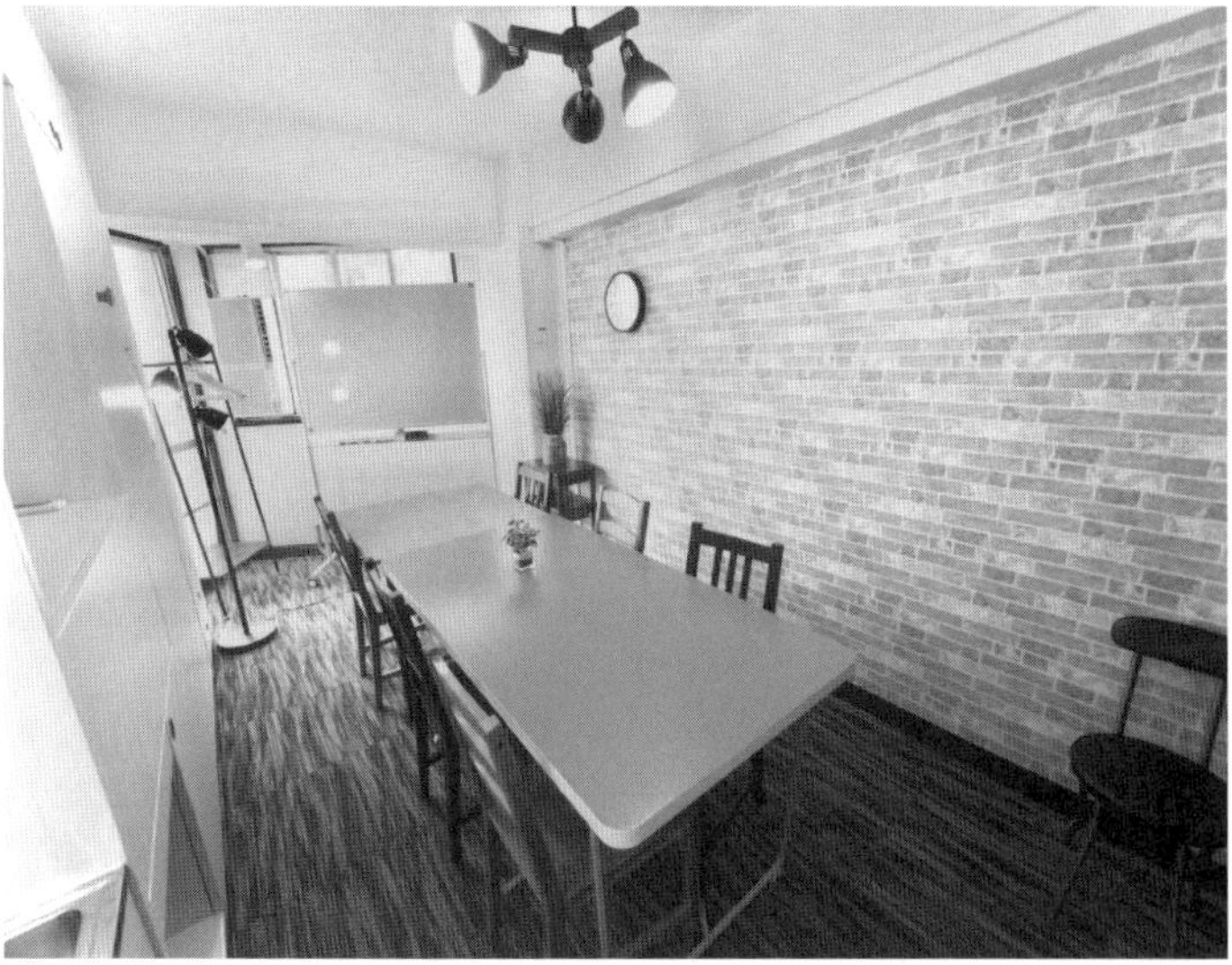

12室のレンタルスペース事例はいかがでしたでしょうか。

私は10室以上のレンタルスペースを運営しているので、部屋ごとの売上のばらつきを抑えられ安定的な収益を得られています。しかし、やみくもにスペースを増やせば、同時に赤字のリスクも増えるため注意が必要です。

私としては、今後も立地が良くて長く高稼働すると判断できる物件があれば、出店を続けていくつもりです。なぜなら、私は立地を名古屋に特化しているので、数があれば管理コストをどんどん抑えられるため、収益性がさらに安定していくからです。

今後は第2のエリアとして東京や大阪も視野に入れています。もちろん、そこでもドミナント戦略で同時に何室かの出店を計画しています。


また、レンタルスペースの利用者がそこに集まって、大切な仲間とリラックスした時間を過ごす中で、新しい発想が生まれて物語が始まることもあります。

そんな利用者の声を聞けると私はとても嬉しい気持ちになり、これこそがレンタルスペース運営の醍醐味だと感じます。

そんな空間をより多くするため、スペースを増やし続けたいのです。

レンタルスペースは、多くの人に求められている時代に合った投資法です。多くの利用者に喜ばれるようなスペースをこれからも提供していきたいです。

第6章

たった1泊で5万円!?
大きな夢を抱ける
「宿泊業」

第6章でご紹介するのは宿泊業です。私は歴史ある観光地、飛騨高山にて小さな宿を経営しています。

不動産投資家がよく知る民泊と似たようなイメージを持たれるかもしれませんが別です。民泊はその種類により、各自治体から認定を受けたり届出をしたりして開始しますが、宿泊業（旅館業）は許認可制で保健所・消防署の検査を受ける必要があります。

ハードルが高いように思えますが、法律が緩和されてだいぶ行いやすくなりました。本章では宿泊業を始めるためのノウハウをお伝えします。

1 「宿泊業」とはどんな事業なのか

私が行っているのは旅館業です。ただ、旅館といっても私が運営しているのは小さな戸建て型の旅館です。

旅館と聞くと、仲居さんがいるような大きな温泉旅館を想像してしまいがちなので、そこを混同されないためにも「宿泊業」という呼び方をしています。

戸建てで行っていると「民泊ですか」と聞かれることもありますが、民泊ではありません。

ここで、民泊と宿泊業の違いをおさらいしましょう。

民泊には2種類があります。

・特区民泊（正式名称、国家戦略特別区域外国人滞在施設経営事業）
いわゆる日本が国家戦略として制定した緩和されている地域での民泊。大阪を中心に行われている。

・民泊新法（正式名称、住宅宿泊事業法）
２０１８年６月に新しく施行された法律で、一般住居を民泊として貸し出せるもの。

「旅館業」はそれとはまったく別で、昔からあるホテルや旅館の運営をするための許認可です。

ここでご存じない方のために、旅館業の基本を解説します。旅館業法によれば、旅館業は次のように定義されています。

旅館業とは「宿泊料を受けて人を宿泊させる営業」と定義されており、「宿泊」とは「寝具を使用して施設を利用すること」とされている。旅館業は「人を宿泊させる」ことであり、生活の本拠を置くような場合、例えばアパートや間借り部屋などは貸室業・貸家業であって旅館業には含まれない。

また、「宿泊料を受けること」が要件となっており、宿泊料を徴収しない場合は旅館業法の適用は受けない。

出典：厚生労働省健康局生活衛生課「旅館業法概要」
https://www.mhlw.go.jp/bunya/kenkou/seikatsu-eisei04/03.html

旅館業法で定められた旅館業には「ホテル営業」「旅館営業」「簡易宿所営業」「下宿営業」の4種類があります。

2 宿泊業の許可取得の際の注意点

宿泊業として開業するには、普通の賃貸物件と違って営業許可を取得する必要があります。詳しくいえば、都道府県知事（保健所設置市または特別区にあっては、市長または区長）の許可を受ける必要があります。

その際には旅館業法で定められた基準に従っていなければなりません。

当然、建物として建築基準法に適合している必要がありますし、後述するように消防署と保健所が定める要件を満たす必要があります。

戸建てやアパートを宿泊業に転用する場合は「旅館営業」「簡易宿所営業」の許可を取るケースが多いです。私は簡易宿所営業の許可を取得しました。

書類の手続きや現地での立ち合いは行政書士に委託もできます。しかし私は全て自分で行いました。非常に手間暇がかかりましたが、一連の流れをよく理解できました。

前述したように、旅館業の許認可を取得するには検査をパスしなければなりません。一つめは消防署です。要は「火事があったりした時に人命が守れるか」という視点で条件を満たしている必要があります。

もう一つが保健所です。これは衛生面で、つまり「清潔な環境を宿泊者に提供できるか」という視点での条件です。

これらの法令は基本的には全国共通ですが、行政によって少しずつ異なる部分もあるので各管轄の担当に聞く必要があります。候補の物件を見つけたら、まずその自治体への確認（旅館業の許認可の取得が可能か）と消防署、保健所へ事前相談に行くのがオススメです。

3 私が行う宿泊業

第2章でも述べたとおり、私は岐阜県の歴史がある観光地の飛騨高山で宿泊業をしています。

なぜ飛騨高山を候補にしたのかといえば、その理由は前述の白岩貢さんのアドバイスもあったのですが、飛騨高山の観光地としてのポテンシャルが非常に高かったからです。

愛知県に住む私からは、「400年前から続く歴史的な観光地」という認識でしたが、調べてみると訪日外国人旅行客からも高い支持を得ています。

1986年の国際観光都市宣言をきっかけに外国人観光客向けの環境整備を進め、その結果、この地にたくさんの外国人観光客が訪れるようになったそうです。高山市・外国人観光客宿泊統計によれば、2018年の外国人宿泊客は55万人となっています。高山市の人口が9万人ですから、これはすごい話です。

高山市は1979年に中心部の一部が国の重要伝統的建造物群保存地区に選ばれてから、2004年にかけて選定区域が拡大されてきた経緯があり、自治体を上げて町並み保存に取り組んでいます。こうした観光地は東海地方で唯一です。

また、訪日外国人旅行者の増加を図るため、中部北陸9県が広域連携して「昇龍道プロジェクト」を推進しています。

「昇龍道」は中部・北陸地方（富山・石川・福井・長野・岐阜・静岡・愛知・三重・

滋賀）を「龍」に見立てた観光ルートです。こうしたことから、国際的な観光地としての将来性も感じました。

【宿泊業1号】

所在地：岐阜県高山市、購入金額：400万円、表面利回り：123・0％、間取り：4K、延床面積：76・8㎡、購入年月日：2018年11月、築年数：45年、売上：41万円／月

さて、私が旅館業の営業許可を取得して、宿泊業を始めた経緯を説明しましょう。失敗物件を購入してしまい、何としてでも収支改善をしなくてはならない状況の私は、より高収益の投資を模索していました。そんな中、高山市の物件情報を見つけたのです。

●物件の探し方

物件を見つけた方法は「アットホーム」の新着情報のお知らせメールです。

あとでわかったのですが、飛騨高山の観光中心エリアでは売り物件の情報は基本的に水面下で取引きされるため、インターネットに掲載されたり、建物に「売り物件」の看板が出るケースはほぼないそうです。

では、なぜこの物件情報が「アットホーム」に載っていたのかといえば、元の所有者が他県在住だったからです。店舗用としてこの物件を購入したのですが、本業が忙しくなり手放したという経緯があります。

その際に売買の仲介業者さんを高山ではなく、その方の地元の会社にお願いしたので、情報が「アットホーム」に掲載されたのです。

私は、相変わらず「アットホーム」で毎日届く新着情報を見ていたところ、やけに目を引く物件写真を見つけました。

ちょうど高山市の観光地のど真ん中にある物件で、古民家風だけれどもキレイな外観、それでいて価格は400万円。そんな物件はこれまで見たことがありませんでした。

400万円はさすがにワケがあって、借地権（地代を払って、地主から借りた土地）

の物件ではあったのですが、ストリートビューで確認すると、どう見てもやはり超がつくほどの好立地です。

さっそく、物件資料を持って市役所と保健所と消防署を回ったところ、リフォームをすれば営業許可が取れることがわかり、すぐに買付を出し購入できました。

ちなみに今では高山の仲介業者さんともパイプができており、空き情報は近所の方の噂で聞こえてくるようになっています。

●リフォーム

物件購入後は地元の大工さんにお願いし、リフォーム工事をしてもらう段取りでしたが、私は大きな失敗をしてしまいました。

このような宿泊業の場合、近隣住民の理解を得て営業するのが大前提です。

しかも、特にこの地域は古くからの伝統が残り、近所づきあいにも厳しかったのです。それをご近所に挨拶もなしで工事を始めようとしたものですから大変です。

工事開始日に大工さんから電話が入り、「今日の工事は中止にします」と伝えられました。詳しく話を聞いてみると、「工事を始めようとしたところ、近隣の方が飛び出してきて大問題になりました。今日は工事どころではないので帰らせてもらいます」という話なのです。

私はすぐさま20セットの菓子折りを用意し、翌日になりましたがご近所に説明と挨拶に回りました。物件を購入している以上は後に引けません。宿泊業にかける想いを説明しました。

すると思いの他、皆さんが優しく聞き入れてくれたのです。

これは嬉しい驚きでした。何のことはなく、私が顔も見せずに大掛かりな工事をしようとしたから警戒されただけで、私の嘘偽りない想いに対して否定的な意見は出なかったのです。

この件では、「挨拶もなしにお騒がせした自分が悪かった・・・」と猛省しました。

なおリフォームした箇所は、基本的に法令で定められた要件を満たすことを主として、大掛かりな工事ではなく、表装面と水回り程度に留めました。具体的には床と壁を張り直し、水回りはトイレ・キッチン・洗面化粧台を交換しました。

なぜなら、ゲストはなるべく安価で「地元民のような環境で過ごす旅」を望んでいると考えたのです。

また過剰なリフォームをして宿泊料金を上げてしまうと、ライバルがホテルになってしまいます。そうなると小さな戸建てでは勝ち目がありません。

つまり都会の洗練されたデザインは不要で、むしろ素朴に和を感じられる部分が重視されると推測しました（インテリアについてはコラムをご覧ください）。

そこで私は使いやすい住宅設備と清潔感を重視して、古い町家の雰囲気をそのまま残しましたが、その作戦が見事に成功したのです。

●清掃スタッフの確保

清掃をどうするかについても苦労しました。

お願いできる個人の方がいないかと、インターネットで求人を出してもまったく反響がありません。

それなら「スーパーの前でビラ配りでもして、直接スカウトしたらどうか」と思い立ちましたが、狭い高山では悪目立ちするのは良くないとアドバイスをいただき断念しました。

多少高くついてもプロの清掃業者に頼もうと、インターネットで検索して問合せました。しかし、どこに電話をしても、「ホテルや大型店舗の清掃はするが、小規模案件は割に合わないので受けない」と、反応は同じでした。

聞けば、高山の清掃人員は不足気味で、人が確保できないがためにホテルのワンフロア全てが休業状態のところもあるそうです。「これは無理かもしれない」と諦めかけました。

それでも、インターネットで検索した業者に上から全て電話をかけ、お断りを前提で、「御社は無理でも受けてくれそうな会社はないですか？」と必ず聞くようにしました。

地方においては、わずかなご縁であっても紹介のほうが話も通じやすくなります。そんなことを繰り返しながら、ようやく仕事を受けてくれる清掃業者を見つけました。

この業者さんは親身に接してくださって、これまでの実績をもとに設備やアメニティ面のアドバイスをいただきました。本当に感謝しています。

●自主管理での運営

私は運営を自主管理で行っています。とはいっても清掃はプロの業者さんにお願いしているので、ゲストとのメッセージ対応が主な対応事項となります。

入室方法などのマニュアルは先にメールで送ってあるので、それ以外の個別のメッセージに対応しています。

英語はそれほど得意ではありませんが、Google翻訳ならそれなりの精度で翻訳できるので意思疎通には困りません。中国語の問合せもこれで対応できています。

予約サイトは次を利用しています。予約の8割が「Airbnb」で、隙間を「Booking.com」で埋めているイメージです。

・「Airbnb」
https://www.airbnb.jp/
宿泊施設を貸し出す人（ホスト）と泊まりたい人（ゲスト）をつなぐ民泊の草分けとなったサイト

・「Booking.com」
https://www.booking.com/
世界最大の利用実績を持つ、ホテル・旅館等の宿泊施設の予約サイト

運営面において気を付けているのが、地域の方々とのお付き合いです。

私は名古屋からやってきた「よそ者」です。町家を改修して宿泊施設にするので、近隣の方にすれば不安に感じられる可能性も十分にあり得ますし、近隣の方とトラブルになった事例もよく耳にします。

私自身、リフォーム工事の時に挨拶をせず大失敗したことから、その後はご近所の方への挨拶は欠かさないようにしています。

物件の近所にはご高齢の方が多いので、なるべく近所を歩き回り、天気や季節の話題など、何気ない世間話をするように心がけています。そんな些細な出来事でも、地域コミュニティーは密接なものです。

私がいないところで「あの人は頑張ってる」と言ってもらえるのか、それとも「挨拶もなく何をしているのかわからない」と陰口を叩かれるのか、日々の関わり方によって印象が決まってしまうのは明白です。

宿がオープンする際には、ご近所に菓子折りを配って回りました。お菓子の選び方も名古屋のものではなく、地元の方に聞いた有名店で日持ちのするお菓子を買って、これから改めてお世話になる旨を伝えてお渡ししました。

ご近所のカフェの店員さんとも懇意にさせていただいています。ふらっと立ち寄ったお店でしたが、同世代という共通点を見つけて仲良くなりました。

それからは高山に行くと必ずこのカフェに立ち寄り、世間話をしたり困っていることを相談するようになりました。

すると、人やお店を紹介してくださり、思わぬ情報を知れたこともありました。この店員さんに紹介いただいた人が、室内の折り紙の装飾と看板をつくってくださり、リスティング用の写真まで撮っていただきました。とても良い出来栄えで感謝しています。

●宿泊費の設定

アパートやマンションなど居住用賃貸物件の家賃は基本的に変動しないもので、あったとしても数千円の範囲である場合がほとんどです。

しかし宿泊費には〝レート〟が存在し、平日は安く、土日祝前日は高くなります。また、旅行シーズンは高くて閑散期は安くなります。

需要と供給に合わせる点においては家賃と全く同じですが、このようにブレ幅が大きく、その刻みが宿泊費は短いのです。

一カ月間の実際の宿泊と宿泊費の事例表

飛騨高山宿泊事例（2019年10月期）

		料金	人数	国	OTA
1	火	15000	6	香港	AirBnB
2	水	38400	7	中国	Booking.com
3	木	宿泊無し			
4	金	15000	2	アメリカ	AirBnB
5	土	27000	9	中国	AirBnB
6	日	宿泊無し			
7	月	宿泊無し			
8	火	24000	4	中国	Booking.com
9	水（祭り）	50000	4	オーストラリア	AirBnB
10	木（祭り）	50000	3	タイ	AirBnB
11	金	16800	2	日本	Booking.com
12	土	28000	6	中国	AirBnB
13	日	32400	4	台湾	Booking.com
14	月	↓	↓	↓	↓
15	火	15000	6	中国	AirBnB
16	水	15000	4	タイ	AirBnB
17	木	宿泊無し			
18	金	42000	7	中国	AirBnB
19	土	↓	↓	↓	↓
20	日	36000	9	日本	Booking.com
21	月	15000	5	香港	AirBnB
22	火	30000	5	香港	AirBnB
23	水	↓	↓	↓	↓
24	木	15000	4	インドネシア	AirBnB
25	金	15000	5	マレーシア	AirBnB
26	土	18000	6	香港	AirBnB
27	日	18000	5	スペイン	AirBnB
28	月	30000	4	シンガポール	AirBnB
29	火	↓	↓	↓	↓
30	水	30000	5	中国	AirBnB
31	木	↓	↓	↓	↓

売上合計：￥560,600／宿泊日数：27日

私は実体験をふまえて、安い時は1泊1万5000円、最高値は5万円に設定しています。

私が参考にしているのは「Airbnb」のスマートプライシングという機能です。これは、目安の金額が自動的に算出されるため、それを見れば需要が予測できます。

完全に合わせることはありませんが、予約の入り具合に合わせて調整しています。

●エリア特有の気を付けること

高山は寒冷地です。冬は雪深い日本海側の気候なので、暖房器具や水回り設備は寒冷地仕様のものを設置する必要があります。

寒冷地仕様のエアコンは氷点下でもしっかり稼働する室外機を備えており、真冬でも十分に暖かさを保てます。

給湯にはガスではなく灯油が利用されるケースが多いです。屋外にボイラーとタンクを設置し、定期的に灯油業者が給油しに来る仕組みになっています。

また、飛騨高山では毎年4月と10月に京都市の祇園祭、埼玉県秩父市の秩父夜祭と並んで日本三大美祭とされる、高山祭が開催されます。

高山にとって祭はとても重要なイベントで、屋台と呼ばれる豪華な出し物が立ち並び、伝統的な衣装を着た人々が街を練り歩きます。私の物件はこの祭が行われる区域の中にあり、祭への参加が必要になります。

近所にはご高齢の方が多く、30代といえば超若手のため自然と期待されます。私も衣装屋さんで伝統的な衣装をレンタルし、街を練り歩く貴重な体験をしました。

もちろん、来年からも年間スケジュールで最初に確保すべき予定です。日本の伝統について、これまで意識せず生きてきた私にとって大きな変化となりました。

4 使える補助金「小規模事業者持続化補助金」

最後に紹介したいのは補助金制度です。

旅館業は事業にあたり、住居系の不動産賃貸業に比べて融資のハードルは格段に高くなります。これまでも再三述べてきたように、私は一棟投資で失敗をしており現金に余力がありません。

本当は融資を使いたいところですが、一棟投資に加え、戸建て投資でも融資を受けていますから、これ以上の融資は厳しい状況でした。そこで戦法を変えて補助金を受けたいと考えました。

私がチャレンジしたのは「小規模事業者持続化補助金」といって、全国で使える便利な制度です。毎年あるとは断言できませんが、毎年度春ごろに募集されています。小規模な事業者が自分の事業をより拡販するために申請する補助金で、採択されれば50万円下ります。ただ、この50万円は実際に使った金額の3分の2になるので、まずは先に使わないといけません。

私はこの補助金を内装リフォームの名目で受けました。「内装リフォームにより募集サイトの見栄えを良くして、集客プラス宿泊費を上げる」を目的としました。前述したように過剰な内装は必要ないと考えているため、古い町家そのままのベニヤの壁面をクロス貼りにするなど、清潔感が増すような仕上がりをイメージしました。ちょうど書類づくりに都合が良いと考え、元請けとして私が懇意にしている名古屋の業者さんを高山にお呼びしました。ところが高山のような寒冷地では工法が大きく変わるそうで、現地の大工さんとの間でギャップを埋めるのに苦労しました。

申請の際には資料の用意、実際に工事していることはもちろん、領収書や事業計画書の用意も必要です。準備期間が2カ月ほど、審査は1カ月半程度でした。採択されて工事して、終わってから入金という流れです。

用意する書類も多いですし、申請には長い期間がかかります。それでも補助金はありがたいもので、時間と手間はかかっても行った甲斐はありました。

なお書類一覧が掲載されているサイトは次になります。

・申請時資料「申請について（日本商工会議所）」
https://h30.jizokukahojokin.info/index.php/sinsei/
・採択後資料「採択者向け情報（日本商工会議所）」
https://h30.jizokukahojokin.info/index.php/saitakuinfo/

【補助金フロー】

公募開始

↓ 商工会議所相談

応募

↓ 計画書等提出

審査

↓ 一カ月半程度

採択

↓ 見積り・業者選定・発注

補助事業実施

↓ 完了報告・入金

実績報告

↓ 確定通知書受領

補助金交付

HANAコラム⑤ 戸建て旅館のおもてなしテクニックとは？

私たち夫婦は、飛騨高山にある築古の戸建てを大きなコストもかけずにリフォームして、旅館業許可を取得して宿泊業を行っています。

許可を取るためには消防署と保健所の検査をパスしなくてはなりませんが、それ以外にお客様に喜んでいただくためのインテリアとおもてなしの工夫をしています。

検査に必要なリフォームは当然行ったのですが、その他のリフォームは最小限に抑え玄関はもとのまま。ベニヤの壁が殺風景に感じたので、額縁に入れた絵でも飾ろうと考えました。

インターネットでイメージに合うものを検索して、「これだ！」と気に入ったのがラインアートです。直線的なので折り紙を模した作品が多く、和とスタイリッシュさを兼ね備えているのが魅力的に思えました。

しかし、いくらネット検索しても、ちょうどいいラインアートがなかなか売っていません。そこでクリエイター気質の私は、「売っていないのなら自分で作ればいい！」ということで、画用紙にテープを貼って折り鶴のラインアートを手作りしました。これを額縁に収めて玄関に飾ったら、見違えるように雰囲気が良くなりました。

それからというもの、「折り紙」がこの戸建旅館のコンセプトになったのです。

持ち帰り用の折り鶴を置いたり、折り紙と折り方の本を置いているのですが、とても好評で、お子様連れのお客様などに喜んでいただいています。

第7章

KENJIの師匠たち！

各分野の著名投資家

さんに聞いた“極秘”不動産術

ボロ戸建て投資が絶好調で主婦大家が月収100万円達成！

主婦大家なっちーこと、舛添菜穂子さん

プロフィール

ダンナさんと2人暮らし。ダンナさんのサラリーマン属性を借りず、OL時代にコツコツ貯めた資金500万円を使い中古戸建を購入。現在戸建をはじめ計18室所有。これまでに4室を高額売却。その他レンタルスペース1室も運営。家賃月収100万円となり、大家業・執筆活動・講演会等と幅広く活動中。

- ●著書『パート主婦、戸建て大家さんはじめました！』『最新版　パート主婦、戸建て大家さんはじめました！』『コツコツ月収80万円主婦大家なっちーの小さな不動産投資術。』（ごま書房新社）
- ●アメブロ　https://ameblo.jp/naaachin0225/entrylist.html
- ●YouTube【不動産投資家】なっちーチャンネル
  https://www.youtube.com/channel/UChHZINeHOoxbp-e8aGcQ-ww

所有物件

2012年1月よりスタート。木造アパート1棟、戸建て11戸、区分マンション1戸、団地2戸、レンタルスペース1件

売主希望200万円を25万円まで交渉して購入した「汲み取りハウス」

スナックを住居に改装中。DIYで土壁にジョリパットを塗り木部を塗装

KENJI（以下、K）なっちーさんには日ごろから大変お世話になっています。

なっちー（以下、な）こちらこそ、お世話になっています（笑）。KENJIさんに初めてお会いしたのはいつ頃でしたっけ？

K **あれは2016年のなっちーさんの本の出版記念パーティですね。**

な ご夫婦で参加されていて、お話を聞いてすごくがんばっているなと思いました。

K **ありがとうございます！**
なっちーさんといえば、今はさまざまな投資をされていますが、やはり一番得意とするのは戸建て投資ですよね。戸建て投資の魅力について改めてお伺いしたいです。

な 戸建て投資は初心者が取り組みやすいし、失敗しにくい投資だと思います。区分マンションも戸建てと同じように少額で買えますが、管理費、修繕積立金がかかりますよね。現金で買ったとしても月々の支払いがあって、それでリフォームが遅れたりするとすごく焦ります。

K **なるほど。その通りですね。**

な また、戸建てでも固定費用として固定資産税・都市計画税がかかりますが、郊外や地方ならそこまで高くないです。

K **たしかに。うちの常滑の戸建ては固定資産税3万円弱です！**

な 安いですね！　だから最初にチャレンジするなら戸建てのハードルが低くくてオススメです。

K **僕もなっちーさんの本を読んで、戸建てのDIYからはじめました！**

な ありがとうございます（笑）。客付けに関しても、アパートの1室となると、ライバルがいっぱいいます。その点、戸建て自体が少ないので、そこは優位ですよね。

とはいえ、戸建てだからすぐ客付けができるわけではないです。それなりに努力は必要。その点でもリフォームをすることで差別化をはかれます。もちろん、KENJIさんみたいにリフォームをしなくても入居付けも可能ですし。

K　**ペットの多頭飼いなんかも差別化になりますよね。**

な　はい。あと自主管理をしていると入居者さんや近隣の方との関係性も大事なんですが、アパートだと隣人、区分マンションだと管理組合からいろいろ言われることがあったり、やはり集合住宅ですから、何かとトラブルが起こりやすいんですよね。入居者トラブル面からいっても戸建てはオススメです。

K　**その通りだと思います。あと、戸建て投資をしていて、よく聞かれるのが「ボロ戸建て買って最後どうするの?」ってことです。**

な　出口の話ですね。最初から最後の話考えるのはどうなんだろうと気もしますが、実際のところ、戸建て投資の出口は幅広いですよ。再建築不可であってもきちんと稼働していれば投資物件としてオーナーチェンジ売れますし、空室であればマイホームとして住みたいという需要もあります。建て替えしたい人は無理だけど、それ以外の道があります。

アパートだとどうしても売る対象が投資家になってしまうから、融資の問題や利回りが絡んできます。市況によっては高く売れる可能性もありますが、その反対もあります。それであれば、マイホーム層が狙える戸建ては強みだと思いますよ。

K **たしかに戸建てに住みたいというニーズはいつだってあると思います。**

な 別に売却を押しているわけではないのですが、売却する目線や客付けのときもそうだけど、物件数が少ない分、需要がさほど多くなくても何とかなると思います。

なので私は空室になったとき賃貸と同時に売却に出しています。その際は相場よりちょっと高く出します。過去に、その物件に惚れて買ってくれたケースがあります。

K **そういうのは理想的ですよね！**

な だから私はアパートよりも戸建てのほうが出口がとりやすいと考えています。そういう意味でもハードルは低いです。

K **次の質問なんですが、なっちーさん的にはどんな戸建て物件がオススメですか？**

な 私が重視しているのは、築年数や駅からの距離よりも「広さ」です。エリアによるのですが、都内だと40㎡以上あるといいですね。あとは購入金額とリフォーム費用の兼ね合いだと思います。入居者がいくらで借りるかを家賃相場を調べて、そこから取得金額を逆算します。

K **リフォーム費と物件価格を合わせての取得費用ですね。**

な そうです。利回り20％のケースで計算してみますね。まずネットで家賃相場を調べて家賃5万円であれば、そこから逆算してリフォーム費100万円かかりそうなら価格は200万円ですよね。

K **家賃相場からの逆算なんですね。最後に初心者へメッセージをお願いします。**

な 不動産投資は「投資」ではありません。「事業」です。株とか買うのとわけが違って、だからいろんなことがあります。大変だしもうイヤだって思うこともあるかもしれない。そこで諦めたら、もうおしまいで、そこをつらいかもしれないけれど、それは乗り越えることができる。事業だから、努力がしっかりと実ります。ビジネスとしてシンプルだから、とにかく買ってリフォームして客付けするまでをやりとげれば家賃が入ってきます。だから、騙されと思ってがんばってもらいたいですね！

K　僕も同感です。モチベーションの上がるお話ありがとうございました！

再現性バツグン
レンタル会議室31室運営！

hiro田中さん

プロフィール

1969年 大阪生まれ。アウトドアとフライフィッシングと家族をこよなく愛する不動産投資家。薬剤師。製薬会社に勤務しながら不動産投資を始め、10年間で築いた資産は4 億円。大阪の北摂地域を中心に区分、戸建、テラスハウス、店舗、一棟マンション等65戸を所有する。2016年、早期退職を機に不動産投資家グループ「リタイヤーズ」のメンバーとして執筆、講演活動スタート。2017年から貸会議室ビジネスを開始。日本最大の会議室オーナーコミュニティー「お気軽会議室グループ」を主宰し、大阪、名古屋、東京、福岡で勉強会やセミナー活動を行っている。

●著書『不動産投資でハッピーリタイアした元サラリーマンたちのリアルな話』『貸会議室ビジネスで副収入を得る方法』（青月社）
●お気軽会議室公式サイト　https://okigaruspace.com/

所有物件

収益不動産65戸と、レンタル会議室を関西、九州を中心に31ヵ所の会議室を「お気軽会議室」（登録商標）のブランドで展開

大阪で初出店した会議室「お気軽会議室 堺筋本町」

大阪で1番人気の会議室「お気軽会議室 新大阪grove

KENJI（以下、K）hiroさんのセミナーを聞いて、僕は貸し会議室をはじめました。すごく感謝しています。

そもそもhiroさんが不動産投資をはじめたきっかけ何だったのでしょうか。

hiro（以下、h）勤めていた会社が合併して転勤となり、大好きな大阪を離れることになって、なんで自分の人生自分でコントロールできないのかと腑に落ちなかったんです。

ちょうどそのころ、2007年なんですがブックオフで『金持ち父さん　貧乏父さん』（ロバート・キヨサキ著　筑摩書房、2000年発売）を見つけました。これが不動産投資を意識したきっかけですね。

K　**僕も読みました！**

h　読んで「会社に頼らず自分の力で稼がないかん」って思ったのですが、実際、何したらいいかと考えていたら、ふと自分の自宅に気づき、貸したらええやんと思ったんです。続けて物件を買おうと思ったんやけど、その頃まだ不動産投資について知識がなくて、駅前の築古区分ファミリーマンションを4軒購入しました。

その後も大阪の北摂エリアを中心に、戸建て、区分ファミリーマンション、店舗付住居等を買い進めてました。

K　**一棟モノは後からなんですね。**

h　はい。ある程度不動産経営の経験を積んだところで一棟マンションを4棟購入しました。現在の規模は賃貸契約戸数として65戸あります。

K　**大規模ですね。貸し会議室をはじめたのはいつですか？**

h　貸し会議室は2017年に1冊目の著書を

執筆活動中にスタートしました。

ちょうど貸し会議室の予約サイト「スペイシー」がオーナーを増やすためのセミナーをしていてそれに参加して興味をもちました。

K　当時はまだ会議室は少なかったのですか？

h　東京にはありましたが、大阪にはなかったですね。大阪に無いなら作ってみようと思ったのです。

そのころ早期退職して退職金もあり、不動産投資だけでは時間を持て余していたので、タイミング的にもちょうどはまりました。

最初の店舗を開業したのは２０１７年７月大阪の堺筋本町でした。

事業性を確信してからは大阪、京都、福岡、広島に出店しました。現在は29室の会議室と２室のパーティースペースを運営しています。

K　会議室を規模拡大されたきっかけは何だったのでしょうか。

h　今までやってた不動産投資に比べ収益性が桁違いに高かったことです。融資を受けて不動産投資をしているものの、もともと借金は怖いと思っていたので、初期投資が少ないビジネスモデルは私の狙いにピッタリでした。

１、２軒目の物件までは利益が出ていなかったのですが、３軒目の梅田がすごく繁盛したことでこのビジネスに確信がもてました。そこからは規模拡大に舵を切り、物件があったらとりあえず増やしていこうという方針になりました。

K　僕自身の課題でもあるのですが、物件をさがすコツはありますか？

h　不動産投資家を10年以上やっているのでその有利な立場を利用しています。大家さんは賃貸仲介業者と付き合いがあるので彼らの気持ちが分かりますよね。

繁忙期に行っても相手にしてもらえないとか、飛び込みで行っても相手にされづらいことも知っている。知らない街に進出するときには不動産投資家としての人脈を駆使してその町のドンみたいな不動産投資家と繋がっておけば、良い賃貸業者を紹介してもらうことができます。

このビジネスを理解した感度の高い営業マンを一人掴むことができれば、物件情報は勝手に入ってくるようになります。

K　**僕も名古屋でそのような業者さんとつながってから物件情報が入るようになりました。あと、貸し会議室をうまく運営するコツはありますか?**

h　私は千葉の浦安に住みながら大阪や福岡等の遠隔地で運営しています。その為、それなりの工夫が必要になります。例えば進出する街ごとにビジネス仲間をつくることでしょうか。本の読者と飲み会をしたりして仲良くなったり、物件探しのとき仲良くなった営業マンにちょっとした運営のサポートをしてもらったりします。

助けてもらったときのお礼には大阪で有名なリクローおじさんのチーズケーキを手土産に持参したりします（笑）。

K　**なるほど。勉強になります。貸し会議室運営で失敗はありましたか?**

h　微妙なエリアかなと思ってひとに譲ったらむっちゃ流行っていたのを見たときでしょうか（笑）。

あと、京都のど真ん中で出店することになり、時期が祇園祭前だったので1日5万円と特別料金を設定したら全く客が付かなかったこともありました。

やりがちな失敗ですが3店舗同時オープンしたとき、予約完了時に送信するメールをコピペで作ってたら、部屋番号を変更するのを忘れてしまいダブルブッキングしてしまったこともありました。

K　たしかに、ありがちな失敗ですね！　貸し会議室をはじめてよかったことは何でしょうか。

h　貸し会議室ビジネスを一人でやらずに仲間を作りながら展開したところですね。収益以上のものが得られていると実感しています。全国にビジネスの仲間が増えてくると色んな特技をもった人が出てきます。会議室の経営管理システムをつくったり、オフィシャルサイトを立ち上げたり、インテリアデザインを考えてくれたり、お気軽会議室のロゴを考えてくれたり。私一人の力では到底できないことを全国の仲間がアイディアやスキルを持ち寄り協力してくれます。他にも成功体験や失敗体験、様々な工夫が全国のメンバーから寄せられて共有されています。今回この出版に携われるのもその一つ。このビジネスを始めたときには想像もしてない展開が次々と起こっていますね。

儲かることは分かっていたので本当は独りでこっそりビジネスを拡大した方が大金を得られたかも知れません。迷いましたが私はそちらを選択しませんでした。その結果、人生が変わったと喜んでくれる方、サラリーマンをリタイヤして夢に向かって進む方、そんな仲間が笑顔で私の周りに集まってきてくれます。これって素敵ですよね。お金では買えないものをいただいたような気がします。

貸し会議室ビジネスを通じて展開される好循環に喜びを感じています。

K　素晴らしいです！　最後に会議室をこれから始める人へのアドバイスをお願いします。

h　副業が当たり前の時代、何から始めるかがこれからのポイントです。不動産投資のように大きな借金、大きな現金の支出には抵抗ある方に最適ではないでしょうか。

とにかく借り入れなく小さい金額でビジネスをスタートできるのが魅力です。これから不動産投資を始める人にも、似ている部分も多いので本格的にスタートする前にこのビジネスで練習するのもいいと思います。

もちろんビジネスなので会議室をつくれば儲かるなんて甘い世界ではないですが、普通のサラリーマン、OL、主婦の方などが次々と規模を拡大されているのも事実です。失敗もあるかも知れないけれど、ビジネスの世界で自分の実力を試してみたい。そんな人はぜひ挑戦してほしいです。このビジネスで夢をつかんでください！

K　ありがとうございます！

家賃年収1億円！
高校中退父さんは
東海エリアを代表する
不動産投資家

成田勉さん

プロフィール

1966年11月生まれ。名古屋出身。非営利財団法人不動産投資家育成協会名古屋支部長。日本不動産コミュニティ「J-REC公認コンサルタント」、宅地建物取引主任士、第2種電気工事士、ホームステージャー 2級、調理師免許、アマチュア無線免許。不動産投資家として多くの手法を実践し、17棟149戸、区分1戸、駐車場3か所、太陽光発電7機家賃等年収1億円越え。ゲストハウス「みゆき旅館」経営。「家主と地主」他コラム執筆多数。全国で講演家として活躍。元認可外保育園園長、トマス・ゴードン博士の親業訓練講座、岸英光のコーチング、家庭心理学を学び、多くの子育て経験から「子どもがイキイキ伸びる方法」を不動産投資教育に応用して講師としても年商2200万円。

- 著書『高校中退父さんのみるみるお金が増える不動産投資の授業』（みらいパブリッシング）
- メルマガ　成田勉の大家になる！ https://ooyaninaru.jp/member/

所有物件

17棟149戸、区分1戸、駐車場3か所、太陽光発電7機、みゆき旅館ほか。

三重県北部の仲介営業さんで知らない人はいない「ガンダムみたいなマンション」

1K8戸の新築利回り10％確保で太陽光発電を1年目の家賃で現金載せ物件

何気に南欧風ピンクマンション
1LDK20戸利回り8％

KENJI（以下、K）成田さんには日ごろから大変お世話になっています。さっそくですが成田さんが不動産投資をはじめたきっかけを教えてください。

成田（以下、な）私の家はサラリーマン家庭でした。祖父が買った土地があったので更地に銀行融資を受けてアパートを建てたそうです。管理会社もないので自主管理をしていたのですが、今と違って簡単に始められる商売ではなかったからこそ、昔の人は儲かっただろうと思います。

しかし、私は次男のため両親の賃貸経営には関わっていません。二代目大家ではなく、でも、親をモデリングした自宅敷地に月極ガレージ（屋根付き駐車場）を造ったのが、大家業のスタートです。

K　1棟目が自宅敷地のガレージということですが、もう少し詳しく教えてください。

な　自宅の敷地が余っていて、最小の資金で最大の家賃をねらって、ガレージをはじめました。賃貸住宅用に建物を建てるのは単純に高くつきます。平置き駐車場とガレージを比較した結果、ガレージの方が収益性が高かったのです。

K　なるほど。不動産投資というと建物付きのものを思い浮かべますが、そのようなやり方もあるのですね！

成田さんが規模拡大をしたきっかけは何だったのでしょうか？

な　融資を受けられるようになったからです。5棟目まではほぼ自己資金で購入してきたので、家賃がまるまる収入になっていた。6棟目を購入する時に銀行に実績を認められ、初めて融資を受けることができました。というのも27歳で独立して事業をしていたので、ある程度の現金は持ったうえでのスタートだったのです。それでも決算が良くないと銀行は融資してくれません。賃貸経営の実績を認められて融資を受けられたのが6棟目でした。

K　**事業家としても順調だったのですね。ところで、これは私の課題でもあるのですが、地方で上手に運営するコツを教えてください。**

な　管理会社だけでなく直発注の清掃員や修理業者、入居者と仲良くなるなど目を増やすことです。

物件購入時に募集家賃がエリア相場より安くなっている場合があり、ライバルの大家さんがぬるいことも多いです。

K　**成田さんの成功エピソードといえば？**

な　私が2014年に購入した三重県いなべ市の重量鉄骨（築7年）の物件は、購入時の利回りが13％でした。当時の入居家賃が相場家賃より安かったので15％はいけると思って購入しました。

ちなみに、27室中26室入居していた稼働率も良い物件でした。

その後、インターチェンジが新しく開通しまして、車の利便性が非常によくなり資産性もすごく上がりました。現在の利回りは14・3％です。これは地方型の成功のパターンではないでしょうか。

K　**地方物件で客付けに苦労している人が多いです。成田さんのテクニックを教えてくれませんか？**

な　基本は「状況を分析して広く情報を公開すること」です。分析の仕方はスーモやホームズなどのポータルサイトで地域の募集状況をリサーチします。

管理会社まかせだと動きが悪い場合が多い、物件を見に行ったときに、自分で地域の仲介業者を直接訪問し情報をばらまく、広くというのは地域の多くの仲介業者にという意味です。

K　**なるほど。勉強になります。あと、リフォームコスト削減のテクニックはありますか？**

な　自分でもＤＩＹができるなど工事の行程やコストを知ったうえで値ごろな業者に発注するのがベストです。私の場合、元々自主管理でＤＩＹをしていました。お金がない人ならＤＩＹすべきです。自分ができる工事は自分ですることで、工程・単価・相場観を知ることができ、業者にぼったくられることがなくなります。

今はYouTubeで検索すれば、大抵のことはわかります。私がオススメするチャンネルは「jisyukanri」(https://www.youtube.com/user/jisyukanri)「おそうじお姉さん」(https://www.youtube.com/channel/UCXfN39fJwNF5VZw0Orpsatg)です。テレビ東京「インテリア日和」の過去放送(オールニトリのコーディネート紹介)(https://www.tv-tokyo.co.jp/interiorbiyori/backnumber/)も参考になります！

K　**見てみます！　私はスルガ銀行で地方物件を買ってしまったのですが、そんな人へ向けてアドバイスをお願いします。**

な　スルガ銀行の内規は「９割融資」だったはずです。つまりフルローンやオーバーローンを受けている人は不動産屋とスルガ銀行行員が細工しないと通らないはずです。

本来であれば、投資をする前にしっかり勉強すべきです。ただし、自己責任で済ませるのも良くない風潮だと思います。

今は騙す方が悪いと考えて、債務免除の動きも出てきています。弁護団に相談するなどして活路が開ける可能性もある。あきらめないでください！

K　**ありがとうございます。最後に不動産投資をこれから始める人へのメッセージをお願いします。**

な　この頃、異業種交流会で「MLMと不動産投資関係の方はお断り」というところも現れました。

不動産投資は嵌められるとMLMの比ではないくらい莫大な借金が伴います。他の投資なら失っても数百万円程度だけど、不動産投資の場合は数千万円～数億円の単位です。ワンルーム業者がキャッシュフローがマイナスの物件で億近い借金を負わせるケースも目立ってきました。

だから始めるならきちんとダメな物件を見分けられるように学んで良い仲間とメンターを持ちましょう。

良い仲間というのは状況やステージによって変わります。質が良いとされる大家会でも上級者は上級者で固まっていて初心者が学ぶのに適さないこともあり得ます。

K　**たしかにその通りだと思います、**

な　本当の初心者であれば、基礎を学べる環境がオススメでしょう。不動産投資の計算は小学校でならう四則計算で十分。そこを理解し事業計画を立てられるレベルに達することが重要です。

良くない物件を買ったら過剰なリスクを負うことになり苦労して人生が楽しくなくなってしまいます。それならやらない方がいいでしょう。

まずはコミュニティをよく観察してみることが大事です。会長がカリスマのコミュニティは良くないと私は思います。カリスマを信じて物件を買ってはいけません。不動産投資は数字とマーケティングに基づいて行うものなのです。

不動産に限らず分からないことをやるときは「最悪の事態」を想定しても破綻しない規模からやってください！

K　肝に銘じます！　貴重なお話ありがとうございました！

旅館業の可能性を追い続けるパイオニア

白岩貢さん

プロフィール

1959年、世田谷で工務店経営者の次男として生まれる。大学在学中に桜新町駅前にて、珈琲専門店を経営していたが、バブルに浮かれて株式投資の信用取引に手を出しバブル崩壊 と共に人生も崩壊。夜逃げ、離婚、自己破産を経てタクシー運転手になり個人タクシー事業許可を取得したが、父親の急死により、土地の相続を受けアパート運営に乗り出す。吹き抜け型アパート、賃貸併用住宅、シェアハウス、旅館その時代に合ったアパートづくりをサポートしている。

●著書『オリンピック後も利益を出す「旅館アパート」投資　～インバウンド需要が利回り10%を常識にする』『空室を許さない！「満室」管理の「王道」』ほか（ごま書房新社）
●公式サイト　http://shiraiwamitsugu.com/

所有物件

世田谷・目黒を中心に6棟と戸立て賃貸60余室を所有する大家。これまでサポートしたアパート・旅館360棟におよぶ。

同じく浅草の旅館の広々とした和室。大人数で泊まれるのが特徴

浅草からほど近い人気旅館の家族でゆったり過ごせるリビング

KENJI（以下、K）　ご無沙汰しています！　高山の開業の際にはお世話になりました。

白岩（以下、白）　どうも！　元気そうで。

K　**白岩さんといえば、かなり前からインバウンドビジネスに注目されていましたが、どんなきっかけではじめたのでしょうか？**

白　今から5年くらい前の話です。セミナー参加者から紹介したい人がいると言われて、浅草に会いに行きました。ちょうどGWのあたりで人がすごくいたことが印象に残っています。

そこで出会ったのが21歳のフリーターで、会うなり「大家さんを紹介してください！」っていうんです。理由を聞いたら、airbnbで民泊をやっているのだけど、部屋が足りないから、大家さん直接借りたいという話でした。

K　**そのころと言えば、airbnbが日本に入ってきたばかりで、まだ今のようにメジャーになる前ですよね。僕はぜんぜん知らなかったです。**

白　そうです。大家さんを紹介してもらって物件を民泊として運営したいという話でした。そのときに、何部屋やっているのと聞いたら照れながら20部屋で売上が月500万円というのです。

K　**すごいですね！**

白　まだ件数が少ない時代ですし、法整備もされていないころの話です。「これは！」って、その月のうちに私も民泊をオープンさせました。

K　**行動が早いです！**

白　そこから一気に増やして最盛期は99部屋を運営していました。その後、ニュースで派手に取り上げられるようになり、これはきっと問題になるだろうと考えて、たまたま知り合った人が、旅館業の許可を取得していたので、私も民泊ではなくて旅館業の許可をとるように切り替えました。

K　**いよいよ旅館業に進出ですね。合法化にもいち早く取り組まれていてさすがです。**

白　浅草に2016年1月に旅館がオープンしました。元床屋を改装した物件です。

K　**今はどれくらいの運営をされているのですか?**

白　京都が27棟、東京が16棟です。主に新築でグループ旅行客が快適に過ごせるような宿泊業をしています。

KENJIくんも旅館業を去年からはじめているんだよね。

K　**はい。2018年に高山の物件を見つけたときは白岩さんにご相談させていただきました。**

白　今すぐ買いに行く勢いだから、「旅館業の許可が取れるかちゃんと調べたほうがいい」って言ったのを覚えています(笑)。あの物件は広さがあるのがいいね。

K　**近隣のみなさんに理解を得て、許可を取るのに時間がかかり、オープンまで1年がかりとなってしまいましたが、おかげ様で順調です。**

白　すごく場所がよいし、本当にがんばったね。

K　**ありがとうございます!**

お聞きしたかったのは、白岩さんは東京や京都などニーズの強い場所で旅館を行っています。僕の場合は高山という地方ですが、それでも観光地ですし、十分に稼働させる

ことができます。

だから、僕自身は地方であっても旅館をしていくことができると考えているのですが、白岩さんの意見もお伺いしたいです。

白　私も全国でできると考えています。使っていない親の家でもいいし、KENJIくんみたいになな安い築古の戸建てを買ってもいいし、創意工夫でなんとでもなるでしょう。インバウンドは国策でもありますし、日本中にチャンスがあります。

K　**全国と考えた場合、どんな物件がオススメですか？**

白　投資効率考えるとどうしても部屋は狭くなりがちで、広いスペースが確保できるのは高級ホテルくらいです。

だから、小規模な宿泊施設で広めの物件にすれば競争力が増します。コンセプトは家族やグループが楽しめるような宿ですね。

K　**僕の宿も同じコンセプトにしています。**

白　私たちが運営している旅館と、一般的な旅館との差でいえば、値段と自由です。好きな時間に好きな物を食べたいという需要があるし、旅館は一人いくらという料金設定だから高くついてしまう。

旅行のお金のかけ方でいえば、宿泊はおさえめにして、その分、いろんなものを体験したいニーズがあります。

もちろん便利な都会もいいけれど、古い伝統ある町並みを感じて旅をしたいというのも十分に魅力的です。

田んぼが広がっている田舎にだって、SNSで田園風景を見て「行ってみたい」という外国人がいるのですから！

K　**夢が広がりますね！　最後に初心者の読者さんにアドバイスをお願いします。**

白　難しく考える必要はありません。戸建てやアパートに比べて難しそうに思えても、そんなことはありません。
旅館業のルールは全国ほぼ共通です。清掃に関しても、そこまでクオリティは求めていないので、思ったより簡単にできます。興味があれば思いきってチャレンジしてみましょう！

K　貴重なお話ありがとうございました！

おわりに

私の拙い経験をお読みいただきまして、誠にありがとうございました！

世の中に成功を記した本はあっても、本書のようにリアルな失敗を中心にした本はなかなかありません。

他人の失敗や不幸を見聞きすることで喜びなどの快感を得ることを「人の不幸は蜜の味」とか「メシウマ」とか言いますが、楽しんでもらえたらそれはそれで良かったですし、同じような境遇の方々にポジティブな方向へ進むきっかけになってもらえたら、もっともっと嬉しいです。

人はうまくいったことは話しても、うまくいかなかったことは自分の胸にしまっておく傾向にあると思います。

私自身、失敗を赤裸々に公開することに抵抗もありました。また正直、私程度の実績で本を書くなんて・・・と躊躇（ちゅうちょ）もありましたが、数年前の不動産投資ブームで一棟投資をはじめている人が多く、そのなかには成功者もたくさんいますが、失敗者も同じくらいいるように感じます。

私はそこまでの戸数がないですが、大規模RC造マンションで空室と修繕のダブルパンチを受けると経営が成り立たなくなるケースもあります。

また、地方でなくて都市部であっても、私の名古屋の築浅アパートのように競合物件の多いエリアで空室に悩まされている人もいるでしょう。とくに新築アパートで一巡目は入居がついても二巡目になかなか入居がつかない話を聞きます。

そもそも、不動産投資は「不動産賃貸事業」です。銀行からの借金という他人のお金をつかって事業を行えることが特徴です。

「地獄行き」寸前だった私がいえた立場ではないのですが、それは諸刃の剣でもあります。

ハイレバレッジほどハイリスクになる可能性が高いです。なぜなら、こと不動産投資においては、すべてが想定通りにいくとは限らないからです。

今の市況からすると、「自己資金を使わないで物件が買えるなんてすごい！」と感じるかもしれません。本来であれば自己資金は物件価格の最低1割、できれば2割程度、さらには諸費用分までは用意するものです。

融資は、サラリーマン属性ではなく物件の担保力や収益力で借りるべきなのです。

一番危険なのは、私のように「お金も経験も知識もないのに多額の借金をしたケース」です。

カンタンに言えば「こんなはずではなかった・・・」という事態に対して、ある程度のキャッシュがある方は対策もできますが、ギリギリの方だとなんの手も打てません。結果、「地獄行き」一直線になります。

「これから不動産投資をはじめたいけれど、大きな金額ではなくて小さな金額からはじめたい」という方はぜひ自分の身の丈に合った、余裕のある手法からはじめてください。

初心者が、「とにかく高利回り物件を買えばいい」「融資さえつけばOK！」といった甘い考えだけで始めて、大きなしっぺ返しが来た話は大家さんの集まりなどで本当によく聞きます。

はじめはコツコツ少しずつの儲けで良いのです。

ムリなく一歩ずつ着実に不動産投資を進めていけば積み重なって大きな収入に変わっていくのです。その利益を再投資することで収入増のスピードアップもできるのです。

どうか諦めずに、不動産投資を続けてください！

最後に、お世話になっている多くの方に、感謝の気持ちをお伝えさせてください。初めての出版で何もわからない中、多大なるご尽力をいただいたごま書房新社編集部の大熊さん、編集ライターの布施さん、大変お世話になりました。

また、インタビューでご登場いただいた、舛添菜穂子さん、成田勉さん、ｈｉｒｏ田中さん、白岩貢さんの各分野の師匠たち。ご多忙の中ありがとうございました。今後ともご指導のほどよろしくお願い致します！

さらに、ごま書房新社の先輩著者の皆さま、いつも懇意にしていただきありがとうございます。大家仲間の皆さま、管理会社さん、旅館業の清掃業者さん、レンタルスペースの運営スタッフさん、皆さまと出会っていなければ今の自分はありません。

そして、妻のご両親、健在の私の祖母と育ててくれた両親にはいつも本当に助けていただきありがとうございます。心置きなく不動産投資ができるのはあなた方のおかげです。

皆さまの支えがあって、地獄に落ちかけた私が、不動産投資で一定の成功を得ることができました。今後も皆さまと共に更なる良い未来を作っていけたら、これほど嬉しいことはありません。こんなＫＥＮＪＩですが、どうぞよろしくお願い致します！

最後に最愛の妻ＨＡＮＡと息子に感謝を！

ＫＥＮＪＩ

２０２０年3月吉日

著者略歴

KENJI（けんじ）

名古屋在住の35歳、元サラリーマン大家。家族は妻と息子。大学時代にバンドでCDデビューを飾るも鳴かず飛ばず。大学卒業後はフリーター期間を経て、IT系ソフト会社に就職するが強烈なパワハラを受け退職。その後大手自動車メーカー系商社に転職。周囲のエリート社員との差にコンプレックスを抱えながらも人一倍の努力の結果、社長賞を受賞。海外営業として東南アジア各国との大規模プロジェクトを手がけた。ある休日に、『金持ち父さん貧乏父さん』を読んだことから不動産投資に着目。2016年、中古戸建てを購入してサラリーマン大家デビューを果たす。しかし、2棟目に融資を使って購入したアパートで業者の手口に騙され、半年後には借金地獄寸前の状況に。起死回生を図ろうと、残りの現金（貯金）を駆使して現金戸建て投資、レンタルスペース投資、旅館投資を次々と繰り返し、大きく黒字化に成功。その結果、中古アパート3棟25室、戸建て（賃貸）3戸、戸建て（宿泊業）1戸、レンタルスペース12室、月収300万円（手取り100万円）の経済的自由を勝ち取る。2020年には脱サラを果たし、現在は自由な時間で大家活動を行いながら楽しい人生を満喫中！

・ブログ：『KENJIの高利回る不動産ブログ』　https://knj-space.com/
・LINE公式アカウント：https://lin.ee/dWPTHvd

借金地獄寸前のサラリーマン大家だった僕が、
月収300万円になった「4つ」の投資術！

著　者	KENJI
発行者	池田 雅行
発行所	株式会社 ごま書房新社
	〒101-0031
	東京都千代田区東神田1-5-5
	マルキビル7F
	TEL 03-3865-8641（代）
	FAX 03-3865-8643
カバーデザイン	堀川 もと恵（@magimo創作所）
編集協力	布施 ゆき
印刷・製本	創栄図書印刷株式会社

© KENJI, 2020, Printed in Japan

ISBN978-4-341-08761-6 C0034

学べる不動産書籍が満載

ごま書房新社のホームページ
http://www.gomashobo.com
※または、「ごま書房新社」で検索

ごま書房新社の本

"なっちー流"
3作目ついに完成!
大好評・発売
たちまち話題!

〜小さな不動産投資を重ねて
"HAPPY人生"をつかむ方法〜

コツコツ月収80万円!主婦大家"なっちー"の小さな不動産投資術。

主婦大家さん　舛添 菜穂子(なっちー)　著

【話題の主婦が、
家賃月収80万円になってパワーアップ!】

知識なし、銀行融資なし、少額貯金から成功した"なっちー流"公開。フツーの主婦が「戸建て7戸」「マンション3室」「団地3室」「アパート1棟」を次々と購入した方法とは! 初心者向け6つの不動産投資術で、ちいさく始めてどんどん収入を増やすノウハウを学べる一冊。

本体1480円+税　四六版　220頁　ISBN978-4-341-08723-4　C0034

不動産業界に新風!
"えり"流地方高利回り投資

〜初心者でも損をしない!　地方高利回り&
地銀でおこなう"えり流"不動産投資〜

30代ママ、2ヵ月で"月収150万円"大家さんになる!

ママ投資家　岩崎 えり　著

【"長崎"を中心に中古物件を次々に購入!】

初心者向けに、地方高利回り&地銀でおこなう"えり流"不動産投資を紹介。
高学歴プアの私が「研究者」から「ママ投資家」へ! 経済的自由を目指す道のりの紹介と共に、全くの不動産初心者から、長崎、茨城、大阪の中古マンション・アパート経営(59室)を"猛スピード"で成功させたヒミツを初公開!

本体1480円+税　四六版　196頁　ISBN978-4-341-08699-2　C0034

ごま書房新社の本

～初心者が「東京オリンピック」以降まで儲ける投資法～

東京オリンピック直前版 “中古ワンルームマンション” 投資の秘訣！

兼業サラリーマン大家　**芦沢 晃**　著

サラリーマンながら大家歴23年、
54室の区分投資マニアの研究成果！

【大家歴23年、54室の経験より徹底解説！】
間近に迫る2020“東京オリンピック”開催。さらに需要が高まり現金購入可能な中古ワンルームマンション投資！
サラリーマンながら大家歴23年、54室（53棟）の区分投資マニアのおじさんサラリーマン大家が「初心者でも失敗しない」堅実な投資法を伝授！

本体1550円＋税　四六版　236頁　ISBN978-4-341-08711-1　C0034

ごま書房新社の本

～「現金買い」「地方ボロ戸建て」「激安リフォーム」の
“ワッキー流”ボロ戸建て投資術～

“5万円”以下の「ボロ戸建て」で、今すぐはじめる不動産投資！

ボロ物件専門大家 **脇田 雄太** 著

【少額現金からどんどん副収入アップ！令和時代に合った不動産投資！】

10年ほど前から徐々に認知され始めてきたいわゆる「ボロ物件投資」は、特にここ数年、より広い層の投資家に浸透しつつあると感じています。理由は様々でしょうが、何より「ローンを使わない」「高利回りが実現しやすい」「手持ちの現金で少額から始められる」「正しい知識があれば低リスク」等の理由が挙げられると思います。

空室知らずの客付け&リフォーム術、激増する地方の空き家狙いの物件選びなど、著者独自の驚愕のノウハウ！少額資金で高利回りを狙いたい初心者必読の書。

本体1550円＋税　四六版　208頁　ISBN978-4-341-08735-7　C0034